野人

U0001711

實踐版

教出好兒子

培養獨立、自律、高EQ男孩的教養經典

適合0~18歲

暢銷紀念版【三版】

改變男孩一生的教養關鍵

雲曉／著

推薦

男孩讓人傷腦筋的特質，正是管教的施力點

幾乎每一次我拎著咱家三個小子出門，一定都會收到各路人馬驚嘆的眼神，我不僅對這種異樣的眼光習以為常，還知道他們好奇之餘，都會問同一個問題：

這三個男孩都是妳的孩子嗎？

最高紀錄是兩個小時之內被問了四次，有一天回娘家，竟然在馬路上、捷運上、公車上連續被不同背景、不同年齡的人士主動關切。而累積了數不清的經驗之後，我通常也都能精準預測他們真正的好奇重點：

「喔！妳帶三個男孩很辛苦吧?!」

看來不僅我的親朋好友們，就連素昧平生的路人都直覺認定教養三隻小魔獸的我飽受煎熬，永無寧日。

第一次帶孩子出國是參加上海世博，我們全家在一胎化的國度裡更是引人側目。從上海到蘇杭，不論走到哪，一路都有人瞪過來、瞄過來，目不轉睛的程度，好比觀賞動物奇觀一般！除了想不透我有何能耐可以「超生」之外，大家都異口同聲認定：「媽媽妳可有的罪受了！」

搭計程車時，卻有一位司機給我一句醍醐灌頂之語，在眾多雷同的反應中特別讓我記憶深刻：「帶三個孩子出遊很好命喔！我誠心告訴妳啊！女孩子要『富養』，但男孩子可要『窮養』喔！」

在緊湊忙碌的旅程中我來不及細想這句話的含義，很慶幸在這本《教出好兒子（實踐版）》中又讓我遇到這個教養男孩的鐵律。

男孩子天生寵不得，愈寵愈軟弱；擁有愈多卻愈自私、浪費而沒有自我擔當的能力！

然而要男孩成為男子漢，倒不是想盡辦法讓他們飽受折磨，這本書很詳實且運用具體的例子告訴父母們，從孩子很小的時候，該如何引導他腳踏實地、願意承擔、擁有勇氣、堅持貫徹，以幫助他累積成功的性格、自信與能力。

當我讀到〈培養男孩正確的理財觀念〉這一章時，特別感激作者雲曉，因為這一部分幾乎是針對教養男孩而寫的書籍鮮少提到的。

雲曉告誡：「男人有錢就會變壞！」對於社會文化長期以來賦予男性的任重道遠，我們的寶貝男孩們或許尚未能倖免擺脫，因此更該特別花費精神與巧思讓他們從小學會動心忍性、正確消費、不斷儲蓄、自食其力，同時提早了解金錢的本質與理財的重要。我一讀完本書，就直接把雲曉提供的「洛克斐勒二世為兒子擬定的零用錢計畫」拷貝成為家庭條律！

男孩子真的難養？其實這十二年來，我自己也逐漸摸透很多教養法則，與雲曉的論點不謀而合。大多數男孩頑皮、活潑、衝動、好鬥，這些討人厭卻鮮明的負面特質，正好是運用來管教男孩的有利條件。

上一本野人文化出版的《教出好兒子》告訴父母如何辨識男孩的生理特質，這一本實踐版則詳細而具體的告訴我們如何善用男孩逞英雄、好競爭、探索欲望特強的特質，把爛牌打成好牌！同時更傳授媽媽們，當我們稱心如意的把男孩拉拔成頂天立地的男子漢時，只要我們願意，同樣有辦法讓男孩懂得愛人與感激，成為柔情鐵漢！

——彭菊仙（親子作家，三個兒子的媽）

推薦

了解男孩天性，才能對症下藥！

多年前旅居美國時，網友寄了一本在台灣十分轟動的教養書給我，是關於母親對孩子早期教養的重要的書，可惜我看完後，總覺得不太能與自己的教養有所聯結？仔細思考很久才發覺：作者是兩個女兒的母親！我家則是有兩個精力充沛的的小男孩，許多行為模式與作者女兒的表現不同，照本宣科去教養，發覺效果很有限。

家有女兒的朋友，曾對我開心的說：「養孩子真是輕鬆！我家女兒在嬰兒時期就好乖，醒來也不哭鬧，自己會在小床裡玩耍……」或：「只要給我女兒一枝筆、一張白紙，她就可以自己畫畫，一、兩個小時都不會打擾我，真好！」

我聽了只有苦笑，因為這些體驗從未在我兒子身上出現過。說實話，「性別研究」一直是我有興趣的議題，以前在台大商研所念書時，我的論文就是與「性別議題」有關——探討的是男女主管在領導上不同的特質與結果；這主題與我大學主修心理學有關。

在大學研讀「兒童發展心理學」時，也曾讀到一些科學研究，說明男孩女孩先天在大腦上就有不同的發展；不過近年來「性別平等」的議題發燒，許多人強調：男孩女孩天生是沒什麼差異的！是後天社會文化加上許多性別的限制。

不過在自己教養男孩多年後，真的深切體認：以我自身的女孩成長經驗來養男孩，有許多捉襟見肘的不足！

美國友人曾推薦我看史提夫・畢度夫（Steve Biddulph）的知名作品《Raising Boys》，這本書在歐美暢銷多年後，最近在台灣終於有了中文版《教出好兒子》；此書中提出許多科學上男女生理的差異，例如：男嬰的大腦發育比女嬰慢、男嬰的左右腦連結比較差……也有許多西方父母教養的案例說明，是本家有小男孩父母的實用床頭書。

不過東西方的教養觀與文化上，還是有所差異，所以野人文化很細心的出了第二本《教出好兒子（實踐版）》，作者是「中國十大最具影響力家教作家」雲曉女士。

本書提出的教養案例多元又廣泛，更貼近華人的教養現實。例如：如何面對攻擊性強的小男孩、男孩子為何需要「窮著養」、為何在國小時男孩的成績總不如女孩？……有現實的說明，也有實戰演練的「給父母的建議」，讀起來覺得更貼近我們的教養觀點，感覺實用許多！

在台灣，父母普遍生得少，家長對教養更是用心。有人曾戲言：台灣出版的許多熱門教養書，很多是兩個女兒的母親寫出來的！那麼這本《教出好兒子（實踐版）》，應該能補充些市場需求的不足吧？

教養精力充沛的男孩子的確不容易，在此與家有男孩的父母共勉之！

——小熊媽張美蘭

二〇一一年十月寫於第三個男孩出生前夕

目錄

第二章 讓男孩在充滿愛的家庭長大 065

第五章 讓你的男孩更具競爭力

Q&A **男孩真的不打不成器嗎？還是越打越倔強?!**

／讓兒子自己親身體驗惡果

／告訴兒子「好漢做事好漢當」，付出代價才會學到教訓！

Q&A **越大越不聽話！家有叛逆兒子怎麼辦？**

／每個男孩都會經歷叛逆期／給兒子實際體驗的機會

／在兒子遭受挫折時給予理解和支持

／尊重兒子，用理解和愛消除他的叛逆心理

／和兒子交心，親子相處融洽，孩子就不容易反叛！

Q&A **要如何疏導男孩的心理壓力？**

／重複兒子的話，表示你對他的理解／鼓勵兒子自然流露各種情緒

／幫助兒子克服不合群的恐懼

／以自己為例，和兒子分享自己的經驗與做法

Q&A **該怎麼處理男孩最常見的不聽話行為？**

／頂嘴→當場給予尊重，事後再討論

／嫌煩、耍→脾氣→馬上停止嘮叨，與兒子約定規則

／反駁有理→以具體要求替代籠統說教

／不斷地想買新玩具→多提供可以拼拆的玩具或引導新玩法

／霸道行為→制止時態度堅決、心平氣和

／玩瘋了！不肯回家→平時多讓兒子釋放精力，回家前須提前告知

別讓男孩接觸太多暴力節目

／慎選電視節目／陪兒子看電視，並約定時間限制

作者序

教養男孩，「巧妙引導」比強制約束更有用！

與養育女孩相比，養育男孩帶給父母的挑戰更大。

古希臘偉大的哲學家柏拉圖曾寫道：「在所有的動物之中，男孩是最難控制對付的。」的確，這些天生帶有Y染色體的小傢伙，打從出生就讓父母很頭痛——男孩喜歡冒險，常常因為自己的危險舉動而傷痕累累；男孩天生脾氣倔強，父母說東他偏往西，父母越是嚴格控制他越叛逆；男孩雖然粗心，卻有一顆敏感的心靈，父母的不尊重、不理解，往往讓他感到受傷；男孩很難自我控制，容易受到外在環境的誘惑及影響……

難道小男孩生來就是為了給父母製造麻煩嗎？當然不是。喜歡「製造麻煩」，往往是因為男孩體內過多的荷爾蒙「睪固酮」（testosterone）。睪固酮除了賦予他們男性特質，也帶來不安定的個性——坐不住、好鬥、喜歡冒險、與同伴競爭、到處搗蛋……而這些個性正是男孩更富探索欲、創造欲、領導欲的最直接體現。也就是說，只要父母教育得當，在日常生活的細節中，給予男孩正確的引導，這些個性弊端就能轉變為成功的優勢。

本書針對男孩的心理、生活、學習、理財、個性、能力等方面，為家長提供許多切實可行的建議。簡單來說，教育男孩有以下四個原則：

一、從小就將男孩培養成男子漢

男孩從四、五歲就開始具有性別意識，此時父母要有意識地培養他們當個男子漢——跌倒了，告訴他「自己爬起來」；膽怯了，告訴他「你可以做得更好」；犯錯了，告訴他「好漢做事好漢當」。

值得注意的是，媽媽過多的保護和擔心，會削減男孩的男子氣概；而父親更顯嚴格的規則、更顯寬鬆的約束，則會賦予男孩堅強與勇氣，進而促使男孩更快成長為優秀的男子漢。

二、別對男孩來「硬」的，要和男孩做朋友

男孩最怕沒有人理解、沒有人支持以及沒有自由，最不怕的則是武力脅迫。所以父母們一定要牢記：如果不趁現在和男孩成為朋友，那麼青春期之後，他就會把你當作敵人！

和男孩做朋友其實很簡單，只要讓他有更多選擇的權利，一同分享他的喜怒哀樂，放棄「不打不成器」的教子觀念，時刻讓男孩感受到關愛，巧妙約束但不強硬控制……

三、別讓你的男孩太「富有」

「富有」指的是父母太多的溺愛以及錢財的充裕——很多父母特別寵愛男孩，一切事情都

依著男孩；很多父母很有錢，給男孩很多零用錢。然而，過度寵愛會讓他們變得自私、缺乏責任感，太多的金錢會讓他們養成奢侈浪費的習慣。正因如此，明智的父母不會讓自己的男孩太過「富有」，會把「愛」藏起來一半，並且尋找和創造機會讓男孩去體驗貧窮！

四、從小培養男孩的成功個性

生活中，男孩家長常有許多無奈——教他勇敢，他做事卻總是唯唯諾諾；教他堅強，他屢次輕易放棄；教他果決，他還是優柔寡斷。遇到這樣的情況，家長總會自我安慰：「等他長大後，自然會懂……」然而，一向輕言放棄的男孩，到了十八歲會忽然變得堅強嗎？一直畏畏縮縮的男孩，二十歲之後會忽然擁有出色的交際能力嗎？所以，教育男孩必須從小開始，慢慢培養成功的能力和特質。

希望每位閱讀此書的家長，在未來的日子裡，都能以自己了不起的男孩為榮！

——雲曉

第一章

走進男孩的內心世界

男孩愛搗蛋，是因為他們喜歡冒險；常破壞東西，是因為具有探索精神；學習成效不如女孩，是因為不喜歡被限制、被束縛；喜歡爭鬥，是因為內心深處有一種揮之不去的英雄情結……任何一個男孩，內心世界都非常神祕而豐富。父母必須真正走入那個世界，才能理解他們種種不可思議的行為，知道他們有多棒、多優秀！

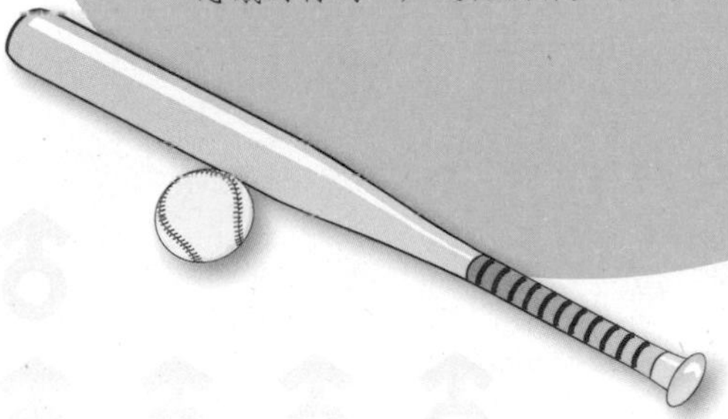

小男孩天生就愛冒險！

女孩有女孩的好處，男孩有男孩的優點——女孩子比較細心、愛乾淨、有禮貌、會關心他人，而男孩子比較豪爽、勇敢、大膽、具有冒險精神、講義氣。有養育男孩經驗的父母都知道，與女孩相比，男孩似乎更難教育，往往需要付出比教育女孩更多的精力。

舉例來說，具有冒險精神是很好的特質，但是男孩從小就有一種毫無理由要去冒險的傾向：剛學會走路的小男孩，只要能爬多高，就會從那裡跳下去；喜歡玩火；會把自己藏起來，讓全家人擔心；不論東西能不能吃都往嘴裡塞；故意惹老師和同學生氣，並引以為樂；隨著年齡增長，會愛上一切富有冒險性的事物，如滑板、攀岩、滑翔翼、飆車等。任何一個男孩小時候都或多或少受過傷，沒受過傷而長大成人，只能算是奇蹟。

有個母親形容自己帶大兩個兒子的經歷：「每天都活得提心吊膽。他們喜歡爬到家具上，再從家具跳到床上，床墊因此被跳出一個大洞。他們還喜歡在樓下的小花園裡爬樹，甚至學蝙蝠俠在樹與樹之間竄來竄去，有一次竟然從幾公尺高的樹上摔下來，結果腿骨折了，在家休養了兩個月才能去上學。」

為什麼男孩、女孩同樣是小孩子，男孩卻如此難以管教呢？

主要原因在於男孩體內的荷爾蒙「睪固酮」，它是雄性特徵的體現。從他們還是小嬰兒開始，體內分泌的激素就遠遠多於女孩，需要一些冒險行為釋放自己的能量。

兒科醫生認為，睪固酮會使得男孩的行為不同於女孩。大多數的兒童心理學專家也認為，男孩愛冒風險、專斷自負、鬥毆競爭、爭吵、自大、喜歡出鋒頭的傾向與睪固酮的分泌直接相關。這正是男孩比女孩更不好教育的原因。

面對小小冒險王的三大法寶

瞭解了男孩與女孩不同，父母又該怎麼對待兒子誇張又怪異的行為呢？以下有幾個方法：

阻止沒有用，理解兒子的行為，引導他安全地冒險！

愛動、好冒險是男孩的天性，他們需要廣闊的空間和自由的行動，藉由運動和攀爬來燃燒體內的睪固酮並促使大腦健康發展。因此，當兒子又在拆解玩具和「修理」家裡的小電器時，請在保護他的安全的前提下，讓他自由發揮，並且相信他的能力。

一位明智的媽媽這樣對待孩子的冒險行為：

六歲的小虎忽然對電很感興趣，有一天竟然拿著一根小鐵絲要試插孔有沒有電。媽媽及時發現這個可怕的動作，但是並沒有勒令兒子馬上住手，而是快速走到孩子身邊說：「寶貝，你在玩什麼？來，媽媽幫你找個比小鐵絲好玩的東西。」說完便帶著孩子去另一個房間拿了一支測電筆。孩子用測電筆接觸插孔，測電筆的燈立刻亮了，離開插孔時燈又熄滅了，他拍著手一

男孩愛冒風險、專斷自負、鬥毆競爭、爭吵、自大、喜歡出鋒頭的傾向**與睪固酮的分泌**直接相關。

邊跳一邊喊：「媽媽，真好玩，真好玩！」

這時，媽媽認真地對兒子說：「你手裡拿的是測電筆，它不是玩具，是用來防止觸電的工具。你知道媽媽為什麼不讓你用小鐵絲玩嗎？因為電很可怕，它會通過小鐵絲傳到身體，把人電得很痛，有時甚至會電死呢。」

「那為什麼用測電筆去觸電就不會死呢？」孩子歪著小腦袋問。

「兒子，你問得真棒，媽媽問你，電線的外皮是用什麼材料做的？」

「塑膠。」

「對呀，塑膠能夠包住電，所以電線中的電才不會跑出來。你看這個測電筆，手拿的這一端不就是塑膠嗎？」

孩子用鐵絲去觸電是很危險的事，遇到這種情況，一般家長都是勒令孩子住手，然後跟孩子說電有多可怕。這位聰明的媽媽卻輕易地化險為夷，並且讓孩子增長了知識，這是因為她瞭解孩子的心理。

成長中的孩子好奇心強，尤其是男孩子有很強的冒險心理，即使這次的行為沒有得逞，也會趁爸媽不注意時再次進行他的實驗，這樣的結果往往更可怕。這個例子中的媽媽既滿足了孩子的好奇心，又讓孩子藉由親手做試驗瞭解電的可怕，這樣一來，孩子不但不會再用鐵絲試電，而且懂得對電小心謹慎。

面對兒子的固執，給他時間調整或借助同伴來說！

越是不能做的事情，男孩越想嘗試，這是受到體內睪固酮的影響。從嬰兒期開始，男孩就比較難接受挫折，也不喜歡接受他人幫助，明知自己力所不能及，感情上卻不能立刻接受，仍然堅持不斷地嘗試，這是因為男孩的情緒處理比女孩緩慢許多。

這時，家長應該給予足夠的時間讓他們調整心態。

一個三歲男孩想爬上高高的童話城堡，但他太小了，媽媽告訴他現在還不能玩這個遊戲，男孩卻擺出一副不讓他玩就不回家的態度。

媽媽陪孩子在城堡下面的椅子坐著。一會兒，一個七歲的女孩過來坐在這個椅子上休息。媽媽把小男孩想上去城堡玩告訴這個女孩，她馬上對小男孩說：「不可以，你太小了，上面的遊戲有點危險，小時候媽媽也不讓我玩。而且上面幾乎都是跟我一樣大的孩子，他們不會跟你玩的。」小女孩說完又跑去玩了。小男孩聽了女孩的話，便主動要求媽媽帶他回家了。

這個媽媽藉由其他孩子的口，說出她想說的話，使孩子更容易、更快接受自己不能去城堡玩的事實。當孩子固執地堅持一件事情時，你不妨借助孩子同伴的口，說出你想說的話。

教兒子學會自律，讓他及時明白什麼是不正確的行為！

鄰居家小妹妹剛走進房間，小剛就揮起手中的「金箍棒」打過去，雖然沒有打痛小妹妹，卻嚇到她，小剛反而哈哈大笑。客人走後，爸爸針對小剛這種不禮貌的行為，訓斥一番。

從嬰兒期開始，男孩就比較難接受挫折，
也不喜歡接受他人幫助，
這是因為**男孩的情緒處理比女孩緩慢**。

事實上，男孩都有很強的攻擊心理，有時是因為好玩、有時則是因為憤怒。不管是什麼原因，當孩子出現攻擊傾向時，家長都應該及時讓孩子明白，這種行為是不正確的。可以讓孩子看一些好的影片、講一些好的故事，告訴孩子什麼是正確的行為，培養孩子正確的價值觀和道德觀，從而讓孩子學習約束自己的行為。

每個男孩都想成為變形金剛

家有男孩的父母大多覺得自己的兒子太愛管閒事，尤其愛打抱不平。例如看到家裡的小狗欺負小貓，就會把小狗追得滿屋亂跑；遇到高年級學生欺負低年級時，會想跳出來主持公道。有些家長對這種性格很擔憂，怕孩子得罪很多人，而且有時他們的行為太莽撞，長大後如何在社會上立足？

事實上，這種擔憂是多餘的，愛打抱不平是男孩的本能反應。每個男孩都有「英雄情結」，同情弱小，希望正義戰勝邪惡，幻想自己身懷絕技，與惡勢力對抗，成為人們心目中的英雄。因此，當男孩看到有人恃強凌弱、以大欺小時，往往會情不自禁地「為正義而戰」。

雖然在現實生活中，男孩的英雄夢想難以實現，心中卻都有一個鮮明的英雄形象。這個形象或許來自於現實生活，或許來自於他們最愛的漫畫、動畫。

一位媽媽在日記裡記錄了這樣一件事情：

星期天帶兒子去買衣服，他突然拉出一件T恤說：「我喜歡這件，這件有變形金剛！」我看了看這件T恤，做工很粗糙，料子也不好。「這件不太好，換一件吧？」我試圖勸他，可是看他一副執著的模樣，只好買下了。

回到家，兒子立刻換上新衣服，開心地去找朋友玩。「看，我的變形金剛！」對方立刻挺胸回應：「我也有！」他的鞋子上也繡了一個變形金剛圖案。

從此，這件衣服成了兒子的最愛，每次洗完澡都會迫不及待地穿上。

對男孩來說，變形金剛是他們心中的英雄。男孩們渴望自己強大，渴望成為英雄，但在現實面前，他們又意識到自己在生理和心理上的弱小狀態，希望得到安慰和激勵，希望自己勇敢並被認可。當變形金剛擊敗強大的敵人時，男孩們也在做著拯救世界的夢。

很多家長擔心孩子會不會因為迷戀變形金剛而變得不愛學習，或有暴力傾向。其實，變形金剛詮釋了勇敢、正義戰勝邪惡等正向精神，為熱愛幻想的男孩營造了一個天真的世界。

給父母的建議

善用男孩的英雄情結，讓他們成為男子漢！

對於男孩的「英雄情結」，父母首先要做的是理解他們，而不是嘲笑他們的弱小無力，更不能責怪他們「惹事生非」。只要父母引導得當，這種英雄情結不僅有利於培養他們的男性氣概，更能使他們盡快成為真正的男子漢。

男孩渴望成為英雄，但他們又意識到
自己在生理和心理上的弱小狀態，
希望得到安慰和激勵，希望自己**勇敢並被認可**。

滿足兒子當英雄的心理

五歲的健健總愛打抱不平。這天，爸爸從幼稚園接他回家後，發現他的脖子上有幾道不太明顯的劃痕。爸爸問他原因，他先是不說，後來在慢慢的引導下才說出了事情經過。

原來，他們班上的「小霸王」亂拉一個女生的小辮子，還用彩色筆在這個女生的衣服上亂畫。當時正好老師不在，於是健健就控制不住自己愛打抱不平的情緒，前去與「小霸王」較量，所以留下了幾道劃痕。

聽了孩子的敘述，爸爸沒有責備他的打架行為，而是拍手叫好：「你是個打抱不平的小英雄，爸爸支持你的做法。」

「可是，你和媽媽還有老師都說，打架的孩子不是好孩子。」

「爸爸鼓勵你的英雄行為，但是打架並不是最好的解決辦法，你可以心平氣和地跟那個小朋友講道理，也可以動員別的小朋友一起跟他講道理。如果大家都反對他，他就不敢再欺負別的小朋友了。你說對嗎？」

當孩子因為打抱不平與別人打架時，父母先不要忙著斥責，反而要先表揚孩子的英勇行為，滿足孩子的英雄心理。然後再幫孩子分析，除了打架之外，還有很多方法可以幫助弱小者脫離困境。

另外，在日常生活中，父母也可以讓兒子做一些能力所及的事情，例如讓孩子幫忙丟垃圾、幫忙提購物袋……不僅能夠滿足孩子的英雄心理，也利於男性氣概的培養。

讓兒子知道怎樣才算是真正的英雄

現實生活中，英雄不一定要拯救世界、捍衛和平，家長必須讓渴望成為英雄的男孩們明白，英雄應該具備什麼特質。

振振的家長從小就教育他，真正的英雄靠的不是打架，而是英勇的行為表現，振振也常用這個標準來約束自己。

放學了，振振和好朋友偉偉一起回家。剛走出校門，就看到一幫孩子在打架。「我們也去看看吧！」偉偉建議。

「不。」振振搖頭說：「打架是不好的行為，我們還是回家吧！」

「你真是膽小鬼！」偉偉嘲笑他，旁邊的孩子也跟著起鬨，可是振振沒有當一回事。

過了幾天，大家去小河邊玩耍，一個不小心，偉偉掉進了水裡。「救命！」偉偉不會游泳，拚命地在水裡掙扎。

大家都嚇壞了，有的跟著喊「救命」，有的躲得遠遠的，甚至連會游泳的孩子也不敢下水幫助偉偉。就在這時，振振路過看到這個狀況，毫不遲疑地趕緊尋找大人協助，把偉偉拉上岸。從此大家再也不嘲笑振振是膽小鬼了，他成了孩子們心目中的小英雄。

事實上，男子漢的形象就是這樣樹立起來的。也許有的孩子打架很厲害，很多孩子都怕他，但是很少人會認為他是英雄。像振振這樣英勇仗義的孩子，才會成為同儕心目中的英雄。

此外，父母還應該教導孩子如何保護自己，讓孩子明白，英雄並不是靠蠻力，而是運用智慧讓弱小者脫離困境。還要告訴男孩，當英雄是光榮的，但是要考慮自己的實力，例如遇到有人落水的情況，如果自己不會游泳也不要害怕、慌張，要用最快的速度去附近找大人。

利用兒子心目中的英雄改正他的缺點

在男孩心目中，英雄是偉大而神聖的，聰明的父母可以掌握這種心理讓孩子改正缺點。

男孩睿睿很聽話，但是有個不好的習慣：喜歡賴床。每天早上，無論媽媽怎麼叫，他都裝作聽不見。後來，媽媽想到一個好辦法。

媽媽知道睿睿很喜歡變形金剛，每天當他該起床的時候，媽媽就對他喊：「變形金剛，壞蛋來了……」睿睿一下就醒了，瞇著眼睛在被窩裡笑，過一會兒便從床上爬起來大聲回應媽媽：「我是變形金剛，你是壞蛋……」

每個男孩都有缺點，例如挑食、不愛乾淨、不懂禮貌等。父母可以借助英雄的形象教育他，不僅能讓孩子改正缺點，還可以讓他們對自己有更高的要求。

♂ 男孩在意的是：誰是團體中的老大！

女孩與男孩關心的事情截然不同，剛認識一群新朋友，女孩最想知道的是自己能和誰成為親密的知心朋友，而男孩迫切需要知道的卻是誰是這群孩子的老大；剛到一個新班級，女孩最關心的是這些同學會不會欺負我，而男孩更關心誰是班長……

美國的艾里姆夫婦（Don & Jeanne Elium）在《養育兒子》（Raising a Son）暢銷書中提到：走進男孩的世界，我們會發現，在任何場合，男孩最關心的事情都是「誰是老大」？

這是由於男孩強烈的競爭心理造成的。從媽媽受孕那一刻起，Y染色體便決定了這個小嬰兒體內的睪固酮遠多於女嬰，這些睪固酮賦予了男孩冒險、爭吵、自大、競爭等天性。

行為心理學家認為，每個男人都有當老大的欲望，因此他們每到一個新的地方都會關心「誰是老大」，想知道這裡有哪些規則，以及當老大的具體條件，然後與自身現有的條件相比，確定自己今後努力的方向，與現在的老大競爭。

對成年男人而言，這種天生的特性會演化成不斷進取的力量，但是對男孩來說，如果缺乏正確的引導，男孩不斷進取的天性可能會消失，或是促使孩子走向相反的方向。

教養孩子就是如此，你播什麼樣的種子，它就會結什麼樣的果實。如果家長告訴男孩，想要競爭是好的，但是手段一定要正當，孩子長大後就會成為堂堂正正的男子漢。反之，如果家長鼓勵孩子用不正當的方法競爭，孩子就會沿著「彎路」成長——現在可能是考試作弊、拉幫結夥、要流氓，長大以後則可能做出更離譜、更可怕的事情。

競爭是男人的天性，一位研究行為哲學的專家曾說：「一場比賽結束後，你看到一個被打敗的男人真誠地向對手祝賀，其實在這背後，這個男人想的是下一次如何把對方打敗。」

給父母的建議

善用男孩的競爭心理，讓他更積極進取！

父母不用擔心男孩的競爭心理，這是性別賦予他們的巨大能量。不如加以引導，告訴你的男孩要遵守競爭規則——公平、公正、正當，然後放手讓他競爭，這樣將更有利於這個小男子漢的成長！只要巧妙運用這種心理，就會驚奇地發現：教養男孩，原來這麼簡單！

讓兒子練習當老大

每到週末，丁丁就成了家裡的「監督員」。但是丁丁監督的不是壞行為，而是收集爸爸媽媽的好習慣。

媽媽在做飯，丁丁跟在後面，一會兒幫忙挑菜，一會兒幫忙收垃圾。等到準備炒菜時，媽媽對他說：「丁丁，廚房裡油煙太大，去客廳找一找爸爸的好習慣吧！」

來到客廳，爸爸正在看電視，原本拿起一根菸想點火，一看到丁丁便把菸放回菸盒裡。

吃完晚飯，爸爸媽媽才剛坐到沙發上，丁丁便走過來認真地說：「我發現你們的好習慣了。媽媽很勇敢，不怕油煙；爸爸很乖，今天沒有抽菸。」丁丁想了想又說：「你們還有兩個共同的好習慣，一個是不咬指甲，另一個是吃飯很專心！」

爸爸媽媽聽完後都開心地笑了。

每個男孩子都有當老大的欲望，而且一旦當了老大，就會全心全力地把工作做好。只要在

生活中滿足男孩這種欲望，就能促使他們成長。丁丁的父母準確掌握了男孩這種心理，巧妙運用在教育兒子上。此外，他們不是讓孩子監督自己的缺點，而是讓孩子仔細觀察好的行為，進而讓他從小就體會到父母的辛苦。

另外，父母還可以用語言滿足孩子當老大的欲望，例如經常問兒子：「小監督員，我有哪些地方做得不好嗎？」「你對這件事情有什麼意見？」雖然有時孩子的意見未必合理，你也不一定採納，但是你會發現，兒子會因為這幾句話而高興一整天，對生活的積極度也會提高。

讚賞兒子正當的競爭心理，建立「勝利」「贏」的健康概念

也許你的兒子現在還很小，卻經常會對你講起他的目標、他想贏過誰以及他所取得的成績。這時千萬不能胡亂搪塞他，因為孩子在這方面的感覺是很敏感的。

「爸爸，告訴你一個好消息，我這次考試終於超過小明，進步了三名。」小男孩興奮地對爸爸說。

「那你現在在班上排名第幾呀？」爸爸著急地問。

「十五名。」兒子感覺到了不妙，小聲地說。

「你看，一問你班級排名，你的聲音就變小了吧，進步三名有什麼了不起的，趕快去做作業，下次考第一名。」爸爸不耐煩地對兒子說。

兒子不再說話，悻悻然地回到自己房間。

引導男孩遵守競爭規則——**公平、公正、正當**，然後放手讓他競爭，將更有利於小男子漢的成長！

男孩普遍有強烈的競爭心理，當他們達到心中的目標時，便會產生成就感，這是促進他們充分發展潛能的重要動力之一。

如果當他們自認為已達到目標卻被家長忽略，沒有得到認同，甚至遭受打擊，男孩就會缺乏前進的動力，他們的潛能就很難再被激發，甚至連人格也會受到傷害。

就像上述故事中的兒子一樣，雖然已經達到自己心中的目標，爸爸卻拿班級排名來刺激他，使他的成就感得不到滿足。因此，他下次考試肯定會讓爸爸失望，因為一個成就感得不到認同的男孩，很難再有繼續努力的動力。

所以，父母一定要傾聽男孩的心聲，尊重並認同他們的努力，男孩才會有成就感。他們需要父母幫忙建立關於成就、勝利、贏、競爭……等詞彙的健康概念。

巧妙運用兒子愛比賽心理，讓他自願做家事！

小猛的房間總是一團亂，媽媽建議他收拾一下，他卻回答：「我不喜歡整理房間。」

「可是你不認為你的房間太亂了嗎？」

「那有什麼關係。」小猛答道：「我覺得這樣很好。」

過了一會兒，媽媽想出一個妙招：「我們來比賽如何？我來打掃廚房，你打掃自己的房間，我敢肯定，一定是我贏。」

「我才不信呢，我一定做得比較好。」小男子漢被激「怒」了，立刻開始行動。

男孩通常受不了別人激他，所以當兒子不願意配合時，父母不妨激他一下，這樣他就會乖乖去做父母想讓他做的事。但另一方面也要注意，父母只需要提出「整理房間」的目的，不可過多、過分地刺激他們，例如：批評他懶惰，連帶數落之前整理家務的種種缺點，否則他們會真的認為自己「這也不行、那也不行」，而不願意再努力。

男孩有淚也要彈！別剝奪他們哭的權利！

常常聽到一些家長教訓兒子：「哭什麼哭，女生才會哭哭啼啼的！」「有什麼好哭的，像個女生一樣！」

男孩子有時很可憐，因為他們被剝奪了哭泣的權利——因為是男孩，他們必須堅強；因為是男孩，他們的情緒往往被忽視……即使年紀還小，他們就必須承擔比女孩更多的壓力。曾有兒童心理學家說：「在孩提時代，男孩比女孩更容易抑鬱。」

多數家長也許會懷疑甚至反駁這個觀點，認為自己的兒子很快樂、無憂無慮。但是，你是否注意到他的異常行為了呢？

一位研究兒童行為學的專家表示，如果一個五歲的男孩感到心情抑鬱，會出現懶散嗜睡的症狀，或許是早晨不想起床，或許是在屋裡悶悶不樂地走來走去，也可能會對原先使他興奮的東西不感興趣，甚至會公開表現出憤怒、敵意。

如此說來，男孩真是一種奇怪的動物。他們表面看起來大咧咧的，其實內心也有很多祕密；他們表面看起來堅強，其實內心很容易受傷；在別人看來，用手擊牆是一種很傻的行為，他們卻認為這是最爽快的發洩方式。

然而遺憾的是，大多數情況下，父母往往會忽略男孩的情緒。

十二歲的石磊沒有上初中就輟學了。他非常自卑，害怕見陌生人，脾氣古怪、暴躁，動不動就發脾氣，並常常以自殺威脅家長。

原來，石磊曾經是性格開朗、學習成績優異的孩子。在他上五年級時，班上要選班長，他滿心歡喜地以為能當選，結果老師沒選他，反而選了比他差的同學。這件事對他的打擊很大，他放學回家後一句話都沒說，直接躲進房間。第二天，他把這件事告訴爸爸媽媽，並且反覆說了好幾遍。但是，當時石磊的爸爸媽媽由於工作忙，沒有在意孩子情緒的變化。

從此以後，石磊就像變了一個人，沉默寡言，對所有的事都提不起興趣，不愛上學，也不喜歡參加班級和課外活動，甚至在街上看見同學和老師都會立刻繞路。然而，石磊的異常行為還是沒有引起父母的注意，等到他們發現孩子的變化時，他已經變成了現在的樣子。

是的，有時候男孩子就是這麼脆弱。他們也會迷惘，而且他們不像女孩，發現自己錯了便會馬上回頭，他們有一種就是不願回頭的倔強。因此，他們有時更需要家長的關注，需要家長在適當的時候為他們指引方向。

與女孩相比，男孩不善言辭，不願意表達自己內心的想法，更容易暴躁、發火……但正因如此，男孩才更需要父母的關注，尤其是在他們情緒變化的時候。

別忽視男孩情緒地雷，當心他憋出大問題！

很多家長都認為男孩膽大、好勝、勇敢、堅強，是家裡的小小男子漢。但是，一旦這些男子漢脆弱起來，由於他們情緒表達方式的特殊性，更需要父母的幫忙。

傾聽兒子內心的聲音，鼓勵他說出來！

男孩軒軒一放學就嘟著嘴對媽媽說：「媽媽，我恨老師。」

媽媽看著兒子咬牙切齒的樣子，趕忙放下手中的家務，安慰兒子：「告訴媽媽，老師怎麼惹你生氣了？」

「老師要我讀課文，我沒注意讀錯了一個破音字，老師當眾指出錯誤，同學們都笑我。」

媽媽原本想好好安慰一下兒子，這時電話響了，軒軒馬上恢復頑皮的模樣，裝作成熟的樣子對媽媽說：「媽媽，我要去跟同學玩，晚飯前準時回來。」說著就往門外走。但剛走到門口，軒軒又跑了回來，很認真地對媽媽說：「媽媽，謝謝妳聽我說話，我沒事。」說完便跑出門外。

男孩也會傷心、也會遇到困難、也有情緒失落的時候，他們需要發洩自己的情緒，需要一個傾聽者。一位兒童心理學家曾說，傾聽孩子訴說是一把開啟孩子心靈窗戶的鑰匙。對還沒有進入青春期的孩子來說，家長往往是他最好的傾訴對象。

男孩往往會把不開心的事情憋在心裡，最後憋出更嚴重的事情，例如自殺、打架等。然而，如果他們能夠順利地把這件事情說出來，便會馬上忘記這些不高興的事情。因此，家長應及時察覺男孩情緒變化，發現孩子情緒有異樣時，就應該採取措施引導孩子把心事說出來。

另外，家長們也應該注意，**如果男孩傾訴的內容比較偏激，切記不要當場指出孩子的錯誤，這樣會讓他們感到更加無助，或是加重他的反叛心理。不妨等孩子平靜下來後，再幫孩子分析他的錯誤觀點，並提出改正的建議。**

協助兒子適當發洩，也提醒他承擔控管情緒的責任！

男孩對家長、老師不滿意或是自己的心情不好時，就會大聲喊叫、發脾氣，甚至砸東西。這時如果家長訓斥他，孩子發怒的勁頭往往會越來越大。

事實上，由於體內睪固酮的作用，男孩比女孩更容易憤怒，更需要發洩。而男孩不像女孩能用語言表達出「我生氣了」、「我很難過」等情緒，反而更常用身體來表達憤怒。因此，摔東西對男孩來說是很正常的行為，而且男孩在非常高興的時候偶爾也會出現這種行為，這是成長中的正常現象。

當男孩二到五歲時，易怒的特徵會越來越明顯。這時家長不可強行壓制，否則很可能會影響孩子一生的性格。

朋朋的數學成績不及格，回家後自己關在房裡，用拳頭狠狠地擊牆。後來爸爸幫他做了個沙袋，往後當他不高興時，就會把自己想像成一個出色的拳擊手，捶沙袋發洩自己的情緒。

這位爸爸的做法真是一舉兩得，既能防止他受傷，又能使他的情緒順利發洩出來。除了沙袋，沙發墊、枕頭等，也是讓男孩捶打、發洩情緒的好工具。

但是，**僅僅讓孩子發洩情緒並不是教育的最終目的，當孩子情緒稍微穩定後，家長應該告訴他，怎樣表達會更好，並提醒：他有能力、有責任也有時間調整自己的情緒。**

別制止兒子哭泣，要協助他尋找解決方案！

哭泣對男孩而言是非常正常的行為。男孩比女孩哭得少，是因為男孩不願意，或是不會表達自己的情緒。例如媽媽生病了，女孩會用溫柔的語言來撫慰媽媽，男孩卻寧願幫媽媽倒杯水或拿藥。

因此，當男孩哭的時候，往往也是情感最脆弱、最需要安慰的時候。這時絕對不能斥責孩子：「你哭什麼哭，這樣一點也不像個男子漢！」

與女孩相比，男孩的行為目的性很強。他向家長哭訴，並不像女孩一樣只是想獲得安慰，而是更傾向於尋找問題的最終解決方案。因此，當你的小男子漢哭泣的時候，正是他最需要你說明與協助的時候。

♂ 男孩動個不停的天性，成了不聽話的大麻煩！

男孩似乎總是精力充沛、一刻停不下來，因此，有些家長經常不由自主地感嘆：養個男孩真麻煩，感覺時時刻刻都在惹麻煩。

一位兒童專家曾經針對四千多名小學生進行統計，在學校被稱為「問題男孩」的竟然占百分之七十以上。其中除了學習問題之外，更多的是行為個性為他們帶來的麻煩。然而這些「問題男孩」的家長很少從源頭分析自己的兒子到底怎麼了？為什麼他們總是出現「問題」？為什麼他的精力總是用不完？

其實，這些精力充沛的男孩總是出現「問題」是有原因的。由於體內有大量的睪固酮，男孩每天需要更多的課外活動。但是，老師們為了防止孩子們發生意外，往往採取限制學生行動的做法，校外活動自不必說，甚至在學校操場的活動對男孩來說也是一種奢侈。於是男孩過剩的精力只好用來「做小動作、和老師頂嘴、欺負女生、為一點小事就打架……」導致他們被貼上了不聽話的標籤。

一個上三年級的小男孩在日記本裡記錄了這樣一件事情：

今天班上投票選班長，我勝券在握，因為我能感覺到，大多數同學在寫選票時都衝著我微笑。然而，老師把所有選票都看了一遍後，並沒有唱票，而是直接宣布選舉結果：班長是老師喜歡的一個女生。

我聽了非常生氣，要求老師唱票，老師卻說：「我有權決定誰來擔任班長。」後來老師還跟我講了不選我的原因：「你上課不遵守紀律，頻繁提問，甚至離開座位跟老師爭論，這麼不聽話的學生怎麼能當班長呢？」

我很不認同這種說法，因此和老師大吵了一架……

老師們一般都會認為男孩淘氣、不聽話，有時甚至連家長們也這樣認為，因此家長和老師一起用他們的標準來約束孩子的行為，讓他們聽話。然而，**愛玩、頑皮、淘氣本是男孩的天性，學校不能為男孩提供釋放精力的機會，如果在家裡，家長再要求他們「停下來」、「安靜」、「去看書」，要求男孩的行為表現與女孩一致，那麼性別的意義又在哪裡呢？**

一位兒童心理學家曾經如此描述男孩的困境：「現在，家庭和學校教育都存在一個問題，給男孩、女孩穿一樣的鞋，卻期望他們走出不同的路，這是完全不符合現實的。」

因此，當老師把你「請」到學校討論你的兒子時，你應該捫心自問：兒子的精力得到釋放了嗎？如果學校沒有為他提供這樣的機會，你又是怎麼做的呢？你對他表示理解和支持了嗎？還是刻意忽略，反而把他寶貴的課餘時間用在學書法、練鋼琴了呢？

給父母的建議

男孩精力旺盛、好奇心無法擋，就滿足他們吧！

如果你的兒子是老師口中的「問題男孩」，千萬別對孩子發怒，更不能拳腳相向，這樣只會使他的問題越來越多。其實，只要引導有方，「問題男孩」也會成為讓大家欣賞的男子漢。

兒子淘氣行為越阻止只會越嚴重！

男孩淘氣行為往往是好奇心的表現，一旦好奇心得到滿足，他就會對這種行為失去興趣。如果父母嚴加管束，他的好奇心不僅不會消失，還會越來越強烈，導致行為變本加厲。

小君突然對玩水很感興趣，媽媽要他洗手，他卻用手堵住水龍頭的出水口，讓水濺得到處都是；社區的管理員正在給草坪澆水，他卻不時地跑去搗亂；每到下雨天，媽媽越怕他感冒，他越是向外跑，並且在雨中玩得不亦樂乎……

後來，媽媽想了個辦法。下雨時，她不再控制小君玩水，而是為他準備小雨衣、小雨鞋，讓他去水中玩個痛快。沒想到讓他玩過幾次之後，他竟然就對玩水失去了興趣。

其實，當男孩的好奇心得到滿足，他們的興趣焦點自然就會轉移到別的地方。如果小君的媽媽想方設法阻止他的好奇心，這種愛玩水的情況就會延續更長的時間。

兒子愛搗亂，就讓他為自己的行為負責

二年級的齊齊是個精力充沛的孩子，他總是能玩出很多花樣，把小女生的芭比娃娃偷出來當武器、玩海盜遊戲、跟小朋友搶積木、拆家裡的鬧鐘……讓爸爸媽媽傷透了腦筋。

有一次，因為聽到同學說了一句他的壞話，他竟故意把人家剛買的鉛筆盒弄壞。對於這件事情，在徵得孩子同意的情況下，齊齊的父母是這樣處理的：先幫孩子買鉛筆盒還給人家，這筆錢再慢慢從齊齊的零用錢裡扣回來。

雖然男孩子有調皮、愛玩、愛搗亂等特性，但是家長也不能一味遷就孩子。**男孩闖禍後，如果父母每次都為他承擔責任、為他解決問題，男孩就會把父母為他所做的一切視為理所當然。**一旦父母沒有幫他把事情處理好，或者沒有能力再為孩子處理，這時孩子就會埋怨家長，甚至憎恨家長。

為了讓你的兒子成長為一個真正的男子漢，一定要從小灌輸孩子「自己闖禍，自己負責」的原則，並且認真執行。

在可控制範圍內，讓兒子大膽嘗試！

男孩愛冒險的特性經常讓家長們做噩夢。家長們常常在思考，用什麼方法可以永遠讓孩子繫上安全帶，保證他們的安全呢？

放暑假了，超市裡的自行車正好特價，爸爸便給兒子小強買了一輛。沒想到自行車剛搬回家，他便急著要去學。爸爸怕他年齡太小，掌握不好自行車，就以天氣太熱為由拒絕了他。

男孩表面上聽了爸爸的話，但等到中午，爸媽都在午休時，便自己偷偷下樓，把自行車從車庫裡推出來，在烈日下開始練習騎自行車。

男孩淘氣行為往往是**好奇心**的表現，
一旦好奇心得到滿足，就會對這種行為失去興趣。

這個聰明的男孩怕自己摔得太痛，就在剛修剪後的草坪上練習騎車。在不停的練習下，小強終於能夠「騎」著（屁股並沒有坐在車座上）自行車緩緩前進了。正在小強欣喜的同時，忽然前面迎來一棵小樹，還沒學會轉彎的小強不知道該怎麼辦，不過由於自行車行駛速度很緩慢，所以自行車只是慢慢倒下，他也順勢把自行車一扔，自己跳下自行車。儘管差點摔倒，但他仍然自言自語地嚷了起來：「真刺激，還想再來一次！」

上了樓，才剛進門就看到爸媽都在客廳裡等他，小強不好意思地低下頭。這時，爸爸笑著跟他說：「沒摔倒吧？我和你媽媽看了一整個中午的自行車特技表演，心臟都要跳出來了。好了，你沒事就好，快去洗澡吧！」

小強張大嘴，驚訝地看著爸爸說：「爸爸，你不罵我嗎？」

「爸爸小時候也這樣，別人越不想讓我做的事情，我越想做，而且不喜歡別人的幫助。我知道如果強迫你不去學自行車，你會吃不下、睡不著的。」

正如小強的爸爸所說，男孩認定的事情就一定要做。即使有時在家長的威脅下沒有做，但仍會趁著家長不注意時偷偷進行。所以，確保男孩安全最有效的方法就是，在你的控制範圍內，讓男孩大膽嘗試。

♂ 探索天性勝過自我控制＝小小破壞王！

「你說這孩子奇怪不奇怪，他竟然問我月亮是誰生的，這些問題要我怎麼回答？就算回答了，他還會打破砂鍋問到底，沒完沒了，真是麻煩。」

「我家兒子是個破壞大王，剛買了個電動小汽車給他，沒兩天卻被他拆成一堆零件。他還會把小鬧鐘、收音機大卸八塊。有一次，他竟然把鏡子打破，然後努力地用膠水黏，想要『破鏡重圓』……」

以上是家長們聊起自家男孩時，經常會說到的話。每個小男孩都會對一些無關緊要的事情感興趣，喜歡追根究柢；他們會拆裝自己的玩具，把它們改造成具有特殊功能的「超能玩具」；他們還喜歡拆開收音機，看看是誰躲在小盒子裡說話、唱歌……其實，這些都是男孩探索心理的表現。

與女孩相比，男孩的好奇心更為強烈。同樣是玩變形金剛，女孩可能會為玩具編排動人的故事，男孩卻可能把它拆得七零八落。因為男孩希望知道這個玩具如何運作，希望自己找到更多有創意的玩法。**這些看似破壞的舉動，其實顯示著男孩獨特的創造能力。曾經有調查顯示，在拼圖和組裝其他三D立體概念，男孩的速度比女孩快兩倍，犯的錯誤比女孩少一半。**

此外，這也與男孩某些生理和心理特點有關。男孩無論在生理上或心理上的發育都比女孩慢一些，在形成責任感、義務感等心理方面表現較差，所以自我控制能力也較差，當他強烈想瞭解「小鬧鐘是如何工作的」，雖然知道父母會反對他的做法，但是在強烈的好奇心和並不強烈的責任感之間，他會輕易選擇滿足好奇心——把小鬧鐘拆開看個究竟。

男孩有一定的「破壞性」，但有時並不是純粹的破壞。他會將一個小女生好不容易搭造的積木宮殿一舉摧毀，再蓋一座造型獨特的建築來補償；他會把爸爸的鬧鐘拆得面目全非，過一會兒又重新裝好，甚至修好其中的小毛病……家長們應該意識到，在男孩這些破壞力的背後，往往隱藏著呼之欲出的天賦。因此，用強制的方法壓制男孩的「破壞性」是最不明智的做法。

那麼，應該如何對待男孩的「破壞性」呢？

一位兒童心理學家表示，男孩的「破壞性」有些是出於好奇，也有一些是故意破壞，因此家長要區分孩子的破壞動機。

對於男孩的探索精神，家長應先給予肯定，同時也要教育孩子愛惜物品、珍惜別人的勞動成果。對於孩子故意拆毀、摔砸物品的破壞行為，絕對不可姑息，在瞭解孩子破壞物品的原因後，要讓他們自己承擔後果，例如用自己的零用錢修理、購買新物品等。

給父母的建議

善用男孩好奇心，將破壞力轉換成探索力！

如果家裡有個「破壞大王」，喜歡追根究柢問問題、拆東西、搞破壞，父母不必著急。只要將孩子這種帶有探索性的「破壞行為」引向正路，他們長大後就會成為了不起的人物。

用耐心對待「好奇寶寶」

當孩子對周圍的事物發生興趣並努力想一探究竟時，家長對於孩子不停發問的行為不應表示厭煩，更應予以鼓勵和回答：「你真了不起，能注意到這一點。到底為什麼會這樣呢？真是不可思議啊！」對於孩子經常提問的一些科學常識，要引導孩子自己尋找解答。

六歲的小風好奇心很強，對什麼都有興趣，無論走到哪裡都喜歡這兒摸摸那兒看看，然後問：「這是什麼？」「為什麼會這樣？」即使媽媽常常不耐煩地說：「你別問了，真麻煩！」小風還是窮追不捨，「媽媽，什麼叫麻煩？」問得媽媽哭笑不得。

一天，媽媽帶他去動物園玩，他這裡看看，那裡摸摸，一雙好奇的大眼睛忙個不停。「獅子吃蛇嗎？」「企鵝為什麼生長在寒冷的地方？」「大貓熊為什麼喜歡吃竹子？」回家之後，媽媽拿出有關動物的書給小風看，小風高興極了，「哇！裡面有好多動物呀！」書上的動物圖片讓小風一看就入迷了，邊看邊要媽媽念書上的文字，小風就這樣開始學習讀書識字。

正是這種強烈的探求欲望，推動著孩子主動獲取知識。因此，**當孩子表現出求知欲望時，父母要及時鼓勵孩子讀書，這樣一來，孩子不僅會尊重知識、喜歡閱讀，更有利於鍛鍊思維能力、培養獨力解決問題的習慣。**

用寬容對待「破壞大王」

男孩把某些物品，如玩具汽車、小鬧鐘等拆開，是探索精神的表現。他們並不是故意要破

男孩發育慢，在形成責任感、義務感等心理方面表現較差，所以**自我控制能力**也較差。

壞物品，而是對這件物品感興趣，想深入研究一下心愛的玩具汽車裡面到底有什麼、為什麼會跑得這麼快……希望藉由自己的雙手，尋找心中眾多疑團背後的答案。

因此，對於兒子的破壞行為，家長要用寬容的心態對待，因為破壞的過程就是學習的過程。不要嚴厲地批評孩子，也千萬不要說「你真是個敗家子」、「下次不買給你了」這類警告和威脅的話，因為這些批評和威脅很可能會扼殺孩子可貴的探索精神。

尊重兒子的「破壞力」

漫畫家蔡志忠四、五歲的時候，有一次趁父親不在，溜進書房玩耍。看到桌上瓶瓶罐罐裡的墨汁，蔡志忠玩興大起，拿毛筆沾滿紅墨汁，尋找「作畫」的地方。最後，他選了客廳通往書房的牆壁做為畫板。片刻之間，一個個小圈圈組成的小人躍然牆上。

父親回來後看到了蔡志忠的大作，不由得火冒三丈，差點打他一頓。然而，父親後來並沒有這麼做，他只罵了蔡志忠兩句，然後幫他買了一塊小黑板和一些畫筆。蔡志忠喜出望外，從此，這塊小黑板就成為他藝術想像力自由馳騁的天地。

如果蔡志忠的父親沒有幫兒子買小黑板和粉筆，而是給他一頓打罵，也許一位藝術家的天分就會因此夭折。因此，每一位家長都要正確對待男孩子的「破壞力」，別讓天才消失在自己的棍棒下。

對待調皮的男孩，家長應客觀地分析其動機，在尊重、鼓勵其探索能力的前提下，將孩子索事物。

的「破壞力」引向正途。父母越是表示理解與尊重，他就越聽父母的話，從而用正確的方法探索事物。

發現並挖掘男孩破壞背後的天賦

孩子的「破壞性」背後隱藏許多天賦：探索能力、創造才能、思考能力、動手能力……因此，父母千萬不可小看孩子的破壞行為，只要用正確的方法引導，他們就會在某些方面表現出特殊的才能。

小波從小就不喜歡汽車、手槍等玩具，只對玩積木著迷。他會把別的同學蓋的「大樓」推倒，再幫對方設計一座「宮殿」，還會把爸爸的小皮箱挖個洞，當成小白兔的臥室……

針對兒子這種破壞行為，小波爸爸沒有過分批評，而是慢慢引導兒子的興趣，例如經常帶他參觀各種風格的建築，買畫冊給他，跟他一起玩積木，比賽看誰搭得又快又別具風格……在爸爸的支持和引導下，小波漸漸對那些「小房子」著迷，在一次兒童比賽中，小波自己設計的建築竟然獲得了特等獎。從此以後，小波決定長大以後一定要成為一名出色的建築師。

父母對於孩子的破壞行為不能給予打擊，孩子畢竟還小，意識不到自己的才能和天賦，加上男孩的自我控制能力較差，遇到一點困難就會退縮，因此，父母應該採取積極的手段，將孩子在破壞行為之下隱藏的天賦引導出來。

兒子的破壞行為，家長要用寬容的心態對待，
因為破壞的過程就是**學習的過程**。

Q&A

男孩的成績為什麼常常不如女孩？

提到男孩的學習成績，很多家長會說：「在小學和國中階段，男孩的學習成績都會比女孩差，但是，沒有關係，大約到了高中，他們的成績便會突飛猛進地追趕上來。」

這個說法有一定的道理，但並不完全正確。

為什麼男孩的學習成績不如女孩？美國學者的最新研究顯示，其中一個非常重要的原因就是，女孩比較擅長有時限的任務和定時考試，而男孩對這些很不在行。

美國某大學教授對八千名兩歲到九十歲的美國人進行研究，發現任何年齡組的男女智商差別都很小，但是在有時間限制的情況下，女性的表現有很大的優勢，特別是在小學和國中階段。科學家由此得出結論：**很多課堂活動，包括考試，都直接或間接與掌握速度有關——女性在這方面表現更好，因此小女孩的成績往往比小男孩好一些。**

除此之外，以下各種因素也導致男孩的成績比較差：

男孩與女孩的大腦存在一定的差異

與女孩的大腦相比較，男孩的大腦天生更容易接受圖表、圖象和運動物體的刺激。但是，現在的教育方式卻以語言刺激為主，在這種情況下，男孩上課時便會因為接收訊息能力差而無法專心且坐不住。這也是男孩學習成績普遍不好的主要原因。

現行教育模式限制了男孩成長

事實上，男孩的讀寫能力發展比女孩晚兩年，然而老師和家長往往要求男孩和女孩在相同時間內以同樣的方法學習同樣的知識。比如，要求男孩和女孩上課時都必須坐得端端正正，聽上一整節課。**對女孩來說，她們比較喜歡這種安靜的學習方式，而男孩則喜歡透過自行探索學東西。這些都可能讓男孩的學習成績比女孩差。**

老師們對男孩的態度決定他的成績

由於體內的睪固酮在作怪，愛玩、調皮、搗亂等不好的形容詞成了男孩的專利。一般情況下，老師們都會更喜歡聽話又懂禮貌的女孩。因此，班級幹部幾乎都是由女孩擔任，這也是影響男孩成績的一個重要因素。

除了男孩自身的生理特點和學校方面的因素外，家長對男孩的態度和行為，也會影響男孩的學習成績。

航航從小在爺爺、奶奶家長大，有一次他不想上學，便對奶奶說自己不舒服。奶奶聽後，不但沒有催他上學，反而給他買好吃的、讓他看他最喜歡的動畫。從此以後，航航經常找理由

女孩比較擅長**有時限**的任務和定時考試，
而男孩對這些很不在行。

不上學，學習成績自然一落千丈。

有一次，小輝因為考試成績不好而沮喪，做房地產的爸爸這樣安慰他：「考不好有什麼關係，我沒有讀什麼書，照樣住大房子、開好車。」

舟舟的父母開了一間小商店，每天晚上，他們忙於打麻將，讓舟舟在麻將聲和談笑聲中一邊幫忙看店，一邊寫作業。

男孩子在學習方面本來就處於劣勢，如果家長的教育方式不正確，孩子的成績當然不好。因此，父母必須先檢視自己對待學習的態度，在不寵溺、不驕縱孩子的基礎上，為他們創造良好的學習環境。

給父母的建議

讓男孩輕鬆學習的三大法寶！

家長優秀，孩子自然也會優秀，因此一定要為你調皮的男孩做出喜歡學習的榜樣。除此之外，以下幾種方法也可以引導男孩慢慢回到學習的正軌上，使他們的學習成績一路上升。

幫兒子將功課切分成許多小任務

旺旺放學一回到家就愁眉苦臉地對媽媽說：「媽媽，我要背書了，沒時間吃晚飯。」說著便回到自己的房間。

媽媽聽了之後，跟著孩子走進房間，問清楚了原因。原來，今天老師要求他明天背完一篇很長的課文，旺旺覺得很難，想把所有時間都用來背課文。

媽媽聽完，看著他說：「你不用把所有時間都用來背書，媽媽告訴你一個好辦法，絕對能夠在明天上課之前把這篇課文全部背完。」

「真的嗎？」旺旺高興地問媽媽。

「當然是真的。你看，這篇文章看起來很長，其實只有三段。現在離吃飯還有一個多小時，第一段很短，你可以利用吃晚飯前這段時間把這一段背完嗎？」

旺旺點點頭。

「第二段雖然有點長，但是你可以用吃完晚餐到睡覺前這段時間把它背完。至於第三段，可以利用早上的一點時間把它背好。明天上課之前，你再把整篇課文複習一下，我相信你絕對是背得最流利的一個。」

旺旺照著媽媽的方法做，果真很輕鬆地把整篇文章全部背完了。

男孩往往更喜歡富有挑戰性和趣味性的事物，所以對枯燥的學習並不感興趣。而且，有兒童心理學家指出，做計畫對男孩來說有一定的難度，尤其當他們面對沉重的課業時，更不知道如何入手。此時最好的辦法就是幫男孩把功課分成許多小任務，讓他們一點點完成。

面對沉重的課業時，此時最好的辦法就是幫男孩**把功課分成許多小任務**，讓他們一點點完成。

公開兒子的學習計畫，善用輿論壓力！

對於自我控制能力比較差的男孩，家長要幫他們擬訂短期學習計畫，例如週計畫、月計畫等，並且嚴格監督男孩落實學習計畫。

有個男孩學習成績很差，老師幫他擬了學習計畫，但他總是三天打魚、兩天晒網，學習計畫形同廢紙。但是，男孩的爸爸插手管理孩子的學習後，男孩竟然很輕易地按部就班學習。

老師很驚訝地向男孩的爸爸請教：「你是如何做到的？」

男孩的爸爸不好意思地說：「我以前戒過菸，我只是用了心理學戒菸的一個方法。」

原來，在心理學上，常用一個奇怪的方法來戒菸，即向家人或朋友公開宣布：「我要戒菸了！」這樣會產生強迫約束效力，當戒菸者忍不住想抽菸時，馬上就會想到：「別人都知道我戒菸了，我再抽菸，別人一定會笑我意志薄弱。」往往會因此堅持一點、再堅持一點，直到菸癮消失。

男孩的爸爸對待孩子的學習計畫也是這樣做，他先把兒子的學習計畫在家庭會議上公布，再把這個計畫告訴男孩的所有老師和男孩的好朋友。結果，男孩在「輿論」和「面子」的壓力下，就乖乖堅持學習計畫了。

男孩往往更愛面子，看重周圍的人對自己的看法。所以，不僅是學習計畫，男孩子的一切計畫，例如讀書計畫、改正壞習慣計畫等等，家長都可以將它們公開。在眾人的注目下，男孩子的進取心、表現欲等都會被激發出來。

幫助兒子發掘興趣並發揮優點，建立他的自信心！

美國有一所奇怪的學校，完全沒有問題學生，連那些愛搗亂的男孩也很聽話。而且，這所學校的學生不管成績好壞，從來沒有出現中途輟學的現象。

這所學校的校長表示，他們成功的祕密就是，在男孩子陷入麻煩之前抓住他們的心。學校的每一位老師都擅長發掘男孩的興趣，並且利用這個興趣將他們留在校園裡直到畢業。有一次，十五個男孩面臨輟學。他們不喜歡學習，也不喜歡運動，後來老師幫他們弄了個錄音室，他們很感興趣，這便成了他們做一切事情的精神動力。

除此之外，老師們幾乎做了所有嘗試：跳舞、下棋、打籃球、機器人製作等等。目的是為了讓孩子們明白，「天生我才必有用」，總有一個地方可以讓他們有所表現。

因此當男孩失去學習信心時，你不妨轉移他的注意力，教他下棋、打籃球……一旦孩子找到自己的興趣，做一切事情都會充滿熱情。接下來家長需要做的就是，讓你的男孩相信，他一定會在這個領域有很好的表現。

男孩渴望得到認可，希望聽到「你是重要的」、「你會成功」……所以，家長們與其整天告訴孩子「當你考上大學將如何如何」，不如用事實讓他相信「天生我才必有用」。

當男孩失去學習信心時，不妨教他下棋、打籃球……
一旦孩子**找到自己的興趣**，做一切事情都會充滿熱情。

Q&A

兒子膽小、冷漠、孤獨怎麼辦？

大多數男孩子都有英雄情結、有攻擊性、有表現欲、愛出風頭，但是我們也常常會接觸到很多「另類」男孩，他們有的膽小、有的冷漠、有的孤獨。

煥煥從小就跟一般的男孩子不太一樣：六歲的時候還不敢一個人睡覺，七歲的時候還不敢溜滑梯，九歲的時候還不敢主動跟人打招呼，十三歲的時候爬四、五層的樓梯腿會抖，十五歲時媽媽叫他學自行車，他居然還嚇哭了。

小力似乎缺少同情心。有一次，小力的媽媽病了，小力沒有說一句安慰的話，吃完飯後就早早睡覺了，媽媽因此很傷心。

上五年級的小健學習成績很優異，但他從來不和女生說話，與男生的來往也很少，用他自己的話說就是：「我沒有朋友，我很孤獨。」

很多家長都十分擔心，這些男孩的個性與一般男孩子如此不同，正常嗎？答案絕對是肯定的。其實，如果父母瞭解人類性格的多面性和複雜性，就不會如此擔心了。

煥煥看起來比女孩還膽小，但是膽小並不代表內心就很軟弱。一位媽媽曾這樣談到自己的男孩：「兒子平時看起來有點『窩囊』，可是有個暑假他和同學徒步旅行，走了三天。」這個男孩找到釋放自己能量的活動，消除了媽媽的疑慮。很多看似膽小的男孩，往往是因為他還沒有發現真正讓他感興趣的事。

男孩很少直接用哭泣、言語來表達感情，小力的媽媽病了，小力雖然「沒有說一句安慰的話，吃完飯後就早早睡覺了」，但這其實是給媽媽一個安慰的信號，表示媽媽可以安心休息，自己長大了，不用媽媽操心了。因此，小力的媽媽顯然誤讀了兒子的情感表達。

男孩並非沒有同情心，只是不知道該如何表達，或者怕自己的表達方式不被認同。這時，爸爸應該告訴他：「媽媽生病了，你講個故事安慰一下媽媽好嗎？」下次再遇到這種情況，孩子就知道怎麼做了。

男孩子十幾歲時是喜歡和同伴一起玩的年齡，然而小健卻表現得如此不合群，究竟是什麼原因呢？其實，這很可能是家庭環境的因素。教育學家認為，孩子不合群，往往是由家庭因素所引起的。父母感情不和或家庭遭受挫折、對孩子過於溺愛等，都容易使孩子不合群。在孩子小的時候，如果父母盡早發現孩子這種情形，對孩子進行正確的引導，孩子很快就會融入同儕之中了。

給父母的建議

「另類」男孩需要不同的引導！

面對「與眾不同」的男孩，家長不可以用「你怎麼不像個男孩子！」「別整天跟個女孩子一樣！」等語言來刺激他們，**這樣只會使他們感到更加無助。**面對這樣的男孩，家長應該更有耐心地引導、真誠地幫助，激發他們的男子氣概。

父母感情不和或家庭遭受挫折、對孩子過於溺愛等，
都容易使孩子**不合群**。

讓兒子有勇氣

雖然「膽小並不意味著內心軟弱」，但是，男孩子必須學習勇敢，才會更有男子氣概。

一位爸爸在日記裡這樣寫道：

為了使兒子變得勇敢，我經常帶他參加體育活動，並且加入一些訓練勇氣的項目，例如練習碰撞等。孩子很喜歡和我比賽，在這些遊戲中他不但力氣增加了，還學會如何保護自己。

當然，孩子也有不小心受傷的時候。一次，他在玩滑梯時，不小心把膝蓋磨掉了一層皮。當時，兒子抱著膝蓋，眼淚馬上就要掉下來，我沒有大驚小怪，而是一邊幫他處理傷口，一邊對他說：「你是大孩子了，要勇敢、堅強，對爸爸笑一笑。」兒子便笑了起來。

我的態度對兒子有很大的影響，從那之後，兒子受一點小傷不再哭泣，甚至還學會了自己包紮傷口。

當孩子的勇氣一點點增加時，膽子就會一點點大起來。不僅如此，隨著勇氣的增加，他會變得越來越堅強，越來越有男子氣概。

讓兒子有愛心

男孩喜歡用實際行動表達自己的關愛，家長們不妨創造機會讓男孩表達自己，例如對男孩說「花口渴了，想喝水」，男孩就會主動澆花，表達對花兒的愛護。

一個冷漠的小男孩在媽媽的耐心引導下，終於有了很大的進步。有一次幼稚園舉行晚會，小朋友們拿著盤子排隊，去拿好吃的蛋糕。媽媽看見這個小男孩拿了兩個盤子，就問：「你想吃兩份嗎？」

小男孩回答：「我想給莉莉一份。」媽媽回過頭，看見幼稚園新來的小朋友莉莉正孤單地坐在角落，顯得鬱鬱寡歡。

「是她要你幫忙拿一份嗎？」

「不是，莉莉的爸爸媽媽都沒有來，她好像不太開心，我想幫她。」

媽媽對小男孩的表現感到驚喜，讚美了兒子一番。媽媽發現，愛心讓兒子越來越善於表達自己的感情了。

家長不僅要使男孩明白愛的真諦，還要鼓勵男孩把那些隱藏的情緒表達出來。被承認和被肯定有助於男孩形成健康的心理狀態。

協助兒子走進同儕圈、走出孤獨

對獨生子女來說，他們孤獨的心理比任何人都強烈，交朋友的欲望也比任何人都迫切。面對這些孤獨的男孩，父母應該怎麼幫助他們呢？

一位聰明的爸爸有個好主意：

兒子上幼稚園後，我發現他不合群，但是我沒有刻意對兒子說：「你應該去交朋友」、「你應該……」而是引導他走進同儕的圈子。在家我是家庭氣氛的主導者，我主動與兒子玩遊戲、溝通……在孩子的同伴圈裡，我是「孩子王叔叔」，會跟他們一起玩警察抓小偷，一起討論變形金剛……一開始，因為有我的參與，兒子很樂意與同伴們一起玩。玩著玩著，他就在一次次遊戲中、一次次交談中慢慢融入了他的同伴圈裡。

當你的男孩表現出孤獨時，是他最需要父母引導的時刻，因為他會覺得全世界都拋棄了他。如果父母在這個時候不對他表現出較多關注，他往往會在孤獨中越陷越深。

第二章

讓男孩在充滿
愛的家庭長大

如何當個好父母？如何增進與男孩之間的感情？做為父親，你必須以身作則，為男孩提供好榜樣，必須在潛移默化間，將男子氣概灌輸給你的男孩；做為母親，妳不僅要給予孩子大量的愛，還要教會孩子如何去愛，既要牽著他的手，還要在適當的時刻放開手，給予男孩自由、自立的機會……

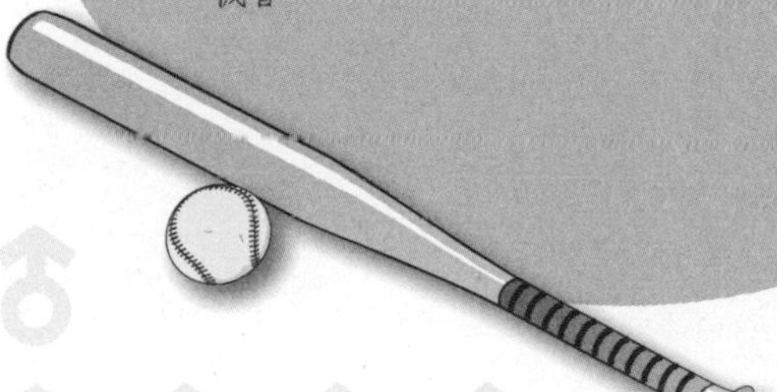

營造溫暖的家庭氛圍

對孩子來說，家庭與社會相比，前者對他們的影響更大，因為家庭是他們主要的生活場所和賴以生存的地方。所以，創造良好的家庭環境，營造快樂和睦、溫馨甜蜜的家庭氣氛，對孩子身心的健康發育成長相當重要。

一位教育學家在一所小學裡做了一個實驗，請所有孩子回答兩個問題：

「你心中理想的家是什麼模樣？」

「哪些東西使你感覺溫暖？」

令這位教育學家意想不到的是，孩子們的回答都集中於每天發生的微小事情上——幾乎沒有孩子提到旅行、遊樂場、大房子、昂貴的衣服或玩具，反而都是溫暖的感覺、鼓勵、民主、愛、玩耍、與父母的溝通等。以下是男孩心中理想的家的標準：

一起玩遊戲：家人一起下棋或是玩遊戲，一邊吃著爆米花，那時候最開心了。

一起玩玩具：爸爸媽媽和我一樣喜歡玩玩具！

養寵物：快樂的家裡有小動物，我養過鳥、小白鼠、烏龜、魚、狗、貓。

製造特別的氣氛：吃晚餐的時候，媽媽會點蠟燭，這是我家最快樂的時候。

一起下廚：我喜歡大家一起做好吃的東西，像餅乾、麵包，整個房子充滿了好聞的味道。

表達情感：我喜歡爸爸把我拋到半空中，用鬍子扎我的臉。

互相欣賞：媽媽坐著，看著我微笑。

互相溝通：我們吃完飯會坐在一起聊天。

認同彼此：每個人都稱讚別人，做一些讓別人高興的事。

製造友愛和安全的家庭氣氛：我每天都很希望快點回家，因為我喜歡待在家裡的感覺。

在孩子們心中，家不一定富麗堂皇，但一定要充滿溫馨和愛意；餐桌上不一定都有美味的食物，但是喜歡全家人一起進餐；遊戲不一定要去遊樂場，他們喜歡和父母一起在家玩……

其實每一位家長都可以問問可愛的兒子：「你心中理想的家是什麼模樣？」然後一一實現這些回答之中的合理要求，**孩子會因父母的改變而感到驚喜，在父母的改變中感受到尊重、關心、疼愛，並且會因父母的改變而改變自己**。

給父母的建議

想要兒子有什麼特質，就要營造那樣的環境！

家庭是孩子的第一所學校，父母是孩子的第一任老師，健康的家庭氛圍是孩子身心健康發展的首要因素。

「理想的家是什麼模樣？」孩子們回答是**溫暖的感覺**、鼓勵、民主、愛、玩耍、與父母的溝通等。

創造學習氣氛濃厚的家庭氛圍

有位老師的兩個兒子正在讀小學，無論和誰聊天，這兩個孩子的話題都非常豐富。「現在物價上漲得很嚴重，政府應該採取措施。」「余秋雨的文筆真好！」

當別人問這位老師「如何讓孩子如此博學」時，他笑著說：「你去我們家看一看就知道了。」原來，這位老師家裡所有稱得上是房間的地方，都堆滿了雜誌和各種類型的書籍。

試想，在這樣的家庭氛圍下，孩子能不喜歡讀書嗎？正如一位教育家所說，想要把孩子培養成博覽群書的「小博士」，就要讓家裡充滿書香氣息，讓孩子隨手就可以拿到書。

每個父母都很重視孩子的學習，希望孩子每次考試成績都很好，將來能有出息。但是，在要求孩子之前，應該先想一想，你在家裡看書嗎？家裡有學習氛圍嗎？……父母的行為對孩子的影響很大，這也是書香門弟的孩子往往比較喜歡閱讀的原因。

營造民主的家庭氛圍

許多家庭很溫馨，卻不太民主，而缺乏民主的家庭某種程度會壓抑孩子個性的成長和創造力的發揮。如果家長動不動就對孩子說：「你應該這樣，你應該那樣……」在這樣的環境下，孩子不是變得沒有主見，就是變得性格暴躁。

要營造民主的家庭氛圍，首先必須建立平等意識。

家長應擺脫「我要怎樣管教兒子都是應當的」傳統作風，瞭解孩子不僅是自己的骨肉，更是一個獨立的成員，有自主意志、有自己的思想、有得到家長尊重的強烈心理要求。唯有父母先建立這種平等意識，孩子才會由對父母的害怕轉變為發自內心的尊重。

另外，不要因為孩子年紀小就不讓孩子參與家庭事務，這樣會使孩子覺得自己不屬於家裡的一份子，因而產生孤獨感。父母應該確保家庭成員之間的真正平等關係，不因家庭成員的年齡大小、地位高低而有所區別，讓每個人都受到尊重，都有發表自己意見的權利。

營造和諧、快樂的家庭氛圍

「你真無能！」「瞧妳一副黃臉婆的樣子！」經常聽到一些夫妻這樣充滿敵意地攻擊對方。然而他們忽略了，這樣的家庭環境會對孩子產生很大的影響。

心理學家研究顯示，從小生活在氣氛緊張的家庭中的孩子，智商一般較低，而且存在不少心理問題；而生活在和睦家庭中的孩子，心理都比較健康。

父母的一言一行對孩子都是無聲的教育。在夫妻恩愛、和睦溫馨的家庭，父母經常帶孩子去公園散步、參加體育活動、玩遊戲等，孩子可以接受全面的教育，從而熱愛學習，對周遭事物充滿好奇心和求知欲。反之，如果家庭氣氛緊張，父母不僅無心照顧孩子，甚至會將孩子當成出氣筒，導致孩子感情上很痛苦，精神上很壓抑，健康和智力都會受到嚴重影響。

調查顯示，常有笑聲相伴的家庭，孩子的EQ和IQ普遍較高。

研究人員認為，孩子在輕鬆、愉悅的環境中學習、生活，能夠促進腦細胞的發育，並且有利於鍛鍊社交能力。

家庭就是一個組織，每個成員都是構成這個組織的個體。如果每個人都帶一些快樂回家，家裡自然就充滿笑聲。反之，如果每個人都把煩惱帶回家，那麼家裡就會烏雲密布、雷電交加。所以，身為父母最基本的責任，就是為孩子營造快樂的家庭氛圍。

爸爸的角色：參與兒子的成長，樹立男性榜樣

——缺乏爸爸關愛的男孩容易發生問題行為

曾在一本書上讀過一句話：「讓一個男孩和一個合適的男人在一起，這個男孩就永遠不會走上歧途。」

男孩和女孩不同，在嬰兒期和學步期，年幼的男孩沐浴在母親的溫柔懷抱裡。那時父愛雖重要，但最重要的是母愛。

然而，再過三到五年，小男孩會開始故意和媽媽拉開距離，努力建立一種男性身分。

一個剛就讀小學一年級的小男孩，常常有意識地模仿爸爸的男性風格。一家人乘車外出時，小男孩經常會熱情地跟爸爸說：「爸爸，快來，我們男生坐前座，女孩坐後座。」

這是因為他想讓別人知道：他和爸爸一樣。

對男孩來說，父親的影響不容忽視：父親給予兒子健全的男性榜樣，無疑是男孩人格能夠順利發展的基礎和推動劑。

然而，在現代社會，卻有很多十幾歲的男孩就開始走上歧途。兒童心理學家表示，犯罪的男孩之所以越來越「低齡化」，與他們在搖籃期缺少父愛有關。**搖籃時期得不到父親的幫助，嬰兒的許多技能發展就會受到限制和影響，導致情緒變化激烈，缺乏自我控制，形成比較偏激的人格，長大後便會有較多的過失行為和反社會行為。**科學研究也證實兒童心理學家的論點。與有父親的男孩比起來，沒有父親的男孩翹課可能性增加一倍，進監獄的可能性大於一倍，需要接受情感或行為問題治療的可能性增加三倍。

在父親角色缺失的情況下，男孩的損失會多於女孩。很多社會學家甚至認為，男孩如果超過八〇%的時間和母親在一起，長大以後就會不知道如何當個男人，只會像個長不大的孩子。

男孩不像男孩，會引發很多問題，許多兒童專家明確地指出，關鍵在於父親的不參與和不關心，其結果是母親承擔更多的責任來填補空位。

給爸爸的建議

陪伴兒子，爸爸要多花點時間與寬容！

既然父親對男孩的影響如此巨大，那麼，該如何用父愛培養出了不起的男子漢呢？

爸爸要為兒子樹立好榜樣

有個人非常喜歡喝酒，每天下班後都要到酒吧喝幾杯，經常喝到半夜才醉醺醺地回家。有一天下班後，他和往常一樣向酒吧走去，走著走著，聽到後面有奇怪的聲音。回頭一看，原來是兒子，他的小臉因為興奮而脹得通紅：「爸爸，你要去哪裡？我要跟你去！」這位父親心頭一震，馬上改變了行走的路線，向家的方向走去。從那以後，他改掉了喝酒的習慣，再也沒有去酒吧。

男孩就像一個小雷達，專注地觀察爸爸的一舉一動，並模仿各種被你忽略的瑣碎細節。如果你經常酗酒，那麼你的兒子可能也會成為酒鬼；如果你經常對妻子大吼，你的兒子也會脾氣粗暴；如果你不尊重父母，你的兒子也不會認為自己有必要尊重你。

父親的每個眼神、每句話、每個舉動，男孩都看在眼中、聽在耳裡，因此「父母的自我教育」就是影響孩子最有力的方法。**父親應該意識到，自己就是男孩的摹版，如果希望「複製」出讓人驚嘆的效果，就必須把自己的優點刻畫得精細、明顯些。**

爸爸要對兒子多一些寬容

男孩總是動不動就讓爸爸怒火沖天——他們會把雨傘丟在一邊，淋雨淋得很開心；會把眼鏡弄丟，把照相機擱在地上；常常不負責任、調皮搗蛋……但是父親面對這些情況不應該太嚴格，因為你也曾經是個男孩、曾經讓自己的爸爸氣得發瘋，所以不妨對這些小搗蛋寬容一點。

知名畫家達文西六歲開始上學，在各種學校課程中，他對繪畫最感興趣。有一天，他上課不專心聽講，還畫了老師的素描，老師很生氣，把達文西的父親請到學校，要他好好管教一下調皮的兒子。

但是他的父親培養孩子的理念是：給孩子最大的自由，讓孩子發展自己的興趣。他不僅沒有生氣，反而誇獎達文西畫得很好，決定培養他的繪畫能力。十六歲那年，父親把達文西帶到畫家維羅吉歐那裡學畫畫。在維羅吉歐的指導下，達文西刻苦學習，掌握了很多繪畫技巧，終於成為一代大畫家。

如果他不是鼓勵兒子，而是給兒子一頓打罵，也許一位天才的畫家就會這樣消失。

因此，總是抱怨孩子不聽話、不上進、不成才的父親們，是否應該反省一下自己怎樣教育孩子？是不是無法容忍孩子的一點點錯誤？其實，**孩子並不是不懂事，當他做錯事時，如果以原諒、鼓勵代替責罵，他反而會努力改正自己的缺點、錯誤。**

但是同時也要注意，對孩子的寬容要有一個限度，必須讓孩子意識到自己犯了錯。如果只是一味寬容，等於是「縱容」孩子犯錯，無法達到教育的目的。

爸爸經常陪伴，兒子長大後更有男子氣概

由父親帶大的男孩，或是從小與父親接觸比較多的男孩，往往表現出很多優勢，例如性格

開朗、頭腦靈活、身體健壯、充滿活力。教育學家表示，這是由於父親的教育方式、父親的影響會促使男孩更健康地成長。

在一般家庭中，通常是由媽媽扮演老師的角色，告訴孩子什麼應該做、什麼不應該做，要求幼兒聽話，喜歡讓孩子從事畫畫、看書等靜態活動；即使帶孩子遊戲或外出活動，也會訂下很多規矩。受到母親思維方式和教養方式的影響，加上重複模仿母親的言行，男孩會變得乖巧、順從、循規蹈矩，缺乏獨立性和探索的精神。

但是，如果父親也參與男孩的教育，便能在其教養方式中注入陽剛之氣。父親可以灌輸給男孩書本以外的知識，鼓勵男孩親自動手、大膽嘗試，對男孩的壞毛病不遷就、不妥協，以朋友的姿態和男孩一起無拘無束地玩。比起媽媽，大多數的男孩更樂意跟爸爸一起玩遊戲，因為父親可以像孩子一樣跟他們一起瘋。

小男孩博博最喜歡和爸爸一起踢足球、放風箏、抓小蟲……每次都玩得既輕鬆又盡興。

媽媽問他：「我也想和你玩呀，你為什麼比較喜歡和爸爸玩呢？」

「因為和爸爸一起玩，不用怕弄髒衣服，也不怕滿頭大汗。」

博博說出了小男孩們的心聲：和爸爸一起玩，沒有太多的顧慮，玩得開心，也玩得盡興。更重要的是，在遊戲過程中，爸爸可以教他們什麼是骨氣、膽量、堅強與男子氣概。

心理學專家研究證明，男孩與父親接觸的機會越多，在一起的時間越長，他們就越勇敢、堅強、豁達、樂觀。因為父親不像母親那樣對孩子百般寵愛，**父愛主要表現在冷靜地面對孩子**

的優缺點，教會他們應付和解決成長過程中遇到的各種問題，為他們形塑堅定的意志和聰慧的頭腦。而且，父親與男孩的遊戲方式比較激烈、富有對抗性和創造性，有利於男孩強身健體和培養思考的敏捷性、創造性。

美國一項最新的研究顯示，由男人帶大的孩子，智商比較高。因為父親在教育孩子方面有更強的目的性，會有計畫地培養孩子某些特質，注意發展孩子某些才能，而母親恰恰缺少這些。在培養日常的生活習慣方面也是如此，母親很容易過度保護孩子，怕孩子碰撞、跌倒，而父親比較重視教育孩子自立、自理，勇敢地面對一切，自己的事情自己做。

在美國，很多爸爸為了把孩子培養得更出色，主動放棄自己的事業，成為一名「袋鼠爸爸」。我並不鼓勵每個爸爸都這麼做，但是建議不論你再怎麼忙，也要盡可能抽空陪伴兒子。

一個小男孩看見父親花很多時間和心思為汽車打蠟，便問：「爸爸，你的車子很貴吧？」

爸爸回答：「是啊！所以要時常保養。」

孩子沉默了一會說：「爸爸，我想我並不值錢，是嗎？」

不要認為男孩子什麼都不在乎，他們的感情也很細膩，也需要關愛。**不要認為兒子無緣無故對你冷漠、鬧彆扭，只是因為不懂事？他們是在用行為提醒你：他需要你的關注。**

男孩子需要的不只是你的精力、你的時間，他們更需要把你當成榜樣，學習面對壓力不退縮的意志，跌倒了再爬起來的勇氣，知足常樂的人生觀……

在遊戲過程中，爸爸可以教他們
什麼是**骨氣、膽量、堅強與男子氣概**。

媽媽的角色：給兒子愛，但不當「萬能媽媽」！

孩子在這個世界上認識的第一個人是媽媽，不論男孩或女孩，都會對母親特別依戀。然而值得注意的是，如果媽媽過度照顧，男孩往往會因為對母親過度依戀，無法培養男子氣概。

一個男孩經常對媽媽說：「我們班上的女生經常把我的書包扔出教室，還打我的頭，我不知道該怎麼辦。」另一個男孩則經常說：「媽媽可以陪我去上學嗎？其他小朋友都會欺負我，我不敢一個人去上學！」

為什麼越來越多男孩變得唯唯諾諾，甚至膽小怕事呢？其實，**讓男孩失去男子氣概的因素，是「代辦型」和「滿足型」兩種媽媽。**

「無所不做」的代辦型媽媽

暑假返校打掃日，許多媽媽拿著掃帚、抹布來到學校。有人問其中一位男孩的媽媽：「你孩子在家會做家事嗎？」那位媽媽立刻回答：「疼都來不及了，怎麼可能讓他做家事？」

不用說做家事，即使是孩子自己的事情，也都由媽媽代勞。書包由媽媽幫忙收拾，鉛筆由媽媽幫忙削尖，只差功課沒有幫忙做了。然而，孩子又是如何看待媽媽這事事代辦的行為呢？

有天，教務主任處罰幾個沒帶齊文具的學生，結果幾個孩子開始埋怨：「都怪媽媽沒有幫我裝進去！」「都怪媽媽沒有幫我收好！」彷彿一切過錯都是媽媽的，他們什麼責任也沒有。

代替，除了給孩子帶來懶惰與無能、給家長帶來悲哀和失望外，究竟有什麼好處呢？

「什麼都好」的滿足型媽媽

一個男孩的媽媽在國外工作，把他寄養在朋友家裡，為了彌補，她每個月寄很多零用錢給男孩。有一天，男孩買了兩瓶名牌香水，一瓶送給年輕的女老師，一瓶從六樓灑到一樓，又從一樓灑回六樓，說是為了「美化環境」。在他們班上，每個同學都喝過他花錢買的飲料；選班長時，沒有人不投票給他。他不常寫作業，誰幫他做一道數學題目，就給誰五十元；誰幫他寫一次作文，就給誰一百元。

遠在國外的母親似乎覺得可以用錢表達無法照顧孩子的歉意，卻不知道，無度地給孩子錢是在害他。事事滿足孩子的需求，只會把孩子推向唯我獨尊、驕傲自大的失控狀態。這樣的孩子，未來怎麼承受得了挫折呢？

給媽媽的建議

除了愛，媽媽還要捨得放手，男孩才會長大！

《動物星球頻道》常常有這樣的片段：幼獅剛開始蹣跚學步，母獅便讓牠體驗生命中邁向自立的第一步：覓食。幼獅哭也好，哀憐也好，母獅就是不將食物給牠。於是，知道無法依賴

事事滿足孩子的需求，
只會把孩子推向驕傲自大的失控狀態。
未來**怎麼承受得了挫折**呢？

父母的幼獅便鼓足勇氣，一步一步向前走，最終學會了生存。正因如此，獅子的勇猛特性才得以形成。

動物要學會自己覓食才能在弱肉強食的世界生存下去，男孩要經歷自己獨立處事才能長大成人。一位哲人說過：「經過什麼樣的洗禮，就能造就什麼樣的靈魂。」媽媽們，請大膽放開雙手，讓小男孩盡快獨立自主吧！

媽媽柔弱一點，讓兒子大顯身手！

母親對兒子的肯定，最能激發男孩的潛力。想培養兒子成為適應未來社會的男子漢，就要為孩子提供顯現本事的機會。如果母親過於能幹、剛強，孩子無法施展自己的本領，他就會變得軟弱；如果母親表現得柔弱一些，會讓男孩堅強起來，意識到自己有保護弱者的責任。

爸爸出差了，媽媽獨自照料四歲的兒子。這棟公寓有人養了一條大狗，每次上樓，狗一叫，媽媽就會很害怕。爸爸出差之後，媽媽對兒子說：「這下慘了，你爸不在，我連上樓都不敢了。你要保護媽媽，一切全靠你了！」兒子拍著胸脯說：「別怕，媽媽，我保護你！」

於是，爸爸不在家的日子，每次上樓，兒子走在前面，媽媽跟在後面。大狗一叫，兒子雖然害怕，卻鼓起勇氣對媽媽說：「別怕，跟著我！」從此以後，不論在任何場合，兒子都會試著保護媽媽。

媽媽把兒子當成男子漢來培養，他就會變成男子漢；反之，如果媽媽一直把兒子當成小孩，那麼即使他已經十歲、二十歲，仍然會是個躲在媽媽羽翼下、永遠長不大的小孩。

教兒子如何去愛

一個母親總是抱怨兒子很無情，不知道怎麼辦才好。

原來，她的兒子喜歡吃蝦。一天，這位母親買了半斤蝦，兒子津津有味地吃著，她拿起一隻說：「我也嘗嘗。」兒子卻大聲喝道：「那是我的蝦，妳不能吃！」

生活中很多這樣的例子。這位媽媽正是典型任勞任怨的母親，把自己全部的愛都給了孩子，卻忘記了教孩子如何去愛別人。在這種愛的方式下長大的孩子，大多自私自利、不會體諒別人。而這種母親到了年老時，往往也會落入很悲慘的結局：受到兒子的虐待，或被兒子趕出家門……

在男孩還小的時候，媽媽就應該教他在接受愛的同時，也要教兒子奉獻自己的愛。教育孩子就如同播種，你播下什麼樣的種子，便會結出什麼樣的果實。因此，在兒子成長的過程中，媽媽一定要播下愛心的種子，並讓這顆愛心的種子，在他的心中生根、發芽。

管教兒子，權威是關鍵

或許由於男孩們抓住「媽媽很溫柔」這一特性，往往更喜歡向母親挑釁。比如，媽媽越是

如果母親表現得**柔弱**一些，會讓男孩**堅強**起來，
意識到自己有保護弱者的責任。

溫柔地對男孩說：「兒子，別哭了！」他往往會哭得更起勁。

一位兒童心理學家表示，媽媽對兒子發出的溫柔警告，對男孩的調皮、愛玩、好鬥等惡劣行為完全無法發揮作用。因此，管教男孩必須訂下規則，而權威是最大關鍵。

超市裡，一個母親和五歲兒子都顯得很不高興。原來，小男孩要媽媽幫他買一個很貴的鉛筆盒，媽媽不肯，他便開始生氣，並且賴在鉛筆盒旁邊不走。這時，這位媽媽彎下身子，耐心地說服兒子。

「我本來打算買你想要的東西，」那位媽媽平靜地說，「但是現在我不買了，因為我不能獎勵你這種哭鬧的行為。」

小男孩還是不聽話，逼得母親說出最不想說的話：「你知道回家以後會發生什麼嗎？」

「知道。一頓打。」

「沒錯，」她說道，「要是你繼續這樣的話，那就是兩頓打。」

於是，孩子終於安靜下來了。

男孩在公共場合向母親的權威挑戰，儘管這樣的情境使人很窘迫，但聰明的母親仍然保持沉著鎮定，並且向孩子清楚傳達：家裡的規矩在這個超市照樣適用。在一個鬧脾氣的孩子面前，她維持了母親的權威。

對父母而言，權威的尺度最難掌握，一旦掌握不當，就會使教養發生偏差——**對孩子過於嚴厲，會壓制孩子的成長；對孩子過於寬容，又會使孩子變得軟弱。因此，家長必須針對自己孩子的特點，找尋適合的權威尺度。但是，唯一不變的是「訂下的規則，必須嚴格執行」。**

Q&A

父母該如何增進與男孩之間的感情？

仔細觀察會發現，很多男孩長大之後，與父母之間的感情就變得疏遠。一對年歲已高的老夫婦說起自己的獨生子就滿腹傷心：「我們不求兒子常常來探望我們，只是希望他假日能回家看看。但現在，我們能夠接到他的電話就已經算是奢望了！」

聽到這段話，我們先控制自己的情緒，別急著痛罵這個兒子沒有良心，仔細思考一下：是不是所有的男人都會變得冷漠？這些男人小時候與父母的感情如何？在他們小時候，父母是否曾想過要如何增進與孩子之間的感情呢？

不要小看這些問題，這是男人變得冷漠的根本原因。他們往往在小時候就與父母關係不好；他們的父母不但沒有想過要增進與孩子之間的感情，有時孩子表現出對他們的愛，他們也不予回應。

母親節這天，孩子們有個家庭作業：回家親媽媽一下、說聲「媽媽，您辛苦了」、幫媽媽倒杯水，表達對媽媽的愛。

不善言辭的小男孩華華放學回家後，倒了滿滿一杯水，坐在客廳等媽媽回來。媽媽終於下班了，華華趕緊把水端過去：「媽媽，妳喝口水吧！」媽媽卻冷淡地回答：「放在桌上吧，媽媽不渴，快去寫作業。」說完便開始忙著做飯。

我們可以想像，華華一定沮喪地回到了自己的房間。孩子原本懷著極其興奮的心情幫媽媽端來這杯水，也許已經在腦子裡演練了很多次，期望自己對媽媽的愛能得到認同和稱讚，期望媽媽在接過水時擁抱他一下，說一句「孩子，你長大了」，甚至只是一個讚許的眼神都會讓他感到滿足。然而，媽媽卻無動於衷。這樣一來，華華以後還會輕易表達自己對父母的愛嗎？

其實，跟華華有同樣遭遇的孩子並不少。有些孩子甚至更慘，爸爸媽媽發現孩子的特殊表現之後，先是愣個半天，然後對孩子說：「說吧，今天在學校又闖了什麼禍？」或是「說吧，又想要我幫你買什麼東西……」

男孩的冷漠就是這樣形成的。他們原本就不善於表達情感，好不容易打開自己的情感大門，父母的無動於衷，甚至是諷刺、猜疑，使得這扇門迅速關上，而且可能再也不願開啟。

給父母的建議

教出貼心兒子，必須從小事培養！

當兒子表達他的愛時，請別忽略，更別嘲笑、打擊他，這樣只會讓他變得更加冷漠。父母與男孩之間的感情必須藉由日常生活的小事一點點建立起來，只要用心引導、培養，男孩絕對會比女孩更「貼心」。

經常與兒子溝通

溝通是瞭解孩子心理最有效的方式，有效的溝通更是增進親子感情的最好方式。然而，提到與孩子溝通，尤其是與男孩溝通，很多父母都會皺起眉頭說：「我整天忙著工作，孩子整天忙著讀書，哪有時間溝通呀？再說，大人和小孩要怎麼溝通，有時根本找不到話題啊！」

「時間」和「話題」確實是親子之間溝通的最大障礙，來看看其他父母如何做到：

一位七歲男孩的爸爸說：「雖然工作很忙，但我每週都會安排時間和孩子『約會』，讓自己回到他的年紀，一起玩、一起瘋……每次『約會』結束，我都覺得與兒子的感情加深了一點。」

一位十歲男孩的媽媽說：「孩子追星，我追孩子。知道他喜歡周杰倫，我就和他討論周董最近又出了什麼新歌、拍了什麼電影。每次和孩子聊天都很愉快，他也經常說我是個很時尚的媽媽。因此，孩子有什麼心事都願意告訴我。」

由此看來，想要與兒子愉快地溝通並不難，「沒有時間」、「沒有話題」只是父母為自己的懶惰和不用心所找的藉口。

陪伴兒子度過難關

遇到困難時，大多數女孩都會哭著投入父母懷抱，等待父母解決問題；男孩則比較會去思考如何戰勝困難。

雖然男孩和女孩的思維方式不同，有一點卻是相同的：孩子遇到困難，往往是他們最難過的時刻。因此，父母的陪伴和鼓勵會成為男孩重要的精神動力。

當兒子表達他的愛時，
請別忽略，更別嘲笑、打擊他，
這樣只會讓他變得更加冷漠。

一個屢屢受挫的小男孩說：「當全世界都放棄我，連我自己都想放棄自己的時候，父母還是陪在我身邊給予鼓勵，讓我下定決心：為了父母，我絕不放棄自己。」

每位做父母的都深愛自己的孩子，但是不能濫用這份愛，否則就成了溺愛。**在孩子最需要協助時，陪在他身邊，既能讓孩子重獲鬥志，也是增進親子感情的好方法。**

與兒子共同完成困難的挑戰

一位小有成就的企業家說：「和父親一起游泳的那件事，令我終身難忘。」接著講起小時候的這段往事：

「我們家附近有個池塘，六歲那年，有一天父親拿了個游泳圈對我說：『來，我們比賽誰比較快橫渡這個池塘，怎麼樣？』說實話，當時我很害怕，但一想到能和父親一起挑戰，我就莫名地興奮，很爽快地答應了。

但是，當我們游到池塘中央時，我便覺得渾身無力，一直往下沉，我看得出父親的動作也不像剛開始那樣輕鬆了。我們對望了一眼，父親用盡量輕鬆的語氣對我說：『加油！』我也點點頭回應他。我知道，我們沒有退路了，於是我埋頭向前游幾下，抬頭吸一口氣，再向前游。終於，在相互鼓勵之下，我們都游到對岸。爬上岸後，我和父親擊掌慶祝，兩人便癱軟在池塘邊的草地上……從那一天起，我再也沒反抗過父親。」

男孩原本就樂於挑戰，如果父母能夠積極參與，不論結果如何，在挑戰的過程中，親子之

間的互動、相互的鼓勵，都會讓男孩留下不可抹滅的印象。

對這位企業家來說，也許難忘的並不是橫渡池塘，而是與父親一起躺在池塘邊草地上的那種感覺。那時，他與父親之間的關係不僅是父子，還是朋友、哥兒們，彼此建立了尊重、體諒、信任……

♂ 有效溝通，與兒子成為好朋友！

男孩不僅需要同齡的朋友，也需要能夠提供正面影響的朋友，幫助他邁向成熟。父母理當是孩子最親密的大朋友，但事實卻恰恰相反，很多家庭的親子關係都亮起了紅燈，孩子們經常抱怨：「爸爸媽媽是最不瞭解我的人。」

小翔的父母最近很擔心，因為原本喜歡撒嬌的兒子變得不愛說話，父母問一句才答一句。吃飯時，一說到敏感話題，飯也不吃就回房間。小翔媽媽心急如焚：「難道這就是代溝？但我們是很負責任的家長啊！不管工作再忙，都會抽時間和孩子聊天，看他不高興也會安慰他。」

小翔不以為然：「我說踢足球的事，誰的歌好聽，哪個明星酷，什麼遊戲好玩，他們只是敷衍地點點頭，要不就岔開話題，要不就批評我。他們覺得心平氣和地坐在一起，就是平等溝通。根本不是！我喜歡能夠真正與我平等相處、跟我做好朋友的父母。」

問題到底出在哪裡呢？

男孩不僅需要同齡的朋友，也需要能夠提供**正面影響**的朋友，幫助他邁向成熟。

教育專家們表示，**很多家長自認放下了父母的架子，與孩子相處融洽，實際上卻沒有得到孩子充分的信任。**

家長與孩子談話時，如果常常帶有很強的功利性、總拿孩子與別的孩子做比較，不僅對提高孩子的學習成績毫無益處，還會嚴重打擊孩子的自尊心。想要和孩子交朋友，首先必須要瞭解他心裡在想什麼。

給父母的建議

換個做法，讓兒子說出心裡話！

「哪壺先開提哪壺」，掌握溝通契機

專家指出：「如果孩子不願意把自己的心事告訴父母，那麼談論任何教育都是可笑的。」其實，走進孩子的心靈，和孩子交朋友，並不是一件很難的事。

溝通的藝術在於父母既要「童心未泯」，又要「老謀深算」。做不到「童心未泯」，孩子對家長敬而遠之，沒有共同語言；沒有「老謀深算」，則無法引導孩子。

有些家長和孩子溝通常常失敗的原因，在於「恨鐵不成鋼」、「哪壺不開提哪壺」，其實父母與孩子交朋友的藝術是「哪壺先開提哪壺」。

有個動作總是慢吞吞的男孩對媽媽說：「媽媽，今天體育課我跑了第一！」

媽媽有點納悶，但還是說：「小冠軍，快轉播一下比賽的實況吧！」

原來上體育課的時候，全班分成四組比賽，這個孩子在小組跑了最後一名。然後每組最後一名同學再比一次，這個孩子就是這場「安慰賽」的冠軍。

媽媽聽了之後，很自然地對孩子說：「小冠軍，媽媽今天做好吃的晚餐來慶祝吧！」

孩子明明是小組比賽的最後一名，這位媽媽卻很看重孩子的自尊，因此只提「開了的那壺水」。試問，哪個孩子不願意和這樣的媽媽交朋友呢？

像朋友一樣握手，表達真摯情感

握手是「友好」的表現。當兩個陌生人相見時，握握手，兩人就認識了，距離就拉近了。當父母像朋友一樣與男孩握手時，他會感受到父母對自己的友好和尊重，更容易打開自己的心扉，與父母分享自己的想法。

爸爸必須發一封電子郵件給同事，因為不太懂，便請教五年級的兒子：「兒子，爸爸想拜你為師，你能教我發電子郵件嗎？」

「當然可以，你看，把這個打開……」兒子認真地講解。

郵件發送成功後，爸爸真誠地伸出手說：「以後電腦方面的事我還要多向你請教。來，握個手吧，祝我每天都能進步一點點！」兒子雖然有點不好意思，仍然很認真地與爸爸握手。

許多家長不習慣直接對孩子說：「孩子，我們做個朋友吧！」藉由握手，家長想和孩子做

當父母像朋友一樣與男孩握手時，他會感受到父母對自己的**友好和尊重**，更容易分享自己的想法。

朋友的想法可以很真誠地表達出來，也容易得到孩子的認同，從而願意與父母成為好朋友。因此，想瞭解孩子心理的家長，不妨試著與孩子握手。

掌握親子與朋友的尺度

很多家長說：「把孩子當成大人、朋友來溝通，家長會失去威信，孩子以後也會不怕你。」這種擔心有一定的道理，所以，必須掌握與孩子做朋友的尺度。以下有兩點建議：

1. **訂立家規**：例如無論在何種情況下，兒子都應遵循尊老愛幼、遇事講理等原則。
2. **規範孩子的言行**：孩子犯錯時，會想像自己和爸媽是朋友了，只要撒一下嬌，就會被原諒了。此時家長一定要嚴肅指出孩子的錯誤，讓孩子被罰得心服口服。這樣，既能和孩子做朋友，又不會失去家長的權威。

♂ 尊重男孩的獨立人格

小超上學途中，忽然想起忘記把作業放進書包，於是急忙跑回家。當他打開家門時，看到媽媽正從自己房間走出來，臉上表情不太自然。小超走進房間拿作業本，看到書桌的幾個抽屜全部打開，日記本、從小收藏的各種玩具手槍、同學送的生日禮物亂七八糟地堆在桌子上。

小超非常生氣地質問媽媽：「妳為什麼翻我的抽屜？」

沒想到媽媽卻比他還生氣：「怎麼了？媽媽看看兒子的東西有錯嗎？」

「妳應該經過我的允許！」

「有什麼允許不允許？別忘了我是你媽，好了，快去上學吧！」媽媽毫不在乎地回答。

後來，小超把書桌的抽屜都上了鎖，日記本也換成了帶鎖的。

男孩長大後，漸漸也會有自己的祕密。在大人們看來，「你是我牛的，看一下你抽屜裡的東西、日記本又怎樣？」然而對孩子而言，父母這些行為都是不信任、不尊重的表現，嚴重傷害了他們的自尊心。

心理學家表示，**兒童期的孩子有祕密，說明他的內心世界很豐富，智商高，想法多**，就像「孩子王」總會編造一些「小祕密」吸引同伴的注意；而**少年期的孩子有祕密，說明他正從幼稚走向成熟，善於思考，有獨立見解，自尊心也在增強**。

對男孩來說，他們當「頭」的欲望、成就的欲望、自尊心等，都比女孩更強烈。父母應該允許他們有「祕密」，並為他們有「祕密」而高興。人人都有隱私，孩子也不例外。父母必須予以尊重，才能讓他們快樂成長。

當你尊重孩子時，孩子也同樣會尊重你，從而把你當成好朋友，遇到什麼事情或者心中有祕密的時候，才有可能主動向你提起。你越尊重孩子的隱私，與孩子的距離就越近。唯有建立相互尊重、相互信任的關係，男孩身上的巨大能量才能被激發出來。

給父母的建議

給兒子空間，他才會有自信！

隨著年齡增長，男孩不再那麼親近父母，父母不必擔心；孩子有了「祕密」，也不要著急……用尊重的態度贏得孩子的信任吧！因為父母的信任，孩子也會更有自信！

尊重兒子的自尊心

很多家長常在大庭廣眾下訓斥孩子，或在別人面前數落孩子曾經犯的錯，使他感到難堪。這種教育方式非常不正確，不僅無法達到教育目的，更會大大刺傷孩子的自尊心，激起孩子的憎恨、敵對和緊張情緒，促使孩子養成報復、自卑等不健康心理。

一個十歲的小男孩放學後獨自到一片果園玩耍，天黑了，他看不見路，只好傻傻地待在原地。父親見孩子很晚還沒回家，就沿著放學回家的路尋找，終於隱約看見兒子在果園裡。他沒有馬上喊兒子，而是假裝沒有看見，吹著口哨慢慢接近果園。兒子聽到口哨聲，立刻循聲跑向爸爸，吃驚地問：「你怎麼知道我在這裡？」

「我在散步，沒想到你也在這裡玩啊！走，我們一起回家吧！」父親若無其事地說。

孩子放學後因為貪玩而忘了回家，這位父親不但沒有責備，反而憑藉智慧巧妙地掩蓋了孩子的恐懼心理，維護了孩子的自尊。

自尊心、自信心是男孩成長階段的精神支柱，也是他們發展的內在動力。如果家長經常有意無意傷害孩子的自尊心、自信心，孩子就會失去向上發展的動力和精神支柱。

尊重兒子的獨立人格

孩子年齡再小，也有獨立的人格。一位教育家曾說：「尊重孩子是教育孩子的前提，沒有尊重，就談不上教育。」孩子們往往不喜歡那些動輒便打罵他們的父母，而喜歡那些尊重他們的人格、但又不失權威的父母。

一個男孩要參加同學的生日派對，他的家長想了一會對他說：「你知道家裡的作息時間是晚上十點熄燈，你如果十點前能回家，就可以去。」

這類父母是最明智的，因為他們知道孩子是獨立的個體，有權利決定是否參加同學的生日派對。但從孩子的安全因素等方面考慮，這種回答又不會使孩子超出紀律約束的範圍。

給兒子自由發展的空間

好動、貪玩、好奇等是男孩的天性，有些家長卻認為孩子的主要任務就是讀書，其他一切與讀書無關的事物，尤其是「玩」，都是「旁門左道」。

然而，一直瘋狂地只要孩子讀書，會使孩子的抗拒情緒超過對學習的興趣。就像一個剛上小學的男孩說：「爸爸媽媽一天到晚就要我看書、寫功課，現在一聽到看書兩字我就頭痛。」

自尊心、自信心是男孩成長階段的精神支柱，也是他們發展的內在動力。

一位優秀的留美博士回憶成長歷程時說，是母親適當的教育方式讓他取得今日的成績，因為她的母親從他小時候就對他說：「你是個有能力的孩子，上學以後，拿出七〇％的精力認真學習，拿出三〇％的精力好好去玩，既會念書又會玩，就是個好學生。」

長期被繩子束縛的鳥兒永遠也飛不高，尊重孩子，就要給他自由發展的空間。解開繩索，孩子才能既快樂地學習，又快樂地成長。

尊重孩子也是講道理。若孩子對，尊重他的意見；孩子錯了，絕不遷就，用理由說服他，要求他要尊重父母意見。這必須從小養成習慣，小時候懂得尊重父母，長大後才會尊重別人。

♂ 鼓勵男孩盡情體驗與探索

探索、破壞是男孩的天性，他們喜歡自己製造玩具，喜歡破壞爸爸名貴的手錶，喜歡做冒險、刺激的事……身為家長，你用什麼態度面對這些破壞性極強、危險性極高的行為呢？

看了第一章，聰明的你肯定會說：在保證他安全的前提下，支持他、鼓勵他大膽地去做。但更為明智的家長會說：我會時常為男孩創造機會，讓他體驗、破壞、探索……

童年時期的眾多體驗，不僅可以豐富男孩的知識、鍛鍊他們的人格，更會讓他們體會什麼是真正的「男子漢」。

給父母的建議

主動創造生活體驗，讓男孩成長更穩健！

爬樹

生活在都市的男孩，很少會爬樹，有些甚至不敢、不會爬樹。不妨找個週末，帶男孩到鄉下爬一次樹。當男孩面對他將征服的目標時，你會發現，孩子身上所有本能都會被啟動——靈活、冒險、好動……也許他的手臂會被小樹枝劃破，但爬樹帶來的樂趣會遠遠超過疼痛。

一位學者曾說：「人在汲取智慧時，不應僅從書本中獲得，更應從天地之間，從橡樹和櫸樹中獲得。」所以，做家長的可以在孩子爬樹的過程中、在與大自然接觸的過程中，教會他更多的知識和道理。

換燈泡

小其家的燈泡突然不亮了，爸爸原本想去換，但一轉念，覺得該讓七歲的兒子嘗試一下。於是搬來梯子，開始指導小其怎麼卸下燈罩，怎麼轉下燈泡，怎麼把新的燈泡裝上去。

小其剛開始有點緊張，但爸爸告訴他，只要記得把電源切斷，絕對不會有危險。於是，換燈泡工作按部就班地完成。在燈泡亮起來的那一刻，小其高興地歡呼。

即使只是換燈泡，也會讓小男孩獲得很大的成就感。正是這些成就感的累積，小男孩才能

很快成長為成熟的男人。

要特別提醒的是，家長在讓孩子體驗這些事情的同時，一定要注意安全。搬梯子、切斷電源這些關鍵步驟最好也讓孩子自己體驗，這會讓喜歡冒險的小男子漢更有安全意識。

做木工

爸爸帶銳銳參觀了郊區的家具工廠，回家後，銳銳想要開一間家具工廠，於是爸爸便找了幾塊小碎木頭，又買了小鋼銼和乳膠，銳銳的「小家具廠」就真的開張了。最後，在爸爸的耐心教導和銳銳的認真學習下，終於完成一張小小的床。

男孩往往對一切都很好奇，想要嘗試各種事物。只要家長給孩子更多瞭解的機會，男孩就會擁有更多夢想。另外，讓男孩子自己動手實現夢想，不僅可以刺激和促進大腦的發展、提高孩子的成就感，還會成為孩子一生的美好回憶。

在大雨裡行走

遇到颳風、下雨，父母通常不讓孩子出門，但這樣往往會使孩子缺少對大自然的敬畏感。一個曾在暴雨裡行走的男孩說：「雨傘根本沒用，雨水把我弄得濕透了。但就是從那一刻起，我體會到了大自然的巨大威力。」

對大自然有敬畏感的孩子，做事之前往往會考慮周密，更注重安全。所以，家長不妨放手讓你的男孩多與大自然進行親密接觸。當然在此之前，一定要提醒孩子注意安全和預防感冒。

施捨

五歲的峰峰與媽媽外出時，遇到一個婦女領著一個瘦小的男孩在乞討。身邊很多人都說這些乞丐是假的，但峰峰媽媽覺得這是培養孩子愛心的好時機，那些假乞丐之類的事可以等他長大一些再跟他解釋。於是媽媽對峰峰說：「那個哥哥很可憐，你把錢給他買餅乾好不好？」峰峰拿著錢，很認真地對那個婦女說：「請給哥哥買餅乾。」

在孩子小時候，應該讓他們瞭解，這個世上有很多孩子很窮、很餓、無法上學，讓孩子學會珍惜現況，並為此感到自豪。

另外，**在培養男孩愛心的同時，可以激發他們更多的思考，比如貧窮、富裕與世界公平性之間的關係，錢多、錢少與人的品行、人格之間的關係……讓他們更早建立正確的價值觀。**

獨自在別人家過夜

媽媽帶小興去一位外國朋友家玩，小興與朋友家的小男孩玩得很開心，最後朋友的孩子提出讓小興在他們家單獨住一晚，小興媽媽想了想便同意了。隔天早上回到家後，小興告訴媽

讓男孩子自己動手**實現夢想**，
不僅可以刺激和促進大腦的發展，
還會成為孩子一生的美好回憶。

媽，朋友家早上不是吃稀飯，而是喝牛奶和果汁，吃的雞蛋是半熟的……

在別人家單獨過夜的體驗，會鍛鍊男孩的膽量，同時讓他們明白，每個家庭都有不同的習慣。當孩子在自己的生活周圍觀察到另一種與自己不同的生活方式後，就會變得十分寬容，慢慢懂得自己熟悉的並不是唯一標準，世界上有各種不同的生活方式可供選擇。

和爸爸獨處一天

小男孩很興奮地講述與爸爸獨處的經歷：「那天早上我刷完牙，就專心地看爸爸刮鬍子，還和爸爸展開一場很精采的辯論——男人一定要長鬍子嗎？女人為什麼不長鬍子？吃飯時，爸爸不像媽媽那樣嘮叨個不停，感覺很爽。在公園玩的時候，爸爸不像媽媽那樣寸步不離，我覺得很自由。我摔倒了，但爸爸好像沒看見，我就自己爬起來繼續去玩了……」

父親比較不會寵孩子，而且總是大膽鼓勵孩子完成冒險任務、讓孩子在惡劣環境中磨練意志、培養孩子更多的勇氣和應變能力。因此，不妨多多創造父子獨處的機會！

♂ 三到六歲啟蒙男孩的性別教育

男孩和女孩的行為、性格存在很大的差異，玩耍的方式也不同——男孩喜歡汽車、手槍，喜歡衝鋒陷陣、攻城掠地；女孩則鍾情洋娃娃、小餐具，喜歡玩扮家家酒。很多家長認為，孩子的性別行為特徵是天生的，不必特別教育，男孩長大之後就會自然擁有男子氣概。

然而，**錯誤的性別教育會使男孩產生錯誤的性別定位，因而缺少能力、責任感、使命感等應該具備的特質。其中有一種情況要特別注意：性別缺失。**也就是在家庭中，男孩身邊都是女性，例如媽媽、女性保母、奶奶、外婆等。

許多家庭是由母親負責教育孩子，父親頂多扮演一個笨手笨腳、可有可無的角色。然而父親長期不在家，對孩子的身心健康和智力發育都會產生相當大的影響。

據研究，一天與父親接觸至少兩個小時的男孩，和一星期與父親接觸不到六小時的男孩相比，前者不僅更聰明，人際關係也處理得更融洽。

給父母的建議

正確的性別定位，才能奠定穩固的人格基礎

把握三到六歲性別啟蒙的黃金階段

現在越來越多家長重視青春期孩子的性教育，卻忽視對小孩子的性別教育。專家指出：「性別教育是對孩子進行性教育的基礎，是孩子對自身瞭解的啟蒙，也是孩子形成健康人格的基礎。所以，從小就開始對孩子進行性別教育是非常必要的。」

父親比較不會寵孩子，總是**大膽鼓勵**孩子完成冒險任務、磨練意志、培養孩子更多的勇氣和應變能力。

男孩的性別意識從三歲後就開始建立了，而真正形成性別意識是在青春期之後。至於六至十二歲的小學階段，男孩的注意力轉移到學習社會知識和興趣的培養上，屬於他們性別意識的潛伏期。

所以，**在男孩三到六歲時對其進行性別教育，有利於他們形成健康的人格，為他們進入青春期時能正確處理兩性關係，打下穩固的人格基礎**。

爸爸要為兒子做出「男性」榜樣

父母必須相互配合，各自發揮自己的優勢，做到互補、平衡。具體來說，**男嬰由父親帶著嬉戲，例如鼓勵他走路、跑步、翻滾等，對他的動作發展大有益處**。另外，父親一般對外界事物較有興趣，親自動手做的能力較強，是激發男孩探索周圍世界不可或缺的角色。

常有父親陪伴的男孩，在數學和閱讀理解方面的能力比較高，在人際關係上比較有安全感，自尊心也比較強。因此，父親為孩子做出性別榜樣，將有利於培養男孩的人格魅力和自主能力，使你的男孩更好地適應現實世界和未來社會。

媽媽要讓兒子學會自立

七歲的磊磊出門從來不用媽媽費心，磊磊媽媽從來不會像別的媽媽一樣對著頑皮的孩子大喊：「慢點，看車！」反倒是小磊磊拉著媽媽的手，生怕媽媽迷路和發生危險的樣子；每次逛超市，磊磊都會幫媽媽拿購物籃，出來時還會幫媽媽拎東西。

鄰居們問：「妳是怎樣教孩子的呢？」這時磊磊媽媽就會很自豪地說：「要學會在小男子漢面前『示弱』。比如，每次出門的時候，我會告訴磊磊：『媽媽不認識回來的路，你要幫媽媽帶路喔』；去購物時，我會對他說：『媽媽力氣很小，拿不動』，他就會主動過來幫忙……時間久了，這些行為就成了他的習慣。」

男孩往往「吃軟不吃硬」，對他施加武力，也許他會害怕，卻無法讓他心服；如果向他「示弱」，他反而會真心實意地聽話。

另外，父母們應該瞭解，男孩通常對暗示沒有反應。

一位媽媽說：「男孩是屬於醬油瓶快倒了都不會去扶的類型，因此千萬不要指望他去陽台轉兩圈就會把晾乾的衣服拿進屋裡。」

由此可見，想把兒子培養成男子漢，你最好具體地告訴他們應該做些什麼。當然，不同年齡階段的男孩，父母的手段也不盡相同。

豪豪的媽媽每天下班回家後都累得只想躺在床上，寶貝兒子卻一直纏著要和媽媽玩，不論怎麼講道理都沒用。於是，她改變了策略，當兒子再纏著她時，她會輕輕對兒子說：「媽媽累了，能把你的肩膀借我靠一靠嗎？」

豪豪並不知所以然，但他覺得很有意思，就把頭歪到一邊，小小的肩膀向媽媽湊過來，還認真地說：「媽媽，是不是靠在我的肩膀上就不累了？」

男孩通常對暗示沒有反應。想把兒子培養成男子漢，
你最好**具體**地告訴他們應該做些什麼。

媽媽回答：「是啊！你是男子漢，長大了要保護媽媽和爸爸呀。」豪豪咧開嘴笑了。

男孩都有保護別人的欲望，尤其是保護女人，如媽媽、妻子等。所以，媽媽一定要掌握兒子的這一心理，恰當運用自己的女性角色，給妳的兒子機會，讓他做妳的「守護天使」。

第三章

父母這樣說，男孩才會聽

男孩需要什麼的溝通方式？男孩最不喜歡什麼樣的溝通方式？如何批評男孩，才能讓他服氣？如何表揚男孩，才能讓他有足夠的動力？大多數男孩是不聽話的，常常在與父母作對中尋找樂趣。事實上，男孩雖然天性好動、愛玩、攻擊性強、叛逆……但只要巧妙地與他們溝通，這些缺點都能避免，有些甚至可以轉變成優點。

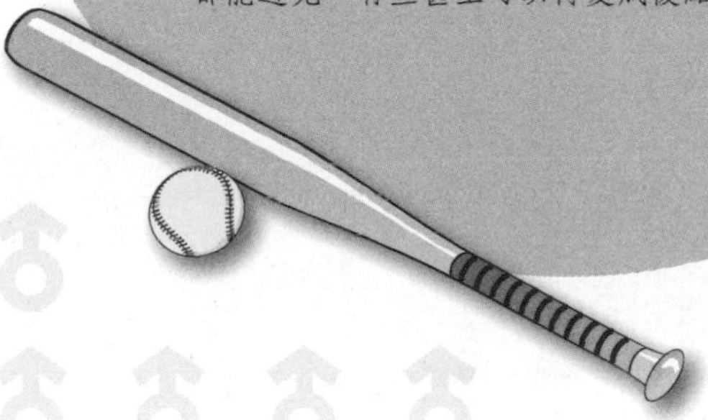

Q&A

男孩為什麼拒絕溝通？

父母是孩子最親近的人，每個孩子都有與父母溝通的欲望。但是，當他們認為父母不理解自己、不尊重自己時，就會關閉心靈，不願意與父母溝通。當男孩不願溝通時，首先應該找到原因，主要可能有以下兩點：

兒子的獨立意識較強

很多家長自認幾乎時刻都在與男孩溝通：「兒子一貪玩，我就告訴他要好好讀書，否則將來不會有出息。」「兒子做錯事時，我總是狠狠罵他一頓，這應該也是一種溝通方式吧！」

父母們總是習慣把「命令」、「責罵」、「批評」當成與兒子溝通，雖然這些也是一種方式，卻是消極的溝通。長期生活在這種消極的溝通模式下，往往會讓孩子關閉心靈，甚至對父母產生敵意。令人擔憂的是，多數家長都沒有意識到這個問題。

許多家長認為，自己做的一切都是為孩子好。其實正是「為孩子好」的心理，導致無意之中傷害了孩子。

一位小學三年級的男孩在日記裡寫道：「他們對我的生活照顧得無微不至，但是我真正想要的，他們並不瞭解，也不感興趣，只是希望我好好念書，除了念書什麼也不讓我做。」

每個男孩都有很強的獨立意識，如果父母總是不做雙向溝通，總是單方面以「我是為你好」的理由來壓制他，男孩就會受到傷害，被迫建立心理防禦機制，形成冷漠、無視、叛逆等自我保護的方式，防止父母再次傷害自己。

與父母的共同語言太少

許多家長只知道要求男孩好好念書，每天交談的話題僅限於他的學習狀況，忽視他的情感等需求。

「媽媽，妳知道周董嗎？」媽媽搖搖頭。

「爸爸，我要和隔壁的小軍PK。」「PK？」爸爸一臉茫然。

父母不願積極瞭解、參與兒子的日常生活，往往是導致親子溝通困難的主因。

給父母的建議

不責備、不縱容，減少消極的溝通方式

不把責罵掛嘴邊

「你整天就只知道玩，不念書，要讓我操心到什麼時候啊！」

「你就只知道闖禍，我怎麼會生出你這種小孩啊！」

父母**不願積極瞭解、參與**兒子的日常生活，
往往是導致親子溝通困難的主因。

貪玩、不愛乾淨、攻擊性強、好鬥都是男孩的天性，如果父母經常把責罵掛在嘴邊，男孩的自尊心會受到嚴重傷害。

成長過程中不可能不犯錯，正確的教養方法會讓男孩認知自己的錯誤，並且主動改正這些錯誤，變得更加成熟。

不瞭解教養方法，不知道怎樣運用有效的溝通來引導孩子、啟發孩子的父母，才只會盲目地使用批評、責罵等負面的溝通方式來教育孩子。

不忽視，兒子的情緒需要父母注意

男孩：「媽媽，我想和同學去踢足球。」

媽媽：「想去就去吧，別煩我！」

男孩：「媽媽，我有一道題目不會。」

媽媽：「媽媽很累，沒有力氣教你，明天去問老師吧！」

忽視型的家長無心或無能力回應孩子的需求，在這種環境中成長的男孩，因為自幼在情緒上受到忽視，所以長大之後很容易敵視別人，從而影響與他人的交往，人際交往能力差，不容易相信別人，適應環境的能力也不佳。

不縱容，扛起父母的責任

「乖，別哭了，媽媽什麼都答應你。」

「兒子，你只要聽話，再貴的東西爸爸都買給你。」

在許多家長眼裡，兒子是他們的希望。他們努力為孩子塑造一個完美的世界，一旦孩子不開心，就想盡各種方法討好。

這種做法看似用心呵護，事實上是在不知不覺中放棄了身為家長的責任。這樣的孩子長大後，往往會變得任性、以自我為中心、衝動、缺乏自制力、無法設身處地為他人設想。

不代勞，否則父母就只是保母

男孩：「媽媽，我的衣服髒了。」

媽媽：「好，媽媽等一下幫你洗。」

男孩：「爸爸，下星期學校要去夏令營，我應該帶些什麼東西？」

爸爸：「爸爸明天就幫你準備好。」

這類父母只知道照顧好男孩的生活，是出色的保母、保鏢，但一定不是合格的父母。

他們忽視了孩子的情感需求，也忘記了孩子需要實際體驗生活，即使付出再多，孩子也往往不領情，因為以這種方式培養出來的孩子通常都很自私、不懂得感恩。

成長過程中不可能不犯錯，
正確的教養方法會讓男孩**認知**自己的錯誤，
並且**主動改正**這些錯誤，變得更加成熟。

別忘了孩子只是孩子，需要引導！

男孩：「爸爸，這道題目好難，你可以教我嗎？」

爸爸：「一遇到困難就求救怎麼行呢？自己慢慢想。」

這類父母知道應該引導男孩思考，但是往往只是丟出「我相信你」，但卻沒有注意孩子是否有能力自行解決，反而過分高估孩子的能力，要求過高，導致男孩屢受挫折，漸漸與父母之間產生隔閡。

♂ 男孩需要被愛與尊重

很多家長都認為要和調皮又不聽話的男孩溝通，是一件很困難的事——父母苦口婆心，男孩還是我行我素；專挑語病，故意頂撞；父母越是關心，男孩越不領情……

事實上，男孩與父母溝通是有選擇性的，如果無法開啟他的心扉，當然無法有效地進行交流。因此，**想要找到與男孩溝通的共同語言，就必須瞭解男孩需要什麼。以下是三個對男孩來說最基本的心理需求：**

1. **被愛與愛：**男孩需要父母的關注與愛。當這種需要得不到滿足時，男孩就會表現出冷漠、叛逆的態度。

2. 獨立：每個孩子都是獨立的個體，尤其是個體意識更為強烈的男孩，不希望永遠活在父母的保護裡，渴望能夠獨立做一些事情。

3. 尊重：大多數家長與男孩之間雖有溝通，效果卻不理想，主要原因在於不尊重孩子。當男孩沒有得到應有的尊重時，就會產生反抗心理，增加親子溝通的障礙。

給父母的建議

溝通第一步：瞭解男孩需要什麼！

除了瞭解男孩的需求，父母還要採取對的方式、選擇對的時機與他溝通，男孩才會敞開心扉，暢所欲言。

「你喜歡的……」從兒子的興趣尋找共同話題

任何溝通都是雙向互動的過程，親子之間也是如此。有些家長經常一廂情願地喋喋不休，然而男孩如果無法理解或是根本不想聽，就無法達到有效的溝通。

那麼男孩喜歡什麼樣的語言呢？應該跟他們聊些什麼呢？一位爸爸透露了他的溝通祕訣：「我知道兒子喜歡蔡依林，就經常和他討論JOLIN最近又出了什麼新歌、何時要開演唱會，我

除了瞭解男孩的需求，父母還要
採取對的方式、選擇對的時機，
男孩才會敞開心扉，暢所欲言。

們每次都聊得很愉快。兒子覺得我是個跟得上流行的爸爸，心裡有什麼話都願意告訴我。」

想要與男孩有共同的話題，不妨多關注他們感興趣的事物，藉此走入男孩的內心世界。

「你快樂嗎？」關心兒子的情緒，少問成績

如果問家長，男孩在學校最重要的事是什麼？答案幾乎百分之百都是「當然是讀書！」

家長往往過度在意孩子的學習成績，總是不知不覺將輕鬆的聊天導向嚴肅的說教，忽視了孩子還有其他方面的需求。男孩在學校最重要的事不是讀書，而是快樂。快樂不僅反映他的情緒變化，也間接反映他的社會適應能力和人際關係。

「今天在學校快樂嗎？」

「你今天看起來不太開心，發生什麼事了？」

「有什麼需要爸爸幫忙的嗎？」

這些話可以讓男孩知道爸媽關心的不只是成績，而願意繼續聊下去。畢竟男孩並非不理解讀書的重要性，而是厭倦日復一日的嘮叨。引導孩子說些輕鬆愉快的事，也是一種學習！

小男孩偶爾會出現不說話、亂發脾氣等「古怪行為」，可能是在宣洩精神或身體上的創傷所引起的負面情緒，也可能是為了吸引父母注意。此時，父母的傾聽是對他們最好的關注和支持。遺憾的是，絕大多數父母都不重視傾聽男孩的心聲，甚至忽視男孩的感受。

男孩滿身灰塵，臉上還有幾道傷痕，哭喪著臉回家，進門就說：「氣死我了，明天再遇到他，就要他好看！」

看到男孩這副模樣，肯定是和同學打架了，這時多數父母都會說：「又和同學打架了，不是告訴過你不准打架嗎，你就是不聽！」「你又惹麻煩了，今天晚上不准吃飯！」「老是打架，打架很好玩嗎？」

即使男孩很委屈、即使他今天做了一件見義勇為的好事、即使他有很多話想說，但是被這樣責罵之後，就失去與父母溝通的欲望了。

很多時候，男孩生氣、憤怒時向父母傾訴，並不是想要父母幫忙解決問題，而是希望有人聆聽，對他們的情緒表示認同。一旦這種需求獲得滿足，男孩的火氣就會奇妙地消失。我們不妨看看這位媽媽對男孩的態度：

男孩：「我恨小奇！」

媽媽：「看樣子，你很生小奇的氣呀？」

男孩：「是呀，我和他打了一架。」

媽媽：「為什麼呢？能告訴我原因嗎？」

男孩：「他把我最喜歡的漫畫撕破了。」

男孩在學校最重要的事不是讀書，而是**快樂**。
快樂不僅反映他的情緒變化，
也間接反映他的社會適應能力和人際關係。

媽媽：「那你一定很心疼吧？」

男孩：「是呀，但是，我知道我不應該和他打架……」

從以上對話看得出來，只要情緒得到認同，這些容易衝動的小男孩就會很快冷靜下來。這時父母甚至不必再為他們擔心，因為他們會自己尋找解決問題的辦法。

在成長過程中，男孩隨時都有可能遇到困難，因此情緒難免上下起伏，一會兒高興得手舞足蹈，一會兒又鬱鬱寡歡，這是很正常的情況。然而他們內心其實極度渴望有人理解自己的感受，所以此時他們需要的不是一個評論家、指導者，而是一個耐心的傾聽者。

「傾聽」的目的不是要讓男孩分辨是非對錯，而是父母透過「傾聽」這個動作表達對男孩的支持、理解和愛，讓他知道父母永遠是他心靈的歸宿。

給父母的建議

當個高明的「傾聽者」！

認真傾聽孩子訴說是一種藝術，能讓孩子感覺到父母的尊重、把他當成「大人」看待，因而願意把自己的心聲告訴父母。所以，聰明的家長與其做一個高明的「說教者」，不如做一個高明的「傾聽者」。

「停看聽」＋「感興趣」傾聽法

一個九歲孩子經常抱怨：「跟爸媽講話真無聊，他們總是一邊做別的事情，眼睛從來不看我，根本不知道他們到底有沒有在聽。」

如果家長總是用一副高高在上的姿態與男孩交流，往往會使自尊心極強的男孩產生反感，進而放棄與父母溝通。那麼，父母應該如何和男孩說話呢？

首先，傾聽的姿態一定要正確：

1. 停：是指動作和心理上的「停」，要暫時放下正在做和正在想的事情，注視對方，給孩子表達的時間和空間。

2. 看：仔細觀察孩子的臉部表情、說話的聲調和語氣、手勢以及其他肢體動作。

3. 聽：專心傾聽孩子在說些什麼，同時以簡短的語句，例如「你覺得老師不公平嗎」、「你很生氣自己被冤枉嗎」等，把孩子的想法和感受引導出來。

除了姿態要正確外，還要表現出聆聽的興趣。

如果經常聽到父母說「知道了、知道了，別煩我」、「我很忙，有話趕快說」，孩子當然會緊閉自己的心靈，從此有任何事也不肯再告訴父母。

因此，當男孩開心地描述某件好玩的事情時，父母一定要表現出濃厚興趣，認真地聽，並將這種認真的態度傳達給男孩。那麼，應該如何表現出聆聽的興趣呢？

1. 運用表情變化：例如保持微笑，並且常常表現出吃驚的樣子。男孩喜歡看到大人對自己所說的事情感到吃驚——能把大人嚇住，代表自己很有本事。

父母透過「傾聽」這個動作表達
對男孩的**支持、理解和愛**，
讓他知道父母永遠是他心靈的歸宿。

2.利用語言表達：在傾聽的過程中，以「太好了」「真的嗎」「我跟你想的一樣」「我簡直不敢相信」等簡單句子來表示你的興趣。

你會發現，如果你願意表現得有興趣，男孩就會越說越起勁；如果你總是一言不發或是一副漫不經心的樣子，就會令男孩十分失望，慢慢養成對什麼事都漠不關心的態度。那些在課堂上發呆、不愛發言的孩子，很可能就是童年時缺少好聽眾的緣故。

再忙，也要和兒子聊聊天！

「我媽每天最常說的話就是：我很忙！」

「我根本不知道要和爸爸說什麼，他好像也不喜歡和我說話，所以我只好上網聊天。」

孩子非常渴望與父母溝通，有高興的事，會想要先與父母分享；有煩惱的事，會想得到父母的開導和幫助。但是，大多數家長都沒有與孩子溝通的習慣，總覺得自己「這麼忙還不是為了孩子，哪有時間聽孩子說個沒完」，導致親子間的代溝隨著時間而越來越深。

其實，每天抽出一點時間並不困難，哪怕只有十分鐘也好。父母不妨在晚餐時與男孩聊聊學校發生的事情，當然不宜提到考試成績；也可以在男孩睡前十分鐘，要他們聊聊與同學之間的關係……傾聽男孩訴說，是幫助他們成長的好方法之一，也是身為父母應盡的責任。

別打斷兒子的話

一天，爸爸帶了一個駝背的小朋友來家裡作客。之前爸爸多次提醒兒子昆昆不要提起與駝背有關的話題，以免傷害這個小朋友的自尊。

昆昆很聽話，和這個小朋友玩得很開心。爸爸想去廚房倒兩杯果汁給他們，剛走出客廳就聽到昆昆問道：「你知道你為什麼駝背嗎？」

「不知道。」那個小朋友小聲地回答。

爸爸很緊張，正想制止兒子，卻聽到他說：「因為你的背上有一雙即將長出來的翅膀。老師說駝背的小孩都是天使，因為翅膀還沒長出來才會駝背，但總有一天他的翅膀會長出來。」

「真的嗎？太好了！」那個小朋友聽了昆昆的話非常開心。

每個孩子的心靈都很純潔，當他們在講述自己奇怪的想法時，千萬不要打斷。隨意打斷孩子的話，不僅不尊重，更有可能使他關閉心靈大門，從此拒絕與你溝通。

樂於傾聽兒子的夢想

小男孩興奮地說：「媽媽，今天老師說了一個外交官的故事，外交官好厲害呀！我長大以後也要當外交官！」

媽媽回答：「就憑你的英文？別做夢了，快去看書吧！」

男孩沮喪地走回房間，從此再沒提過外交官的事。也許他原本可以成為優秀的外交官，卻因媽媽的話而放棄了。也許這個小男孩以後也不會再和媽媽談論自己的夢想了。

隨意打斷孩子的話，不僅不尊重，
更有可能使他關閉心靈大門，從此**拒絕與你溝通**。

許多男孩愛說大話，其實這是探索志向的表現。或許他完全沒有意識到自己離那個目標有多遙遠，但他確實有這種想法。此時父母應該認同他的夢想，再慢慢幫他分析「認真讀書，才有可能實現這個夢想」。其實男孩的夢想是多變的，但唯有父母給予認同和鼓勵，才能讓他擁有勇氣和希望，從而朝向更為現實的目標靠近。

♂ 男孩需要與父母經常談心

大多數的小女孩都會有知心姐妹，常常一起分享小祕密，有說不完的心裡話。小男孩似乎只會玩、鬧、瘋，永遠都沒有祕密。

真的是如此嗎？這種想法大錯特錯。因為男孩不善表達自己的情感，再加上「愛面子」的特性，心裡有什麼祕密不會表現在臉上，更不會向任何人訴說。

我們都知道，一個人內心的情感得不到傾訴是很危險的。在男孩的成長過程中，不可避免地會遇到一些事情，這些事情會對他的心靈產生一定的影響。男孩不像女孩，有什麼好玩的事情馬上告訴家長、有什麼委屈馬上向家長傾訴，所以，男孩家長的任務更加艱巨，不僅要關注兒子身體的成長，還要引導男孩把內心的情感發洩出來，讓他的心靈也健康成長。

一位教育學家說過，**與孩子聊天是一種輕鬆的交流方式，但一旦孩子出現比較嚴重的問題時，父母就需要與孩子談心，從心理、情感的角度來幫助孩子。**但是很多家長永遠都是一副高高在上的姿態，甚至連與孩子談心都採取高壓政策。

一位男孩曾經苦惱地說：「每次媽媽最愛說的一句話就是：『你以為你很了不起嗎？你以為你的成績很好嗎？』一聽到這句話，我都很受不了。」

如果父母一直用這樣的姿態對待這些不善表達的男孩，不要說與他談心，甚至連最基本的溝通都達不到。這對男孩心靈的健康成長、對親子關係親密程度，都有很大的影響。

也許在家長的眼中，孩子無論年紀多大，永遠都是小孩子。但很多男孩在十五歲甚至更早的時候就希望父母把他當作大人看待，用成人的談話方式與他們討論問題。

當一個教育學家問一個與爸爸相處融洽的男孩：「你最喜歡你父親的什麼地方？」男孩馬上回答：「風趣甚至瘋狂、沒有架子，我們就像朋友，讓我有許多話都願意和他說。」

想要走進男孩的內心世界，與男孩輕鬆愉快地談心，父母必須先調整自己的姿態。

給父母的建議

談心＝關注兒子的情緒

許多父母都覺得與男孩談心非常困難。其實只要調整自己的姿態，再掌握好與男孩談心的時機，讓男孩說出他們的心裡話真的沒有那麼難。

許多男孩愛說大話，是探索志向的表現。
但唯有父母給予**認同和鼓勵**，
才能讓他朝向更為現實的目標靠近。

把握與兒子談心的時機

談心不同於聊天，它往往需要讓孩子認真傾聽，並仔細理解父母的話，努力做到父母的要求及希望的結果。因此，**當男孩正專注地做作業或玩遊戲時，不要試著和他談心，否則會使男孩產生不耐煩的心理**。

一般來說，家長會之後是孩子們最急於和父母談話的時候，抓住這個機會，就可以多瞭解男孩的情況。

一個四年級的小男孩，平時對自己的成績不夠重視，期中考表現很差。家長會後，他懷著忐忑不安的心情，等待媽媽的訓話。但是，媽媽回來後並沒有大聲訓斥他，而是親切地對他說：「家長會上我很難為情，可能是我平時對你關心太少了。媽媽只希望你找出失敗的原因，期末考可以進步一點。」

男孩聽了媽媽的話，有點受寵若驚，向媽媽坦承自己懶惰、貪玩的行為，並表示今後一定要改正這些壞習慣。

除此之外，父母與男孩談心的時機還有：當男孩遇到困難時；當男孩取得成就時；當男孩遭遇失敗時；當男孩表現出不良行為時；當男孩心情不錯時……

讓兒子放下戒備說出心裡話

父母與男孩聊天時，男孩常常會有很強的防禦心態。如果父母用「我們來談談吧」做為開端，會使男孩想：「又要訓話了。」因此，當男孩與父母的對立情緒較大時，父母可採取「冷處理」的方法，暫時延緩談話，或者採用「曲線交談」的方法，從其他事入手，才能使男孩放下戒備說出心裡話。父母要有足夠的耐心，所謂欲速則不達，操之過急反而會使男孩感覺父母想控制他，因而對父母敬而遠之，無法達到預期的效果。

當兒子失敗時與他談心

成長過程中常常會遇到困難，雖然這些都是使男孩更快成長的助力，但它們畢竟會給男孩帶來消極的影響。因此，及時找他們談心，鼓勵他們從失落中走出來，久而久之就會賦予男孩堅強、勇敢、不屈不撓的個性。

在男孩遇到困難或失敗時與他談心，不僅可以讓他認識到自己的不足，也可以鼓勵他發揮自己的優勢，努力上進，從而促使他更快地成長。另外，在這種情況與男孩及時談心，很容易拉近父母與男孩之間的距離。

當兒子有不良行為時與他談心

隨著男孩成長，他可能會表現出很多不良行為，如任性、自私、嫉妒、自卑等。**在這些不**

當男孩與父母的對立情緒較大時，
父母可採取「冷處理」或「**曲線交談**」，
才能使男孩放下戒備說出心裡話。

良習慣初露端倪時，及時地與他談心，不僅有助於改正壞毛病，還可以使親子關係更親密。

一位媽媽送兒子上學的路上，不小心踩到男孩的新鞋，他很不開心，立刻踢了媽媽一腳。媽媽很生氣，往兒子屁股打了幾下。他很委屈，站在路邊哭。媽媽沒理他，自己往前走。

打完兒子之後，媽媽後悔了，擔心兒子因為這樣不專心上課。於是又走回去，帶著男孩慢慢往前走，邊走邊聊。

「你在學校也是這樣對待同學的嗎？」媽媽還是有點生氣。

「不是，這是我的新鞋子，第一天穿就被妳踩得都是泥巴。」男孩很委屈地說。

「媽媽不是故意的呀，你也不能踢媽媽呀。這樣的孩子是好孩子嗎？」

男孩低著頭不說話。

「當然，媽媽不對，不應該打你，媽媽跟你說對不起。」媽媽的語氣有點緩和，「但我問你，要是有同學不小心踩到你，你會踢他嗎？」

「不會。」

「那你會怎麼辦？」

「告訴老師。」

「然後呢？」

「要他說對不起。」

「然後呢？」

「然後我就說沒關係。」

媽媽被可愛的兒子逗笑了，問他：「要是他不說對不起怎麼辦？」

男孩不知道怎麼回答。

媽媽替他回答：「要是同學沒有說對不起，你就對他笑一笑，他會覺得很不好意思，而且會很佩服你，不信你下次試試看。」

與男孩談心時，別喋喋不休地說些大道理，這樣只會使他們厭煩，更聽不進你的話。上述例子的媽媽很聰明，沒有說太多大道理，而是讓兒子意識到自己的錯誤，並巧妙地告訴他下次再遇到這種情況該怎麼辦。當他下次嘗到寬容別人所帶來的快樂時，就會不自覺地把寬容當作自己處事的原則。

♂ 男孩需要父母肯定

一位心理學家到一所學校調查智力超常的學生。他把一群孩子叫到辦公室，聲稱他們的智力非同一般。

被點到的孩子興奮之情溢於言表，回到家高興地對父母說：「心理學家說我是神童！」孩子的父母很驚喜，沒想到自己的孩子竟然是天才。在學校裡，老師和同學們也對這些孩子刮目相看。於是，這些孩子在家長的呵護、老師的關懷、同學的羨慕下迅速成長。一年之後，果然顯示出超凡的才華。

與男孩談心時，別說大道理，
而是讓兒子**意識到自己的錯誤**，
並巧妙地告訴他下次該怎麼辦。

這位專家再次訪問學校，校長很敬佩地問：「您怎麼會有這麼準確的眼光呢？」

專家笑了笑對校長說：「我只是隨便指指而已，其實他們跟其他孩子並沒有什麼分別。」

只要教育方法得當，每個孩子都會成為天才。兒童心理學家告訴我們，重點在於「肯定的態度」。尤其是對表現欲、成就欲都很強烈的男孩來說，肯定能使他們更有自信，從而發揮最大的潛能。

「我一定要把這件事情做好！」

「我會把它做得更完美！」

「我要成為一個既有能力又優秀的人！」

任何一個男孩都有很強的表現欲望，他們爭強好勝、喜歡追求卓越，只要一直懷抱這些想法，在今後的人生道路上一定能克服一切困難。然而父母往往都是採用負面教育方式：太多消極的話語、太多的打擊、太多的功利思想。這都會壓得他們喘不過氣來，最終促使他們放棄追求更高成就的欲望。

因此，每個父母都應該想想：你經常肯定你的兒子嗎？你有意識的或無意識的語言和行為，是不是傷害了他呢？

給父母的建議

「肯定」的教養力！

任何人都希望得到別人的肯定，成人也不例外，更別說面對可愛、努力而又優秀的兒子時，何必吝惜一句肯定的話語、一個讚賞的眼神呢？

肯定兒子「你……做得好！」讓他確認自己的判斷！

美國知名畫家班傑明．魏斯特（Benjamin West, 1738-1820）描述他成為畫家的原因：

有一天，母親留下他及妹妹莎莉在家。他發現家裡有幾瓶顏料，就拿來為妹妹畫肖像，把客廳弄得又髒又亂。母親回來後，不但沒有發脾氣，反而稱讚他：「哇！這是莎莉啊！你畫得真像！」並親吻他以示獎勵。班傑明說：「那天母親的親吻使我成了一個畫家。」

每個人都渴求讚賞，在得到讚賞時，會樂意做更多事；別人稱讚我們做得好，我們就會想要做得更好。對男孩來說，更是如此。

適時給予孩子肯定，可以讓孩子確認自己的判斷，對自己的能力感到驚喜，下一次就會更有信心。唯有成就欲持續受到激發，孩子的潛力才會一點一點被挖掘出來。

有個小男孩從來不整理自己的房間，有一天，他心血來潮把房間整理得很乾淨。爸爸驚奇地對他說：「哇！軍營裡最嚴格的長官也會稱讚這張床，真是太整齊了！」

小男孩聽了之後，先是一驚，接著高興地對爸爸說：「爸爸，我去幫你拿信！」拿完信，他又興奮地對爸爸說：「爸爸，我去剪草坪！」剪完草坪後，男孩又跑到爸爸身邊說：「我還能幫你做些什麼？」

別人稱讚我們做得好，我們就會想要**做得更好**。對男孩來說，更是如此。

這位爸爸只是給了男孩應得的讚賞，竟然使他猶如身在天堂，覺得世上所有事物都那麼美好，由此可見讚賞的效果有多大。

一項研究結果顯示，要用四句積極的話，才能彌補一句消極的話對孩子造成的影響。因此，讚賞是最省力又最有效的教育方式。

每個孩子都有優點，只要家長願意尋找，就能在每個孩子身上發現值得讚賞的地方。

當兒子遇到挫折，告訴他「下次你會做得更好！」

當男孩遭受挫折時，家長應該給予積極的回饋，幫助他們找出原因，提供改進的參考意見，更別忘了適時鼓勵。家長肯定的眼神、肯定的話語、肯定的動作，就是最有效的強心針。責備和打罵只會加重挫敗感，使他越來越自卑。

孩子的勝任感和自卑感往往會受到家長的影響——受到的表揚越多，他們對自己的期望就越高，就會產生很強的勝任感；反之，受到的表揚越少，男孩隨之產生的自我期望和努力就越低，從而越來越不相信自己。

♂ 男孩需要父母讚美

大多數男孩似乎都「吃軟不吃硬」，因此很多教育學家都建議採用「賞識教育」的方式。中國知名教育學家陶行知在當校長時期，曾經這樣教導一個犯錯的男孩：

有一天，他在校園裡看到一個男孩手拿磚頭追趕同學，立刻上前制止，並且要小男孩等一下到校長室。等他回到辦公室的時候，看到小男孩已經在等他了。

校長從口袋裡掏出一顆糖果：「這是獎勵，因為你比我早到。」小男孩驚奇的接過糖果。

校長又掏出第二顆糖果：「這是獎勵你的，因為我說不能打人，你立刻住手，代表你很尊重我。」小男孩半信半疑地接過糖果，慢慢低下頭。

校長又說：「你打同學是因為他欺負女生，表示你很有正義感。」掏出第三顆糖果給他。

這時男孩哭了：「校長我錯了，同學再怎麼不對，我也不能用磚頭砸他。」校長拿出第四顆糖果說：「你已經知道自己的錯，很好，再獎勵你一顆。我沒有糖果了，就結束談話吧！」

校長始終沒有說出一句批評的話，只是用了四顆糖果、四句讚美，就使這個小男孩知道自己犯了什麼錯。

讚美是很神奇的方法，用來教養那些不聽話、調皮的男孩最有效。

給父母的建議

用讚美教出自信好兒子！

正確的讚美能夠加強孩子的自尊、自信以及面對世界的勇氣。以下是三個重要訣竅：

讚美是很神奇的方法，
用來教養那些不聽話、調皮的男孩最有效。

兒子搗蛋別過度關注，反而多讚美好行為

很多家長常常會抱怨自己的男孩坐不住、常和同學打架……這些男孩真的是以搗蛋為樂趣嗎？事實上，男孩也有安靜下來玩遊戲的時候、也有幫忙做家事的時候……這些卻不像壞行為那樣吸引父母的注意力。因此，渴望父母關注的男孩只好用搗亂的行為來吸引父母注意。

如果你沒有讚美孩子的習慣，不妨現在就試一試：留心他在做什麼，如果他現在的表現讓你感到滿意，就立刻給予讚美。

讚美的力量是巨大的，在你不斷的讚美聲中，他會漸漸發生變化——令你滿意的行為越來越多，那些為了吸引注意力的壞行為也隨之減少。**不必擔心男孩會過度依賴讚美，當他做出越來越多令別人滿意的行為，自己也會享受到更多由此而來的樂趣，自然而然地就會持續下去。**

讚美兒子的具體行為，而非「你真棒」！

對年齡比較小的男孩，當他的表現很不錯時，你的讚美一定要及時，因為當這些小男孩表現出好行為時，會期待馬上得到父母表揚。如果家長視而不見，會大大挫傷他們的積極性。

對年紀大一點的男孩而言，他們需要的是父母真正的賞識，希望明確知道自己哪些行為做得好。如果父母不是真正從內心賞識他們，而僅僅是表面上「你真棒」的誇獎，就會覺得父母很虛偽，不利於親子的進一步溝通。

在他人面前讚美兒子，期許他更進步！

當別人誇獎自己的兒子優秀時，很多家長都會自謙地說：「哪裡呀，這孩子很皮的，你的孩子才懂事呢，成績又好，又懂禮貌。」當男孩聽到這些話時，心裡會很不舒服，有時還會產生自卑感：原來，我在父母心中是很差勁的孩子。

其實，在別人面前讚美男孩，往往更能激勵他朝更好的方向努力。當別人誇獎兒子時，聰明的家長應該這樣說：「對呀，這孩子讀書很認真，我們希望他離自己的夢想越來越近。」

此外，在別人面前讚美自己的男孩時，也不可以太過度，以免男孩翹起驕傲的尾巴。

Q&A

怎樣批評兒子才適當？

男孩成長時總不可避免出現各種錯誤，有些家長習慣把批評掛在嘴邊：「我早就說過不要那樣做，你又忘了。」「看你的衣服髒成這樣！」「你又把房間弄亂了，還不趕快收拾！」

對叛逆的男孩來說，一味批評無法發揮良好的教育效果。

首先，過多的批評會使男孩免疫，也就是對批評充耳不聞。其次，一味批評很容易使小男孩更叛逆，父母越不讓他做的事情他越要做，父母希望他去做的事情他偏偏不做。

在這種情況下，親子之間根本不可能正常交流，親子關係也會逐漸惡化。更令人擔心的

在**別人面前**讚美男孩，
往往更能激勵他朝更好的方向努力。

是，男孩很可能會因此偏離正常成長的軌道，從而走上歪路。

雖然現在很流行用讚美來教育孩子，但是對於那些有意違反家庭、學校的規定，故意搗亂等行為，仍要適度批評，教導他們分辨是非，否則小時候蔑視規定，長大後就可能蔑視法律。正確、恰當的批評會使男孩更快吸取教訓、更快成長。

讚美孩子是有訣竅的，批評孩子同樣有技巧可言。

首先要特別注意「時機」，遇到以下五種情況時，絕對不可以批評孩子：

1. 孩子和你討論個人問題時；
2. 孩子看起來非常激動而又沒有說明白到底是怎麼回事時；
3. 孩子為某件事而興高采烈時；
4. 孩子需要別人說明以做出決定時；
5. 父母想讓孩子解釋或討論某件事情時。

父母一定要謹慎，如果在這些情況下批評孩子，會使他們做事的積極性大大減退，並且傷害孩子的自尊。

給父母的建議

批評兒子＝教他分辨是非

教育孩子，批評一定要謹用，但又不能不用。那麼，應該怎麼做才恰當呢？批評的目的是透過懲罰性的措施，讓孩子明白其中的道理，避免下次再犯。因此，在教育男孩時一定要賞罰分明，不要出爾反爾，否則男孩會不明白你的意思，無法達到教育效果。

批評兒子的行為，而非人格

很多家長常常這樣批評孩子：「你怎麼這麼笨呀，考這麼差！」「你這孩子太不誠實了，老是撒謊騙我。」「你真是個不爭氣的孩子！」

批評男孩的目的是希望他改正缺點，如果因為一次成績沒考好，家長就說他是笨蛋；因為撒了一次謊，就貼上不誠實的標籤……不但無法讓男孩改掉缺點，反而會慢慢習慣這些「標籤」，相當不利於男孩的成長。

那麼，應該如何批評才不會傷害男孩的自尊呢？聰明的家長可以這樣說：「你這次沒有好好複習，所以考不好，下次不可以這樣了！」、「你去網咖沒有告訴我，這種行為是不對的，好孩子是不會撒謊的，知道嗎？」

當孩子的行為不當時，家長應該學會「建議性的批評」，成功協助孩子矯正行為。例如男孩因上網而忘了寫作業，這時應該說：「你昨晚因為上網，沒時間寫作業，我很擔心。你這樣做不但傷身體，也會影響學習。我有點生氣，因為你答應我不再長時間上網，結果卻沒有做到。希望從明天開始，你先做完作業再上網，這樣才能成為又會玩又會念書的優秀學生！」

這段話既指出了男孩的錯誤，又給予了正確的建議，同時又對男孩抱著很大的期望，鼓勵

教育男孩時一定要**賞罰分明**，不要出爾反爾，
否則男孩會不明白你的意思，無法達到教育效果。

他改正錯誤。相信男孩聽了這些話，一定不會再讓家長失望了。

不要當眾批評兒子

明智的父母會在他人面前稱讚自己的兒子，當兒子犯錯時，則會在家裡單獨進行教育。因為男孩的自尊心很強，如果父母當著眾人的面批評他，他會覺得很沒面子，從而對父母產生反抗心理。

有位教育學家說：「對兒童進行教育，要在私下執行；對兒童的讚揚，則應當著眾人的面進行。」男孩的「面子」往往是家長約束他行為的一種方式，孩子受到讚揚後，會以之為目標，更加努力去獲得更大的讚揚；而當眾指出他的過失，會使他無地自容，覺得既然在眾人面前的形象被破壞了，乾脆更加大膽地做壞事，父母也就失去制裁他的工具了。

要讓兒子心服口服

批評男孩，最重要的是讓他心服口服。一位教育學家認為，無論在任何情況下，父母都應該保持冷靜而理智的思維，切忌在情緒異常的狀態下輕易批評孩子。他還表示，父母不能強制壓服孩子，必須給予充分的說話機會，他們才能反思自己的行為，使其心服口服。

一個週末，爸爸原本想叫男孩看書，沒想到男孩卻說早已和朋友約好踢足球。這個爸爸沒有對兒子發脾氣，而是把他叫過來聊天。

爸爸：「最近你的成績怎麼樣呀？」

男孩：「不……不……不好。」

爸爸：「一個成績不好的學生怎麼可以總想著玩？」

男孩低著頭，沒出聲。

爸爸：「我認為世界上有三種學生，一種是會學不會玩的，一種是會玩不會學的，一種是既會玩又會學的。你屬於哪一種？」

男孩：「第二種。」

爸爸：「你希望自己成為哪種學生？」

男孩：「當然是既會玩又會學的那種。」

爸爸：「很好，老爸最欣賞的也是這一種，相信我的兒子只要認真學習，馬上就會成為這種學生。」

男孩使勁地點頭。過了一會他問爸爸：「那我還可以去踢足球嗎？」

爸爸：「怎麼不可以？跟同學說好了，哪能言而無信呢！」

從此，男孩發憤學習。

讓男孩對你的批評心服口服，僅靠指責和體罰是不夠的。家長必須瞭解各個年齡階段的男孩的心理，講出男孩認為「有道理」的話，才能讓他們服氣。

家長必須講出男孩認為「**有道理**」的話，才能讓他們服氣。

Q&A

該怎麼跟兒子溝通才有效？

期末考試結束後，男孩一進門就把考卷往地上一扔，甩門進房。媽媽拿起地上的卷子一看，五十八分，火氣馬上冒出來了，對著孩子的房門大喊：「自己沒考好，還敢發脾氣！」爸爸剛出差回來，忘了幫兒子買禮物，兒子知道後生氣不吃晚飯。爸爸的火氣也大了起來：「不就是沒買禮物而已嗎，怎麼沒看你這麼計較分數呀？」

這是經常出現的場景，當男孩情緒不好時，父母立刻指責、恐嚇，甚至打罵。這樣會出現什麼後果呢？除了使自己與兒子之間的溝通障礙越來越多之外，並沒有正面效果。

其實，如果家長說話的技巧再巧妙一點，不僅能順利達到自己的目的，還可以使這些小男孩快快樂樂地接受。

週六早上，小男孩應該去上書法課，可是他卻怎麼也不想起床，還把被子一拉，不耐煩地說：「哎呀，少去一天會怎麼樣，我要睡覺，不去上課！」

這時，聰明的媽媽坐在孩子的床邊，耐心地說：「不起床，我剛才買的蛋糕你就不能吃了；而且下星期還要補這次的書法課，下星期去遊樂場的計畫就泡湯了，真遺憾。」

這時，男孩慢慢地將小腦袋伸出被窩，不好意思地對媽媽說：「媽媽，我馬上就起床。」

世上並沒有真正不聽話的男孩，只有沒有巧妙掌握溝通技巧的家長。其實，親子關係是否融洽，絕大部分取決於家長的溝通方式。

給父母的建議

用主動積極句型改變兒子！

如果你的男孩總是聽不進你的話，首先應該檢討一下自己的說話方式，另外，你還需要掌握一些與男孩溝通的技巧。只要掌握了說話的技巧，再不聽話的男孩也會表現出驚人的改變。

將「但是」換成「如果……會更好」

在父母與男孩的對話中，常會見到這樣的情形：

孩子：「爸爸，週末帶我去遊樂場玩！」

爸爸：「我知道你很想去玩……」聽到這裡，孩子的臉上露出充滿期待的笑容。結果爸爸話鋒一轉，說：「但是，這週末你得在家讀書。」

孩子原本還興高采烈的小臉，馬上變得暗淡無光……

只是簡單的兩個字，卻讓男孩的臉色由晴轉陰，「但是」的威力真的有這麼大嗎？答案是肯定的。**在心理學上，有個避免親子衝突的重要原則就是「不說但是」**。

有些家長確實花了心思和孩子相處，「但是」二字卻讓家長的努力付諸流水。例如當父母對孩子說：「想和同學們一起玩是好事，但是現在應該以學習為重。」男孩聽到這樣的話，就會理解為「除了學習，一切免談！」父母對男孩的用心就全部被抹殺了。

那麼，話應該怎麼說，男孩才願意聽、才更樂意接受呢？

那就是把「但是」換成「如果……會更好」。

例如「想和同學們一起玩是好事，如果你能先把作業做完，那就更好了」。這樣男孩就不會誤解了，還會因為知道了「規則」而願意按照父母的要求，先做完作業，再去找同學們玩。

「你來想想……」讓男孩自己回答問題，再用他的語言回應！

男孩具有強烈好奇心，腦袋裡裝著很多「為什麼」。面對這些看似可笑的問題，父母千萬不要覺得厭煩，**耐心回答男孩問題，是親子溝通的一個方式；進一步用男孩樂意接受的語言回答他們的問題，更是親子快樂溝通的最佳方式**。

一個剛上小學的男孩問媽媽：「媽媽，太陽公公為什麼會出來呀？」

「你來想想這是為什麼。」媽媽笑著對男孩說。

「因為它看到小朋友在外面玩，所以也想出來玩。」

「你真棒，說對了。太陽公公自己在家裡覺得很無聊，突然聽到外面有很多小朋友高興的笑聲，也想出來湊湊熱鬧。」媽媽一邊比手畫腳，一邊認真地說。

如果父母願意以孩子的語言來回答問題，男孩就會很願意與父母交流，甚至會跟父母分享心裡的「小祕密」。

Q&A 該如何與兒子達成協議？

如果父母告訴男孩：「你必須朝東走。」他聽了之後可能朝著任何方向走，但絕對不會朝東走。如果這個男孩的父母這樣說：「兒子，東邊有一個遊樂場，我們希望你去那裡玩，這樣你既能玩得開心，又能鍛鍊身體。」這時他就會高高興興地朝東走。

這就是男孩「吃軟不吃硬」的表現，他希望父母視他們為獨立的個體，凡事與他商量。

英國教育家斯賓塞說過：「對孩子要少下命令，命令只有在其他方式不適用或失敗時才用。要像一個善良的立法者，不會因為去壓迫人而高興，是因為用不著壓迫而高興。」

協商可使男孩學會從別人的角度思考問題。親子溝通最重要的是相互理解、相互尊重，協商則是一個很好的方法。因此，父母必須學會凡事與孩子商量。把自己置於男孩的思考高度，耐心聆聽他的想法，同時引導他思考判斷，然後做出決定。這樣不僅可以避免家庭中無謂的爭吵，更重要的是教會男孩在社會上如何做人、與人共事。

一個男孩在很小的時候，媽媽就用協商的方式與他溝通，她常對兒子說：「如果你想要媽媽買東西給你，必須讓媽媽高興。」如何才能使她高興呢？她會告訴兒子要改掉壞毛病、幫媽媽做一些能力所及的事情。這樣的教育方式，使男孩從小就形成了一套屬於自己的思考方式。

男孩有一個好朋友叫小勇，他們同年級同班，放學後男孩經常去小勇家玩。男孩的媽媽有點擔心，不知道兩個調皮的男孩會不會把小勇的家裡搞得一團亂？正想找機會打電話給小勇的家長，沒想到對方卻先打電話過來，語氣很和善地對男孩的媽媽說：「你們家兒子真乖，來我

協商可使男孩學會
從別人的角度思考問題。

們家玩，還幫我收拾房間，他在家裡一定也常常這樣做吧？妳真會教孩子！」

男孩的媽媽被弄得一頭霧水，等男孩回來，媽媽把小勇家長的誇獎講給他聽，他不好意思地說：「每次我有什麼要求時，都要先讓妳高興，你才會答應。所以，我覺得要讓小勇的爸媽高興，才能在他家玩，就幫他收拾房間了。」

這位媽媽並沒有告訴男孩去別人家時應該怎麼做，他卻從日常的溝通中，形成自己特有的思考方式，並且巧妙地運用在人際交往中。父母與他協商的溝通方式，讓他具備了這一能力。

給父母的建議

協商≠遷就，訓練兒子獨立思考

協商並不是遷就，而是對話、溝通、相互瞭解，形成雙方可接受的意見或辦法。協商並不是由父母發號施令，而是真正把孩子當作獨立個體來對待。

用商量代替命令的口吻

一個小男孩由於貪玩，天黑了還沒有回家，媽媽在家裡焦急地等著。好不容易，小男孩回家了，媽媽沒有劈頭罵他：「這麼晚了才回家，害得全家人替你擔心，以後放學哪裡也不准去，必須馬上回家。」而是用十分平靜的語氣與兒子商量：「你這麼晚才回來，全家人都為你擔心，以後放學早點回家好嗎？」小男孩聽了，不好意思地吐吐舌頭說：「媽媽，對不起，害大家擔心了，我以後會盡量早點回家。」

其實，這兩種說法表達的都是自己對男孩的擔心，同時希望他以後能早點回家。但是，如果用命令的語氣，即使男孩意識到了自己的錯誤，也不會心甘情願地改正錯誤。所以，希望男孩做某件事情的時候，不妨用商量代替命令的口吻。

例如想要提醒男孩做作業時，你可以說：「你現在是不是該做作業了，做完作業就可以看電視了。」而不要說：「趕緊去做作業！」請男孩幫忙洗菜時，你可以說：「你能幫我把菜洗一下嗎？」而不要說：「快來幫我洗菜！」

商量的語氣對男孩來說非常重要，他會認為自己受到尊重，而信任你，促進親子溝通。

達成讓兒子心服口服的協議

希望男孩改掉不良行為，強制的手段往往治標不治本，這時不妨試著與孩子達成協議，用「約法三章」來約束他的不良行為。但是父母必須注意，與男孩達成的協定一定要讓他心服口服，否則無法達不到約束他的作用。

鴻鴻與爸爸一起去百貨公司，去之前爸爸和他說好，只是去逛逛，不買任何東西。但是，鴻鴻一看到最新款的機器人玩具，就開始纏著爸爸買給他。

爸爸看了看玩具的價格，並沒有用「不能買，太貴了」否決孩了，而是和他商量：「這個

與男孩達成的協定一定要讓他**心服口服**，
否則無法達不到約束他的作用。

玩具確實很好，但是太貴了，你知道多少錢嗎？」

「多少錢呀？」男孩問。

「一萬五千元，這是家裡一個月的生活費，如果買了這個玩具，我們就要餓肚子一個月。你想想，如果早上不能喝牛奶、中午和晚上不能吃飯了，你願意嗎？」

男孩搖搖頭，但仍不甘心地盯著那個玩具。

爸爸繼續開導他：「兒子，世界上沒有免費的東西，如果你想得到這個很貴很貴的玩具，是不是要做一件讓爸爸媽媽開心的事情呢？例如改掉你任性、粗心、不愛乾淨等其中一個壞習慣，爸爸就考慮花幾個月的時間存一筆錢買這個玩具。」

「好吧！」男孩變得比較開心，拉著爸爸的手走開了。

這位爸爸的聰明之處在於，與孩子達成協議，既約束了兒子見什麼要什麼的行為，又讓他瞭解自己的缺點。如果男孩真的喜歡這個玩具，就會為了這個玩具改正缺點。

每個男孩都會向父母提出許多要求，即使再怎麼不合理，父母也先別一口否決，因為男孩在接受他不想接受的那種事實時，需要時間。所以，父母可以用協商的方式講道理給他們聽，等到他們慢慢接受後，就會自然而然明白自己的要求太不合理了。

兒子自己的事讓他自己決定

隨著年齡增長，男孩的自我意識會不斷地增強，希望父母把他當成真正的大人，放手讓他自己做選擇。這時父母絕不能再像照顧小孩一樣，凡事都替他做決定，否則會讓男孩覺得父母很煩，從而拒絕與父母溝通。

即使對男孩的事有不同的觀點，父母要透過商量的方式，傳達自己的意見，讓男孩權衡利弊後再做決定。例如男孩穿什麼樣的衣服、換什麼樣的髮型、交什麼樣的朋友……父母給予一些建議即可，沒有必要強迫他按照你的想法去做。

出現與父母意見不一致的情況時，每個男孩都希望父母能夠尊重他的意見，畢竟許多事情都需要他們付出努力後才能實現。如果父母忽視男孩的自我動機，一味地壓制，他們即使表面同意了，內心也無法產生努力的動力。因此，男孩自己的事情一定要讓他自己做決定，父母只需要把自己的建議或意見透過協商的方法傳達給男孩即可。

Q&A

與男孩溝通還有什麼具體方法？

提到與男孩溝通，家長首先想到的便是談話——與孩子交談，詢問和瞭解孩子的感受、讚美孩子的優點、批評孩子的錯誤……但是，男孩往往早已對這種教育方式厭煩至極，任憑家長說得口乾舌躁，男孩依然我行我素，可見單純只靠語言的溝通往往不能引起男孩的興趣。

小男孩對新鮮的事物往往會投入很大的熱情，針對這一特點，父母不妨改變一下與兒子溝通的管道，使男孩覺得新鮮，容易接受你對他的教導。

父母要透過**商量**的方式，傳達自己的意見，
讓男孩權衡利弊後再做決定。

給父母的建議

換個方法，溝通更有效！

沒有不聽話的男孩，只有不會溝通的父母。

其實，與男孩溝通的管道是非常多元的，只要家長用心，一個小小的溝通細節就有可能讓你的男孩澈底改變。

小紙條會帶來大效果

一些家長很不善於用語言來表達自己的感情，特別是男孩到了十幾歲，家長就更不容易和他們進行面對面的交流了。這時，不妨借助小紙條來傳遞你對兒子的愛。

因為工作的關係，小楓的媽媽總是不能輔導、監督他做作業，但她會在兒子的書桌上放一張小紙條，內容通常是：「親愛的兒子，媽媽為你準備了複習的單詞內容，寫完作業之後要複習，媽媽和你一起努力。愛你！」

雖然每天的內容差不多，但是小楓的媽媽卻很會變換形式，有時會畫個笑臉，在紙條上畫個花邊，每天都給小楓一個驚喜。小楓經常自豪地跟同學說：「看著媽媽的紙條，就像媽媽在陪我寫作業一樣。」

寫紙條給男孩，既能表示鼓勵，也可以對他進行開導，有系統的書面文字與暴風驟雨般的訓斥相較，男孩更容易接受前者。千萬不要小看紙條的作用，它可以有效地引導男孩按照你的想法去做，有時比你嘮叨百遍的叮囑有用得多。

用信件表達對兒子的愛

父母常常會遇到這樣的情況：有一肚子話要對兒子講，卻又不知道應該從何說起。尤其是遇到一些比較敏感的問題，更不知道該怎麼對他說。

例如，與男孩發生衝突時，很多家長都放不下面子與他平等溝通，此時寫信不失為一個好方法。家長可以在信裡告訴兒子你的真實想法，告訴他你為什麼要批評他，告訴他你永遠愛他。男孩讀到這樣一封信時，一定能夠感覺到父母對他的愛，同時理解父母的苦心。

一位媽媽發現兒子寫字的姿勢很差，眼睛離作業本只有十公分，而且寫字的速度很慢，每天晚上經常將近十一點才能把作業做完。這位媽媽很嚴肅地與兒子談了，最後語氣過硬，惹得兒子甩門躲進自己的房間。

第二天，兒子沒和媽媽說話便去上學了。媽媽很著急，於是寫了一封道歉信給兒子。兒子接到信時，剛看一眼就低頭向媽媽認錯了：「媽媽，我也不對，我不該那麼生氣。」

不要懷疑信件的神奇力量，它能化解親子之間的衝突，使親子關係更加融洽，使兒子的心與你更貼近……

寫紙條給男孩，既能表示鼓勵，
也可以對他進行開導，男孩更容易接受。

用簡訊傳達鼓勵

十三歲的小飛是住宿生，兩個星期才回家一次。雖然他有手機，爸爸卻很少打電話給他，而是偶爾發個簡訊。

爸爸經常在班導師那裡瞭解小飛的情況，如果兒子有問題，爸爸就請老師多關照、引導一下。如果兒子有進步，爸爸一定會發簡訊給他：「兒子，聽說你這次小考考得不錯，要加油呀！」「兒子，聽說你被選為班長了，好好做啊！」

為了不影響孩子的學習，這位家長採取發簡訊的方式，把自己的鼓勵傳遞給孩子。這樣一來，儘管男孩離家很遠，仍然能夠感受到父母對他的愛。

用網路聊些兒子感興趣的話題

雖然都是在家裡，小光的爸爸卻喜歡和四年級的兒子在網路上聊天。

爸爸：聽說你們班上來了一位新同學，長得很帥。

男孩：是很帥，不過跟我比還差那麼一點點，呵呵！

爸爸：不過，聽說他成績還不錯。

男孩：確實不錯，不過憑我這麼努力，我不會讓他超過我的。

爸爸：在成績方面競爭沒錯，但私下可要做朋友呀！

男孩：那當然，我們兩個帥哥經常在一起玩，只要我們一起走過別人面前，同學都會像看卡通裡的英雄一樣看我們。

只要找到男孩感興趣的話題，他們就會很樂意與父母溝通。一般來說，十幾歲的男孩正在開始發展社交能力，家長不妨與男孩多聊聊他的同學、朋友等。而且俏皮的網路語言能夠縮小彼此的距離，增加父母與孩子之間的感情。

♂非語言溝通對兒子更有效！

男孩比較不善言辭，對語言的敏感度也沒有女孩高，因此父母在與男孩溝通時，非語言往往更能打動男孩。

語言學家亞伯特．梅瑞賓的研究表明，人與人之間的溝通高達九三％是透過非語言溝通進行的，只有七％是透過語言溝通進行的。而在非語言溝通中，有五五％是透過面部表情、形體姿態和手勢等肢體語言進行的，只有三八％是透過音調的高低進行的。

因此，亞伯特．梅瑞賓提出了一個著名溝通公式：**溝通的總效果＝七％的語言＋三八％的音調＋五五％的面部表情**。

兒童心理學家表示，非語言溝通是指運用恰當的目光、聲調、動作等與子女進行溝通。例如對孩子表示喜歡、讚許時，可以撫摩孩子的頭，拍拍孩子的肩，點頭微笑，豎起大拇指等；

只要找到男孩**感興趣**的話題，
他們就會很樂意與父母溝通。

對孩子不滿時，沉默地向他直視一眼，或是面部嚴肅等，都屬於與孩子的非語言溝通。

現在有很多家長常常忽視與男孩之間的非語言溝通，只顧一味說教；也有的父母運不當用非語言溝通，例如經常對男孩發脾氣、拍桌子、摔東西等，因而阻礙了親子間的溝通，破壞了親子關係。

給父母的建議

肢體語言讓你更親近兒子！

在日常生活中，家長要多用一些非語言的方式與男孩進行情感交流。

兒子遇到困難時，拍拍他的肩膀

拍拍男孩的肩膀，是對男孩表示肯定和鼓勵。尤其是男孩遇到困難時，父母拍拍他的肩膀，不僅能使他信任家長，還會給予他勇氣和力量戰勝困難。

例如，男孩的成績沒考好，正在自己的房間裡沮喪時，爸爸不妨幫孩子倒一杯水，拍拍孩子的肩膀，然後轉身離開；男孩心愛的小貓走失了，正在傷心哭泣，媽媽不妨拍拍孩子的肩膀，遞一張衛生紙給他……

其實，無論男孩是高興還是傷心、是興奮還是沮喪，父母拍拍他的肩膀，都能拉近與他之間的距離。當男孩做出了引以為豪的事情時，父母拍拍他的肩膀，他就能立刻瞭解父母的意思，並在心裡對自己說：「父母在為我驕傲，我一定會更加努力，成為父母永遠的驕傲。」當男孩傷心的時候，或者正為某些事情煩惱時，父母拍拍他的肩膀對他說：「一切都會好起來的！」這個動作能夠給他很大的精神鼓勵，使他的情感很快得到安撫。

用微笑和點頭肯定兒子

點頭給予男孩的是一種認可和鼓勵。當男孩取得成就之後，父母可以用點頭鼓勵、稱讚孩子，這樣會使男孩充滿信心，並會努力做得更好。

父母微笑點頭認可，男孩會比聽到誇獎還高興。因為微笑和點頭，不僅給予他一種受到認同的感覺，而且體會到父母對他的愛。

讓擁抱陪兒子長大

心理學研究顯示，人都有一定程度的「皮膚飢餓感」，**在眾多親子的接觸中，以抱著孩子和摟著孩子的肩膀最能使孩子產生強烈的幸福感和安全感**。

有位心理學家曾說，每天給孩子三次擁抱，會促使孩子心靈的健康成長，同時增進親子之間的感情。

男孩遇到困難時，父母拍拍他的肩膀，
不僅能使他信任家長，
還會給予他**勇氣和力量**戰勝困難。

在父母的擁抱中長大的男孩，因為能夠時刻感受到父母的愛，所以很願意與父母溝通，因此與父母的感情一般都很好。另外，能夠經常得到父母擁抱的男孩子心理比較健康，會以自信、樂觀的態度會面對生活。

教育的最佳效果是讓孩子意識到自己的錯誤，並懂得如何避免錯誤，而不僅僅是批評孩子，讓孩子心裡難過。

第四章

幫助男孩 形塑個人特質

自信，可以讓男孩以積極的態度面對生活；寬容，可以讓男孩懂得體諒別人；細心，可以讓男孩遠離失敗；負責、獨立，可以讓男孩學會自己的事情自己做，做自己生命中的主人；禮貌，可以讓男孩成為人見人愛的小紳士；堅強，可以讓男孩不怕挫折……這些良好的個人特質會影響男孩的一生！

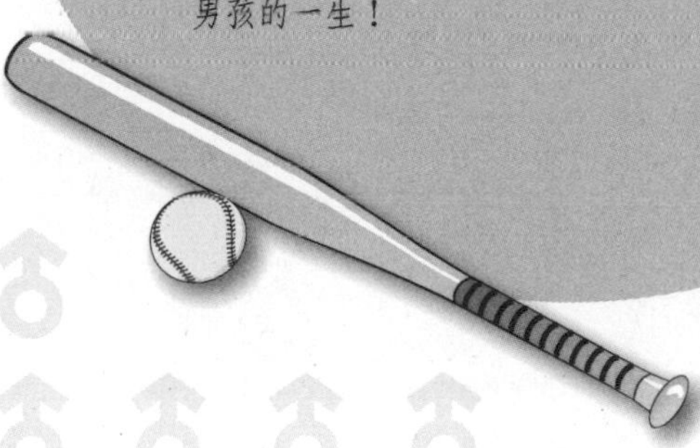

♂ 自信：以積極的態度面對生活

自信心的培養需要一個長期磨練的過程，兒童期正是孩子自信心培養和樹立的關鍵時期。這個時期，男孩的自尊心和自信心很容易受挫，所以家長一定要特別注意。

一個男孩因車禍失去了雙手，當他每天早晨看到同齡的孩子興高采烈從門前經過時，便會自卑地問媽媽：「媽媽，我沒有手怎麼辦？」媽媽憐愛地摸著男孩的頭說：「沒關係，只要你一直鍛鍊，手就會再長出來的。」

小男孩真的相信媽媽的話，並在媽媽的幫助和指導下，開始學習用腳洗臉、吃飯、寫字。好多年過去了，小男孩的手還是沒有長出來，於是他又不甘心地問媽媽：「媽媽，我的手怎麼還沒長出來呀？是不是我鍛鍊得不夠呀？」

這次，媽媽很認真對他說：「傻孩子，現在別人用手能做的事情，你哪樣做不到呢？」「沒有了，這些事我都能用腳做，有些還做得比別人好！」小男孩自豪地說。「孩子，你的腳就是新長出來的手。只要你充滿信心，這雙『手』就能幫你戰勝困難。」

小男孩明白了，是媽媽的「謊言」讓他再次擁有了「雙手」。

一個沒有雙手的小男孩，卻比健全的孩子更有自信、更優秀，是媽媽「美麗的謊言」讓他擁有了今天的自信與成績。

擁有自信的男孩總是以樂觀、積極的態度面對生活，沒有自信的男孩總是覺得自己不如別人，做起事來畏首畏尾、遇到一點困難就退縮，而且很有可能因為強烈的自卑而自暴自棄。

自信是男孩快樂成長、走向成功的必備條件。

發自內心鼓勵、讚美，並容許兒子犯錯

當男孩因為要做一件沒把握的事而猶豫時，家長不妨由衷地對他說：「我相信你做得到。」男孩每一次成功，哪怕再微不足道，家長也要肯定地說一句：「你做得真好！」及時的鼓勵，會使男孩信心倍增。

在肯定男孩的同時，還要允許他犯錯。事實上，孩子難免犯錯——收拾房間時，房間會越收越亂；洗碗時，會把碗打破；洗衣服時，倒了大半罐洗衣精……此時家長**應該讚美男孩勇於嘗試，而不是盯著他的過失不放。**

鼓勵男孩的時候一定要發自內心，千萬不要懷著不認同的態度。有一位家長說：「我試著對兒子說些鼓勵的話，他卻說我在騙他。」這是因為這位家長平時經常否定兒子，鼓勵的時候也帶著否定的眼光，聰明的小男孩自然能夠感覺到。這樣的鼓勵是無效的。

找出兒子的優點、讓他相信自己的能力

一位母親曾經在日記裡寫下她如何引導兒子變得有自信：

兒子的成績很差，我幫他請了家教，也請老師特別注意他，成績卻始終是班上倒數十名。

在肯定男孩的同時，
還要**允許他犯錯**。

因此，他對自己失去了信心。

一次偶然的機會，我發現兒子很樂於助人，會積極地維護教室整潔、幫別的同學修理椅子，甚至替受欺負的同學打抱不平。於是我抓住這個優點，經常誇獎他：「兒子，我為你樂於助人的精神感到自豪。」這些讚美使他在班上表現得更加積極，後來竟然被選為班長。

當班長後，他更有自信了，不但認真完成班長的任務，還想在各方面成為同學的榜樣，因此痛下決心努力讀書。現在兒子的成績雖然不是最好的，但是與他以前相比已進步很多了。

要幫助自卑的男孩找回自信，就要想辦法讓他看見自己的優點、相信自己的能力。

家長要肯定男孩一點一滴的進步，藉此改變他的不良個性和習慣。下列有幾種反效果的親子對話要注意避免：

當孩子興沖沖地說：「老師說我進步了！」

家長卻回答：「得意什麼，離標準還差遠了！」

或是當孩子興沖沖地說：「我考了A！」

家長卻說：「某某考了更多A！」

這類回答會打擊男孩的自信，讓他對於「變得更優秀」失去興趣。

協助兒子設定稍有難度的目標，累積成功經驗

培養自信心的方法，便是讓男孩不斷獲得成功的體驗，因為過多的失敗往往會使男孩對自

已產生懷疑。因此，父母應根據兒子的發展特點和個別差異，提出適合其水準的任務和要求，確立一個只要孩子肯努力就能完成的目標，這樣一來，孩子達成的機率相對高很多。

♂ 樂觀：時時看見生活中的光明面

樂觀是一種積極的生活態度，也是一種性格。

每個家長都希望自己的孩子擁有樂觀的個性，然而現實生活中有很多男孩，小小年紀便習慣了用悲觀的眼光看世界。一位教書多年的老師說：「現在的孩子很容易悲觀，一次沒考好，就認為以後都不會考好。他們總是看到事情壞的一面……」

樂觀的男孩即使遭遇挫折，還是堅信自己有能力改變現狀，他們會以最好的狀態與挫折對抗，直到把挫折打敗。因此，**讓兒子擁有樂觀的性格，等於給了他面對悲傷、不幸、失敗、痛苦的有力武器。**

及時化解兒子的煩惱

多觀察孩子的情緒變化，如果孩子悶悶不樂，無論多忙都要抽出時間和孩子聊聊，幫助他排除心理障礙，及時化解悲觀情緒。

男孩從學校回來後一直很不開心，爸爸決定找他談一談。

「兒子，今天學校有什麼高興的事呀？」

「只有傷心事。」兒子不高興地回答。

「什麼傷心事，能告訴爸爸嗎？」

「今天選班長，班上很少人選我！」兒子傷心地說。

「我們要尊重大家的選擇。只要你在這段時間好好表現，下學期還有機會當班長啊！」

「嗯，好像是。」兒子同意了爸爸的看法。

家長一定要注意觀察男孩的情緒，只要他願意與你溝通，就要引導他把心中的煩惱說出來。這樣一來，煩惱很快就會消失，他也會恢復快樂。

別為掉到地上的冰淇淋哭泣，換個角度心情就不一樣！

男孩高興地拿著一個冰淇淋邊走邊吃，一不小心，整個冰淇淋掉到地上，男孩不知所措，傷心地看著地上的冰淇淋。

這時媽媽對他說：「脫下鞋子，媽媽告訴你一件好玩的事。」

男孩真的把鞋脫了，媽媽接著說：「快用腳踩一下冰淇淋！」

小男孩高興地說：「冰淇淋從我的腳趾縫中冒出來了！」

看著兒子開心的樣子，媽媽興奮地說：「我敢打賭，你的朋友絕對沒有踩過冰淇淋！」

任何事物都有不同的面向，只要教導男孩學會換個角度思考，任何事情他都能找到樂趣。當男孩養成積極、樂觀的性格，再大的困難擋在他面前，他都能勇敢地面對，並樂於「享受」其中的滋味。

寬容：原諒別人的無心之過

由於男孩好鬥心很強，處理問題時往往比較急躁、衝動，無法克制自己，因此經常與別人發生衝突。但是，男孩是否能夠體諒別人、是否能為別人著想，則與家長從小對他們的教育有很大的關係。

一對父子坐火車外出旅遊，途中車掌來驗票，父親因為找不到車票而受到車掌的怒言以對。事後兒子問父親：「為什麼剛才你不罵回去呢？」父親說：「兒子，如果這個人能夠忍受自己的脾氣一輩子，為何我不能忍受幾分鐘呢？」

上述例子裡的這位父親，為孩子做出了很好的榜樣。

其實與女孩相比，男孩的心胸比較寬大，他們不會在一些小事上過分計較。但是錯誤的教育方式卻會令男孩的心胸慢慢變窄，最後變得狹隘、斤斤計較、不會體諒他人……

寬容是一種非常珍貴的情感，最重要的特質是能原諒別人過錯的心胸氣度。富有寬容心的孩子往往心地善良、性情溫和、惹人喜愛；而缺乏寬容心的孩子往往性情怪誕、易走極端、不

只要教導男孩學會**換個角度思考**，
任何事情他都能找到樂趣。

易與人相處。因此，教男孩從小學會寬容，不僅是為了孩子現在能處理好同學關係，更是為了孩子將來的發展奠定基礎。

及時糾正兒子的偏見

經常會聽到男孩對家長說：「媽媽，小華真笨，連毽子也踢不好！」「爸爸，小明偷拿同學的東西被老師罵，同學都不理他了，我也不想跟他玩了。」家長聽到這些話時，如果順著男孩的話說：「小華真的很笨。」「別和小明一起玩了。」很容易使男孩對他人產生偏見，無法容忍別人的缺點，影響孩子與他人相處。

因此，家長應該及時糾正孩子的觀念，告訴他：人人都有缺點、都有可能犯錯，我們要包容別人的缺點和錯誤。唯有這樣，男孩才能擁有一顆寬容的心。

此外，家長最好不要在孩子面前議論其他小朋友的缺點，這樣容易讓孩子對其他小朋友過於挑剔。反之，要盡可能在男孩面前稱讚其他小朋友的優點，讓他明白每個人都有長處。

正確對待男孩之間的衝突

人與人之間的摩擦衝突是不可避免的，冷靜處理才是上策。**家長在男孩童年時處理問題的方法，會使他留下深刻的印象，對他的一生影響極大。**

小龍是家裡的獨子，全家人都把他當作寶貝。一次，小龍與同學搶乒乓球桌，同學找來自己的哥哥把小龍打了一頓。爸爸知道後勃然大怒，狠狠地說：「沒出息的東西，打不贏還有臉回來哭！下次人家打你如果不還手，回來我就揍扁你。」此後，小龍整天帶領一幫同學打架鬥毆，爸爸才感到痛心疾首，卻已經管不了他了！

孩子變成這樣，責任當然在父母身上。如果孩子與他人發生衝突時，父母能夠站在客觀的角度，告訴孩子要學會包容，並幫助孩子分析問題，他就不會變得如此斤斤計較、崇尚武力。

讓兒子學會換個立場思考

當孩子年齡還小時，他不知道自己的不寬容會對別人造成多大的傷害。家長可以趁機教男孩學會從他人的角度看待問題，讓他設身處地站在他人的角度思考問題；有時也可以想辦法設計相似情境，讓他親自感受當他自己成了闖禍者時的心情，他才會明白寬容的重要性。

♂ 細心：養成整齊有序的生活習慣

把課本忘在家裡、忘記帶鑰匙對於男孩來說是家常便飯，然而讓家長更擔心的並非日常生活中的粗心，而是他們在學習上的粗心：「我家孩子要不是因為粗心，這次就能考一百分了。」「我家孩子也一樣，要不是因為粗心，這次就能考全班第一名了。」

事實上，沒有人可以做到完全不粗心，成人偶爾也會丟三落四，因此家長面對孩子看錯題目、忽略小數點等問題，沒有必要那麼擔心。

在大多數情況下，男孩的粗心如果只靠「提高警覺」往往無法解決。如果仔細觀察，會發現男孩並非所有的功課都粗心，他們很可能會看錯形似字，卻能把英文單字背得滾瓜爛熟；他們可能答錯數學的選擇題，應用題的解題步驟卻寫得特別詳細。再進一步觀察，就會發現每個男孩都有自己的「粗心點」，他們或許國語經常出錯、或許數學成績很差、或許英語總在八十分左右徘徊。

其實，人的情緒、興趣、自制力等都直接影響感知的完整性和準確性。男孩如果對某個科目缺少興趣，就很容易粗心；有些孩子容易興奮、容易被其他事物吸引，也會導致粗心。所以，家長要根據男孩的實際情況，採取適當的方法改正粗心的壞毛病。

幫兒子找到「粗心點」

每個孩子的「粗心點」都不同，要讓男孩盡快改掉馬虎、粗心的壞毛病，最好的方法就是幫他們找到「粗心點」。一位家長對此很有經驗：

兒子的數學成績不好，經過仔細分析，我發現他不是題目不會寫，而是每次都看錯題目。因此，看錯題目就是兒子的「粗心點」。於是我告訴他：「你粗心的原因是題目看得太快了。

怎麼辦呢？以後你每次在做題目時，先停一下，閉上眼睛數三秒，然後再睜開眼睛寫，這樣就不容易錯了。」兒子用了這個方法，效果很明顯，因為粗心而出現的錯誤減少許多。

面對男孩的粗心，家長與其責備他，不如找到問題癥結，採取正確方法幫助他解決問題。

培養兒子整齊有序的生活習慣

不管男孩、女孩，粗心的毛病不是一天養成的，要改正這個毛病，必須引導孩子養成整齊有序的生活習慣。如果孩子的生活、課業都井井有條，就比較不會粗心大意、馬馬虎虎了。

生活上，家長要讓男孩養成保管自己物品的好習慣，不僅是課本、作業本，衣服、鞋子等也要放在固定的地方。學習、課業上，要培養男孩養成當天的作業當天完成、做完作業要檢查、課前要預習、課後要複習等好習慣。

♂ 負責：自己的事情自己完成

有個人前往紐約旅遊，在洗手間聽到隔壁一直有奇特的聲響，引起了他的好奇心。他透過小門的縫隙往裡看，原來裡面有個七、八歲的小男孩正在修理馬桶的沖水設備。一問之下才知道，這個小男孩上完廁所以後，因為沖水設備出了問題，讓他無法沖水，因此他就蹲在那裡千

要讓男孩盡快改掉馬虎、粗心的壞毛病，
最好的方法就是幫他們找到「**粗心點**」。

方百計地想修復它。在沒有父母、老師監督的情況下，一個只有七、八歲的小男孩竟有如此強烈的責任感，可見家庭教育的成功。

生活中的無數事實都證明，那些很會關心別人、很懂事、組織能力很強的男孩，往往都很有責任感。行為學家認為，責任感是一種很重要的特質。每個男孩都有很強烈的表現欲和成就欲，常常主動幫助別人、保護弱小，並且樂於為團體貢獻自己的力量……不論他們是否有責任意識，這些都是他們有責任心的體現。

然而，許多父母望子成龍心切，心甘情願、盡其所有、盡其所能地替孩子做一切事，把孩子的責任擔到自己的肩膀上，導致孩子缺乏奮發向上的欲望、缺乏責任心，「成龍」自然就成為可望而不可即的事情了。

責任感是孩子待人接物的基礎。孩子小的時候，如果父母一味地把孩子的責任往自己的肩上背，忽視對孩子責任感的培養，那麼孩子長大之後，不但會不知責任為何物，還會變得狹隘、自私、不講理……到最後，受到傷害的往往是孩子自身。

如果你的男孩以自我為中心、對周圍的一切漠不關心，毋需著急，只要採取恰當的方法，就可以一點一滴培養孩子的責任心。

讓兒子為自己的行為負責

有一次，冬冬發脾氣，把書扔在地上。媽媽故意不撿，也叫其他家人不要撿。過了一會兒，冬冬把剛才的事忘得一乾二淨，纏著媽媽講故事，媽媽說：「你不是把書扔了嗎？媽媽不能講故事了。」冬冬才趕緊把書撿起來，並且知道扔書的後果是沒辦法聽故事，還得自己再撿起來，就不再隨便扔了。

只有讓男孩瞭解自己的行為將會產生什麼後果，他才會對自己的行為負責。例如當孩子遇到麻煩的時候，父母應該說：「這是你自己選擇的，你想想為什麼會這樣？」而不要對孩子說：「你已經努力了，是爸爸沒有幫助你。」如果你無意中幫孩子推卸了責任，他就會認為自己毋需承擔責任。

小宇不小心把同學的鉛筆盒弄壞了，雖然同學說沒關係，但小宇總覺得過意不去，便對媽媽說明了情況。媽媽說：「小宇，你是個好孩子，媽媽鼓勵你買一個新鉛筆盒給同學。媽媽先幫你出錢，但是每個月會從你的零用錢裡扣五十元，直到把買鉛筆盒的錢扣完為止，你願意嗎？」小宇點頭同意了。

小宇媽媽的做法不但讓孩子意識到自己的錯誤，並且透過實際行動彌補了自己的錯誤，從而讓孩子明白：每個人都是平等的，儘管你年紀還小，也要為自己的行為負責。

讓兒子以自己的責任心為榮

十歲的旺旺擔任家裡的「清潔隊員」已經五年了，鄰居們都為他的負責行為感到驚奇。原來，在他五歲那年，突然對倒垃圾產生興趣，一聽到垃圾車的音樂就提著垃圾去丟。父母為了

只有讓男孩瞭解自己的行為將會產生什麼後果，他才會對自己的行為**負責**。

鼓勵他，不但誇獎他能幹，還經常在外人面前稱讚他，讓旺旺感到很自豪，慢慢也就形成了習慣，把這項工作視為自己的責任。

當你的男孩稍微表現出一點責任感時，就要給予積極肯定，運用鼓勵和讚揚讓他意識到能為家庭出一點力是很光榮的事，體驗到成就感，進而以自己的責任心為榮。

♂ 獨立：做自己生命中的主人

男孩很不聽話、很叛逆，尤其是青春期的男孩子，家長越要他向東走，他卻偏偏要往西。但是，如果告訴男孩：「你來決定這件事。」他們聽了往往會很感動，因為能夠自己做決定是男孩最引以為豪的事。男孩會認為父母讓自己決定一些事情，是對他能力的認可以及莫大的信任，為了不辜負這種信任，就會轉化「努力將事情做好」的巨大動力。

然而，極少父母願意對孩子說「你來決定」，尤其是對於那些他們認為很難管教的男孩，因為他們覺得「孩子太小，沒有能力做決定」、「讓男孩自己決定，他們很可能會變壞」……於是從食衣住行到考什麼大學、念什麼科系，父母包辦了孩子的一切事情。

其實，「孩子小」、「會變壞」的想法只是杞人憂天。兒童心理學家表示，**如果能夠從父母身上得到充分的支持和愛，男孩會比女孩更早獨立**。我們經常看到，面對困難的時候，六個月大的男嬰已經開始試圖藉由自己的探索嘗試解決問題，女嬰卻常藉助哭泣等手段，這是因為男性比較喜歡嘗試與競爭，喜歡在思考的過程中享受樂趣，當父母告訴孩子「你來決定這件事」的時候，這種樂趣就開始了。

想讓你的男孩獨立，就放開你們的手！找一些事情讓孩子自己做決定。試過幾次你便會發現，「你來決定這件事」具有神奇的力量。

不要事事包辦

每個男孩都有很強的好奇心，對於新鮮的事物都躍躍欲試。然而，家長們都是怎樣看待孩子這種好奇心呢？

很多家長抱怨：「我家的孩子這麼大了，還不會自己做飯，我要是不在家，他就只能挨餓。」另一些家長卻驕傲地說：「我家孩子很懂事，什麼都會做，就算我出差半年，他也會把自己照顧得很好。」

不用深入解釋，家長們想必也明白，前一種往往是對孩子最不放心的父母，他們事事包辦讓孩子養成了依賴性強、獨立性差的壞習慣；而後一種父母往往給予孩子充分的信任和自主權，讓孩子體驗自己嘗試的喜悅，並堅信孩子能做到。他們知道，孩子最容易被這些話感動：「你來決定這件事。」「如果你認為是對的就去做。」「這件事取決於你自己。」

「請幫我讓我自己來！」

一位家長怕兒子摔跤，便一直不讓他學走路。男孩漸漸長大，當家長覺得應該學走路時，醫生卻說：「孩子錯過了學習走路的最佳時間！」

小男孩起床後，開始自己摺被子，但動作很慢，家長看到了便搶過來幫他摺。從此，男孩就把摺被子視為一件很難的事。

一個小男孩剛開始學說話，但學得很慢，這時媽媽在一旁便急著代言。從此，這個小男孩就對說話產生了畏懼。

男孩的發育比女孩緩慢，學會爬行、站立和走路都比女孩晚；男孩的精細動作協調能力差，因此摺被子的速度很慢；男孩的語言能力比女孩差，比較慢學會說話。

由於男孩生理的各項功能尚未健全，心智也未成熟，所以，他們需要家長協助，但僅止於協助，並非一切代辦。

兒童行為學專家蒙特梭利說：「Help me to do by myself」，表明了孩子的心聲，意即「請幫我讓我自己來！」父母的幫助使孩子少走冤枉路，但孩子自身的實踐才是成長的根本。

鼓勵兒子四處探索

男孩的腦袋裡充滿奇奇怪怪的東西，經常表現出一些很奇怪的行為：把皮球當作保齡球來打，把玩具汽車拆開再裝上，把跳繩綁在高處扮成泰山盪來盪去……面對這些行為，家長不應該制止，而應該鼓勵。因為好奇能激發探索的興趣，而探索是創造發明的開端。

對於男孩來說，他們更富有個性，喜歡發明一些與眾不同的做事方法，而這種與眾不同就是創造。所以，別怕你的男孩表現出怪行為，那才是他們真正的樂趣！

誠實：信守承諾，言出必行

男孩雖然好動、調皮、常闖禍，但是天性純真善良，不會隱瞞自己的意圖和情緒。但是，受到各種因素影響，他們還是會撒謊。

有些孩子一開始很誠實，但是誠實的後果往往是責打，所以慢慢地學會利用撒謊來自衛。

阿力從媽媽口袋裡拿了一百元去買玩具，媽媽發現錢少了，就問阿力：「是不是你拿的，說實話，我就不打你。」阿力以為不會挨打，便承認了。結果媽媽非常生氣，完全忘記剛才說的話，痛打了阿力一頓。之後遇到同樣的情況，為了不挨打，他都不說真話了。

孩子的謊言和不誠信的行為往往是父母影響的。

對於孩子經常出現言行不一、不履行諾言的行為，應該先找到根源，並且不要打罵孩子。只要父母從小就對孩子進行誠信教育，他就會成為誠實的大人。

父母要言而有信

知名思想家曾子的妻子有天要出門，兒子想跟著一起去，她希望孩子留在家裡，於是對他說：「別哭，你在家裡等，媽媽回來殺豬燉肉給你吃。」兒子聽說有肉吃，就答應留在家裡。當她回到家時，看到曾子正在磨刀，就問他磨刀做什麼。曾子說：「殺豬燉肉給兒子吃。」妻子說：「那只是哄哄孩子的，怎麼能當真呢？」

曾子語重心長地說：「不能欺騙孩子。如果父母說話不算數，孩子長大後就不會講信用。」於是，曾子與妻子一起把豬殺了，做了香噴噴的燉肉給兒子吃。

要糾正孩子不守信用的行為，家長必須言行一致。孩子的模仿能力很強，如果家長言行不一，不履行承諾，孩子就會跟著模仿。舉例來說，如果答應孩子星期天要帶他去公園玩，就一定要去，如果臨時有事，也要先考慮事情重不重要，若不重要，就要堅守諾言；如果事情確實比較重要，一定要向孩子說明情況，並且盡快再帶他去公園。

充分信任你的兒子

我們經常看到這樣的父母：要求孩子吃完飯在房間自習半小時，卻每隔五分鐘就進去看一下孩子是否在偷懶；請孩子幫忙買醬油，卻擔心孩子把多餘的錢拿去買零食。

當男孩得知父母不信任自己，往往會產生叛逆心理，進而以撒謊等行為對抗父母。也就是

說，雙向的不尊重、不信任，往往會滋生出雙向的欺騙。其實，對於特別渴望理解的男孩來說，家長的信任會讓他們很開心，心甘情願去做一切正確的事情。

一個小男孩因為偷拿爸爸的錢被發現而懊悔，每天都悶悶不樂。他的爸爸只用一件事就讓這個小男孩走出陰影，並把誠信當成自己做人處事的基本原則。

原來，爸爸要他去奶奶家拿一筆數目不小的現金，去的時候只對兒子說：「路上小心點！」當兒子回來把現金交到他手裡時，他數都沒數就放進抽屜裡。兒子被爸爸的信任感動得流下了眼淚，對爸爸說：「在回家的路上我心想，要是有人搶劫，我會為了保護這筆錢跟他拚了。」

其實，這個小男孩不僅是為了保護這筆錢，更重要的是保護爸爸對他的那份信任。這個例子正說明了：對待固執又容易衝動的男孩，只有信任才能換來誠信。

♂ 禮貌：當個風度翩翩的小紳士

一般來說，男人是否有禮貌可以看出他的教育程度。從小培養男孩的紳士風度，是英國父母教育孩子的重要原則。

一位中國母親到一位英國的朋友家裡作客。朋友帶著五歲的兒子到車站接她，一見面，男主人就把中國媽媽的背包接了過去，遞給小兒子，說：「大衛，當個小紳士。」於是，大衛就一路拖著背包跟在大家後面。中國媽媽很詫異，但在他的父母看來，他們的孩子懂得幫女客人拎包包是很正常的，是他們引以為豪的。

那麼，如何培養男孩的紳士風度呢？答案很簡單，注重生活中的細節。

一個小男孩和爸爸媽媽一起回家，走到家門口的時候，爸爸剛打開門，孩子就急著跑進去，爸爸卻把他拉回來說：「你是個男子漢，應該有紳士風度，讓媽媽先走。」

孩子就像是一棵小樹苗，他們的成長需要正確的引導和培養。埋藏在生活中不起眼的細節、不經意的小習慣會左右孩子的個性發展，影響他的一生。

隨時說「請、謝謝、對不起」

一位媽媽曾經描述自己教育孩子有禮貌的經驗：

第一次從兒子口中聽到「笨蛋」這個詞時，我嚇了一跳，並開始注意自己的言行，還和孩子的爸爸約定用「請」、「好嗎」、「謝謝」、「對不起」這樣的語言來表達我們的需要或歉意。沒多久，就開始聽到兒子會說：「媽媽，幫我拿一下玩具好嗎？」以前他是這樣命令我的：「媽媽，妳去幫我拿那個玩具，快點！」而且，當我幫他洗手或是幫他削水果，他會說「謝謝媽媽」。

孩子會將父母當成模仿的對象，只有父母以身作則，孩子才會在無意識中受到父母的潛移默化，變成懂禮貌的小紳士。

察覺他人的需要

察覺他人的需要絕不是簡單的事，孩子要經過一段時間的訓練才能掌握。

建議父母可在日常生活中，經常指導孩子：幫別人開門，然後扶著門請別人先進屋；從商場購物回來時，幫爸爸媽媽提東西；去朋友家中作客時帶禮物；幫助殘疾人士；在公車上或火車上讓座給老爺爺老奶奶或抱小孩的阿姨；讓女士先進屋；幫別人搬運重物；主動和朋友的父母談話；在被介紹時，主動和人握手……每件小事一樣一樣做到，才會真的養成習慣。

及時明確糾正男孩不禮貌的言行

年齡比較小的男孩不具有分辨是非的能力，他們說髒話、表現出不禮貌的行為，有時是因為好奇，有時是因為好玩，不論原因是什麼，家長都要明確讓他們瞭解這種行為是錯誤的。

一次，媽媽不小心把龍龍的玩具弄壞了，龍龍生氣地對媽媽說：「媽媽，妳沒長眼睛呀……」聽到兒子嘴裡冒出這些不禮貌的話，媽媽愣了一下，但她馬上恢復理智，很堅定地對龍龍：「不許你這樣說，不管別人做錯了什麼，你都不能說不好聽的話。」

龍龍還狡辯：「我們班好多小朋友都這樣說。」

「我們家都是有禮貌的人，我們家誰都不准這樣說。」從此龍龍再也不敢說髒話了。

只要家長的態度明確，讓男孩知道說髒話、不禮貌的行為都是錯誤的、不允許的，那麼即使是走出家門，他都會隨時注意言行。

事前多練習，事後勤表揚

在帶男孩外出前，家長應進行一次「特訓」，以減低孩子出現不禮貌行為的機率。例如，媽媽要帶男孩見一位朋友，在出發前，告訴男孩「待會兒會見到什麼人」、「要如何稱呼」以及「該說什麼」，讓他想像見面時的場景，然後先練習一下。

見了面，家長要為男孩留出一定的時間，等待他與朋友打招呼，而不是大人忙著說話。如果過了一分鐘男孩還是沒有向朋友打招呼，媽媽應該鼓勵孩子把先前練習過的話說出來。如果孩子因害羞而怯場，讓孩子點點頭、笑一下也可以。

回家後，媽媽記得要極力讚賞孩子今天所做的事。其實男孩很聰明，當他發現「嘴甜」可以讓大家開心，又可得到獎勵時，就會很樂意做這件事。

♂ 活潑：愉快地和朋友相處

我們常用「活潑好動」來形容男孩，但是很多「好動」的男孩，長大之後卻並不「活潑」，甚至常常不合群。

小飛就是一個不合群的男孩。在學校裡，凡是有團體活動，他寧可在旁邊看著大家玩也不參加；班上得到整潔比賽第一名，同學都興奮不已，他卻沒什麼反應；下課時，他總是獨來獨往，和同學難得講上一句話。

其實，這是性格孤僻的一種表現。這種性格的形成絕大部分與後天的成長環境有關——如果家長過度參與和保護孩子的課業、生活，孩子就會過於依賴，缺乏人際相處能力。隨著年齡增長，這種情況會日益嚴重，孩子也漸漸變成一個性格孤僻的人。

好動的男孩其實有強烈的人際交往需求，如果這種需求受到壓抑，他們不僅會因此感到孤獨，還有可能形成怨恨、苦惱、焦慮等消極情緒，對孩子的性格發展和身心健康都很不利。

我們都以為小孩子喜歡一起玩、喜歡交朋友是天性，但根據研究，不管孩子的性格是否外向，他們往往是在成人的引導下，才漸漸學會正確地與小夥伴相處。因此，如果你的男孩有不願意與他人接觸的問題也不必緊張，透過耐心引導和幫助，你的男孩一定會變得善於交際。

多替兒子製造與人接觸的機會

父母要盡可能製造機會讓孩子與人接觸，例如利用假日多帶孩子到公共場合玩或常帶孩子拜訪親戚朋友，也可以請孩子的同學到家中玩。藉由這些活動，有意識地增加孩子與人交談的機會，讓他感受到與人交往的快樂。

男孩很聰明，當他發現「嘴甜」可以讓大家開心，
又可得到獎勵時，就會很**樂意**做這件事。

另外，家長還可以讓男孩去買東西、到鄰居家借東西、送東西等。

引導兒子多說話

餐桌上是親子交流的好地方，家長可以引導男孩多說話，如「這個週末想去哪裡玩？」如果男孩沒有意見，你可以提出建議。不過，最好還是讓他說出自己的想法，不要把他放在旁觀者或附和者的位置上。

另外，睡前也是親子溝通的最佳時機。每天入睡前，可以和男孩共讀一本書，然後和他比賽看誰能把故事內容複述得最好，好的可以得到獎勵。也可以問男孩：「今天學校裡有什麼新鮮事嗎？」「今天在學校裡高興嗎？」孩子慢慢地講述，在不知不覺中培養了語言表達能力。

協助兒子克服害羞心理

根據研究，約有一一%到一五%的孩子有過度害羞的傾向。嚴肅的家長常常使害羞的孩子更加膽怯，並且還會出現說話結巴的現象。這時如果強行糾正，孩子的結巴會更嚴重。事實證明，責罵、諷刺、挖苦或嘮叨不僅對孩子沒有絲毫幫助，還會使他更加退縮，從害羞演變成嚴重的心理障礙。

怎樣才能讓男孩克服害羞心理呢？一位家長對他的兒子說：「有發言的機會一定要掌握。

如果你害羞的話，就把台下的人都當成你的玩具，你對玩具說話會害羞嗎？」

只要增加鍛鍊的機會，男孩就會漸漸不再害羞，進而主動與別人接觸。

教導交朋友的技巧

教導男孩掌握簡單的交友技巧，讓他體會到與朋友相處的樂趣，他就會變得活潑起來。

1. **保持愉快**：在孩子的世界裡，愉快的態度就像是對周圍人說「我喜歡你！」，是能夠交到更多朋友的祕訣。
2. **幫助別人**：以助人為樂的人總是有很多朋友，讓兒子練習隨時隨地多多幫助別人。當兒子幫助他人時，就等於是在跟對方說：「讓我們做朋友吧！」

謙虛：接受批評，努力進取

男孩的好勝心很強，又喜歡表現自己，因此當他們有點成就時，很容易產生驕傲的心理。

有些男孩因為考了一次好成績，就不再認真學習；有些男孩因為在班上擔任幹部便目中無人；有些男孩只想炫耀自己的才華，不願繼續磨練自己的能力。

驕傲是一種不良的心理狀態。驕傲自大的男孩會在自己的周圍立起一道無形的城牆，使心

當兒子幫助他人時，就等於
是在跟對方說：「**讓我們做朋友吧！**」

胸變得狹窄；驕傲自大的男孩只滿足於眼前的成績，看不到別人的優點；驕傲自大的男孩很難和別人相處，因為他們總是以高人一等的態度對待別人或指揮別人；驕傲自大的男孩情緒十分不穩定，遭遇失敗和挫折時容易變得自卑，覺得自己什麼都不如別人。

因此，當兒子產生驕傲自滿的情緒時，應該給予孩子積極的引導，使其心理健康發展。

讚美男孩要恰當

過度讚美常常會誤導男孩，使他們無法正確認識自己，誇大自己的優點，把別人看得一無是處；他們處於盲目的優越感之中，聽不進別人的善意批評，逐漸放鬆對自己的要求，表現也就不再那麼優秀了。

當男孩取得了一定的成績，家長要告訴他：「這確實是你自己努力的結果，但是不要忘記，這也包含了父母的培養、老師的教誨和同學的幫助。」讓男孩知道正確的態度是積極進取，而不是驕傲懈怠。

讚美孩子是一門學問。不合時宜的讚美會讓孩子產生驕傲的情緒，而恰當的讚美會讓他既對自己充滿信心，又繼續踏實地努力。

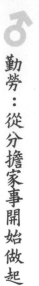

♂ 勤勞：從分擔家事開始做起

男孩並非天生就懶，造成男孩懶惰的原因，往往是因為家長太勤快（大多數是媽媽）。

舉例來說，男孩醒來後，心血來潮想要自己穿衣服，但是媽媽一邊把衣服套在他身上，一邊對他說：「寶貝，我來幫你穿吧，媽媽上班快遲到了。」有一天，男孩看媽媽掃地很好玩，便說：「媽媽，我想幫你掃地。」媽媽不耐煩地說：「去找爸爸玩，你只會越幫越忙。」男孩沒有發揮勤勞特質的環境，自然就養成懶惰的壞毛病了。

每個男孩都有很強的好奇心，對一切新鮮事物都躍躍欲試，例如掃地、洗碗等，如果父母經常加以制止，男孩對於勞動的積極性就會漸漸消失，認為家務是父母應該做的，父母伺候自己是應該的。即使隨著年齡的增長和教育程度的提高，他們慢慢明白，父母不讓自己做家務是出於對自己的愛，但懶惰的習慣已經養成，並非一朝一夕就能改。

只要男孩具備勤勞這種可貴的特質，人生就成功了一半。所以，家長一定要及時糾正孩子懶惰的惡習，培養勤奮的美德。

體驗勞動帶來的喜悅

當男孩主動想要幫忙時，家長千萬不可以潑冷水，應該熱情鼓勵孩子：「哇，你長大了，知道要幫媽媽做家事了！」「你自己把手帕洗得真乾淨！」

也許由於男孩手腳還不夠靈活，常常會出差錯，如桌子越擦越髒、地掃得亂七八糟等等。

過度讚美常常會誤導男孩，使他們無法正確認識自己，誇大自己的優點，把別人看得一無是處。

這時千萬不可對男孩發脾氣，一定要耐心地教導男孩做事的具體方法和技巧。

祥祥覺得媽媽拖地很好玩，便對媽媽說：「媽媽，我來幫妳拖吧？」媽媽覺得該讓兒子試著做些家務了，便笑著對他說：「你真是個好孩子。來，你拖吧，不過要小心點呀！」

祥祥很高興地拖起地來，雖然他很認真，但還是有很多地方沒拖乾淨。這時媽媽走過來對他說：「媽媽忘記告訴你了，拖把要多用水沖洗一下，才能把地拖得更乾淨。」

祥祥按照媽媽教他的方法，地板果然變乾淨了。這時媽媽仍然不忘鼓勵他：「我們家祥祥真的長大了，地板拖得好乾淨呀！」因為媽媽的鼓勵，祥祥經常樂意幫忙拖地。

誇獎往往比責罵更有力量。男孩遇到困難時，家長千萬不要簡單地對孩子說：「你自己想辦法吧！」或嚴厲地責怪孩子無能，這樣會讓孩子覺得自己很沒用，從而產生厭倦的情緒。

此外，當男孩有進步的時候，即使這個進步非常微小，也要鼓勵孩子，使他從勞動中體驗到快樂。

家長要適時「罷工」

如果男孩就是坐著不肯動，不聽父母的話怎麼辦呢？

五年級的阿倫很懶，不但不會幫媽媽做簡單的家務，甚至連自己的衣服、襪子都要媽媽幫他洗。媽媽對此很頭痛，決定要好好管教孩子。

一個週五的晚上，阿倫放學回來，媽媽鄭重地對他說：「你已經不是小孩子了，有些簡單的事情必須自己試著去做。媽媽今天不舒服，晚飯就靠你了。」說完，也不給孩子說話的機會，便回房間休息了。

阿倫這下不知如何是好，因為他從沒有自己做過飯。肚子餓得咕嚕咕嚕直叫，但是找遍了廚房連罐頭都沒有。沒辦法之下，他只得憑想像，按照媽媽平常做飯的經過，煮了米飯、做了最簡單的炒青菜。做完飯，他請媽媽來吃，媽媽看著不是很好看的飯菜，仍然很高興地誇獎阿倫：「好兒子，你會自己做飯了。恭喜你，你是大孩子了。」聽了媽媽的誇獎，阿倫不好意思地笑了。

家長最好每天安排一定份量的勞動讓孩子做，一般來說，小學生每天二十到四十分鐘，中學生每天三十到五十分鐘為宜，具體時間可以根據孩子的課業情況來調整。勞動的內容要根據孩子的實際情況決定，從簡單逐漸到複雜，不要一開始就要求孩子從事難度比較大的勞動，這樣孩子只會更加排斥。

當男孩掌握了家務技能時，試著讓他做一星期的一家之主，由他決定做什麼飯菜、負責採購等，這樣才能讓男孩真正體會父母平日的辛苦。

♂ 乾淨：建立成功的個人形象

很多男孩似乎天生不愛乾淨，常常是在媽媽三催四請下才肯洗澡，房間總是亂糟糟的像個

男孩掌握了家務技能時，
試著讓他做一星期的**一家之主**，
由他決定做什麼飯菜、負責採購等。

狗窩，甚至懶得刷牙、洗臉……

個人衛生看起來是一件微不足道的小事，卻反映出一個人的精神面貌，還會讓人對自己充滿自信。男孩長大後，需要擁有一個成功的個人形象，如果小時候不愛乾淨，那麼長大後勢必不會有一個好的形象，進而成為一個不受喜歡的人。

如果男孩不為道理所動、不為批評所動、不為懲罰所動，家長就要根據男孩的特點對症下藥了。

和兒子共同制定衛生守則

如果你的男孩不愛乾淨，可以和他共同制定「衛生守則」，例如不洗手就不能吃飯、不刷牙也不能吃飯、不洗澡就不能上床睡覺等。

當然，在規則執行前期，男孩會有許多反抗，這時家長一定要堅定立場、堅持原則，否則這個規則很容易就對他們失去作用。只要家長不屈服於男孩的耍賴、發脾氣、哭鬧，這些小傢伙無招可使，便會對訂立的那些規則深信不疑了。

請愛乾淨的女同學到家裡作客

小男孩很愛面子，尤其在同學、老師面前更是如此。想要幫男孩改掉不愛乾淨的壞毛病，最好的辦法是找個愛乾淨的小女孩來為他上一堂課。

小皓很不愛乾淨，每天放學回來，襪子總是亂丟，媽媽要他洗澡，他總是找各種理由推託。有天，媽媽心想，孩子雖然不聽家長的話，但也許會很在乎同學對他的看法，便決定邀請隔壁與小皓同班的靜靜來家裡作客。

小皓的媽媽請靜靜去參觀小皓的臥室，靜靜剛走進去，便馬上跑出來，並小聲對小皓媽媽說：「阿姨，小皓的房間好臭。」

小皓的媽媽說：「靜靜，妳的房間一定很乾淨，妳願不願意讓小皓去參觀一下，並把妳收拾房間的祕訣告訴小皓呀？」

「當然啊，小皓，走，去我家玩吧！」

小皓從靜靜家回來後，就像變了個人，不但把自己打理得很乾淨，房間也整潔多了。

讓醫生來治他的壞毛病

男孩每到一個新領域，最關注的事情就是誰是老大。在男孩心目中，醫生就是醫學方面的老大，因此醫生的話往往會比家長的話管用。

小剛因為不愛乾淨，經常拉肚子。有天爸爸帶他去看醫生，回來之後發現他竟然主動飯前洗手了。於是爸爸問他：「兒子，今天怎麼不用提醒就去洗手了？」

小剛認真地說：「因為醫生說飯前不洗手就會拉肚子，我不想拉肚子了，打針好痛呀！」

♂ 善良：對世界付出多一點關懷

善良是一種美德，對於一個人的成長具有很大的影響。因此，家長若希望自己的男孩長大後成為一個對社會有用、品德高尚的人，就要從小培養他們善良的品行。

讓兒子學會愛父母

不分男孩、女孩，要培養孩子的善良個性，必許讓他們從學會愛自己的父母開始。只有讓你的孩子學會愛你、體諒你，他才會用他善良的心去愛別人、體諒別人。所以，在日常生活中，父母在愛自己小孩的同時，還要學會向兒子索取愛。這樣一來，他才不會覺得父母對自己的愛是理所當然的。

教兒子愛護動植物

剛上一年級的東東和朋友在院子裡踢球，有人起鬨說：「誰能踢中王爺爺家屋簷下的燕子窩？」東東立刻大腳一踢，兩隻雛燕隨著球一起滾落地上。這時東東的爸爸正好看到，他把東東叫到一邊，嚴肅地說：「如果有一天爸爸媽媽找不到你，我們會怎麼樣，你又會怎樣？」

「爸爸媽媽會很著急，我會害怕。」東東認真地說。

「那兩隻燕子的爸爸媽媽找不到孩子會不會很著急？」

「會。」東東低下了頭。

爸爸接著說：「那兩隻小燕子，那麼小就摔到地上、找不到爸媽，牠們會不會害怕？」

「那怎麼辦呀？」東東很著急。

「你可以把牠們再送回家呀！」爸爸建議他。

「可是太高了……」東東看著那個高高的燕子窩。

「你可以請我幫忙呀。」

在爸爸的幫助下，東東終於把小燕子送回家了。

在男孩還小的時候，就要教他不可攀摘花草、欺負小動物，並且要告訴他動植物也是有生命的，人類要和它們和諧相處。

培養同情心與同理心

缺乏同情心的男孩只關心自己，無視別人的痛苦，甚至會把自己的歡樂建立在別人的痛苦之上。因此，家長一定要正確引導，從小培養孩子的同情心。

由於孩子年紀還小，也許體會不到別人的痛苦，這時家長只要巧妙引導孩子轉換看問題的角度，讓他想像自己受傷或摔倒時的痛苦，他就會同情別人了。

堅強：跌倒了，再爬起來！

很多父母往往在孩子成長的路上親手挖出各種溫柔的陷阱：過分溺愛、無條件服從、向孩子的要脅屈服。然而，沒有人一生都會成功順遂、不會經歷挫敗。每個人都有沮喪失落的時刻，你的寶貝兒子也不例外，他的考試可能會失利，他的要求可能得不到滿足，他的努力可能得不到回報，他的真情可能會被無情傷害……這些時刻，無論父母多麼愛孩子，也不可能代替他經歷失敗的痛苦。

一個人經歷的挫折越多，往往更加堅強、更有韌性。父母不可能陪伴孩子一生，因此，讓孩子盡早學會面對挫折，才是對他最有益的教育方式。在男孩還小的時候，就要盡早放開你的手，讓孩子經歷他們應該經歷的一切！並且告訴他：「跌倒了，自己勇敢地爬起來！」孩子才能以堅強的態度面對挫折，並以積極、樂觀的想法戰勝困難。

採取「挫折教育」

許多父母認為挫折會讓孩子感到痛苦和緊張，不應該讓孩子遭受太多的挫折。然而事實證明，這種觀念是極其錯誤的，一個人受點挫折，尤其是早期受一些挫折，很有好處——孩子從小知道什麼叫「失敗」，長大之後便能正確地看待失敗；孩子從小就在困難中摸索，長大之後才不會懼怕困難；孩子從小與挫折奮戰，會讓思維更活躍、應變更靈活、行動更敏捷。

挫折教育的目的是讓男孩學會面對困難並戰勝挫折，它的目的不只是讓孩子吃點苦、受點挫折，而是時時潛移默化地從各方面培養孩子的挫折耐受力，包括生存教育、社會教育、心理教育，也包括獨立、勇氣、意志及心理承受力等。

用「3C」鼓勵逆境中的兒子

在逆境中，很多男孩容易產生消極反應，往往會用垂頭喪氣、甚至逃避的方式回應逆境。這時家長必須鼓勵男孩走出逆境，例如孩子爬山怕高、怕摔跤時，就應該鼓勵孩子：「別怕，你行的！摔一跤算什麼？」「你真勇敢！」只要孩子一次次戰勝困難，就會越來越有勇氣，激起戰勝困難的鬥志，挫折耐受力也就培養起來了。

美國的兒童心理學家還有一個叫做「3C」的方法，來幫助孩子們度過困境：

1. **調整**（Control）：**指的是一種心理上、情緒上的調整，讓孩子認識到「困境並不等於絕境」**。例如，男孩在數學競賽中輸了，父母可以這樣調整孩子的心態：「我知道你心裡很難受，但你的其他比賽成績非常好呀。」

2. **挑戰**（Challenge）：**指的是給予孩子一種心理挑戰，讓他學會在不高興的事情中看到快樂的一面**。例如，家長可以繼續這樣安慰傷心的男孩：「一次比賽失利，心裡確實不好受，但媽媽知道你是一個上進的人，不管參加什麼比賽都很努力，相信你下次比賽一定

挫折教育的目的是讓男孩學會
面對困難並戰勝挫折，培養孩子的挫折耐受力。

會有好成績。」

3.承諾（Commitment）：指的是用承諾的方式讓孩子看到生活中更遠大的目的和意義。例如，家長可以這樣說：「你覺得成績不好讓媽媽很失望，但其實媽媽一直以你為榮。不管你考得如何，只要你認真準備了，媽媽都為你感到驕傲。」

藉由調整、挑戰和承諾，男孩的心理會產生一百八十度的大轉彎，由失落、傷心變為激動、充滿動力。事實上，家長鼓勵孩子克服困難和挫折的關鍵，就是對孩子的努力給予正確的評價，讓孩子能夠正確評價自己的行為和結果之間的關係。

對兒子的失敗「袖手旁觀」

對於孩子來說，沒有真正的「失敗」。但是，家長對待男孩失敗的態度，決定了他未來面對失敗的態度。

一個小男孩在一次期中考試沒考好，父母一看到他的成績單，先是一頓責罵，接著揚言：「下次要是再考不好，就不允許回家！」也許父母的打罵讓孩子下次考試取得了好成績，但這又說明什麼呢？孩子在打罵中又得到了什麼呢？事實上，除了對失敗的恐懼之外，還有更多消極的後果：討厭上學、叛逆心理……

而明智的父母是這樣對待孩子的失敗：

一位男孩的父親是一名優秀教師，談起如何對待孩子的失敗，他說：「兒子成績不好時，很多時候我會鼓勵他，但是更多時候我會袖手旁觀。因為只有讓他經受一點挫折，讓他學會自己從失敗走出來，他才會具備克服困難的韌性和耐力。」

有一次這個小男孩沒選上班長，覺得很沒面子，這位父親只對兒子說：「想當班長，就以自己的努力贏得同學們的認可。」

這個小男孩在這次「挫折教育」中受益匪淺，在日記中寫道：「這次競選失敗讓我看到了自己的缺點，以後我一定會努力做得更好……」

偶爾的「失敗」不是一件壞事，只有在失敗後再站起來的人才是真正的強者。因此，父母想要真正地幫孩子，不妨「袖手旁觀」，讓他在失敗中學習如何成功。

♂ 勇敢：面對再大的困難也不害怕

每個男孩都有英雄情結，希望自己能像變形金剛那樣保護弱小、拯救地球。但是很多男孩的表現卻與「英雄」恰恰相反，膽小、脆弱，甚至害怕打針。

事實上，孩子膽怯懦弱是很正常的，男孩也不例外。面對嚴厲的老師，男孩子會害怕；遇到某些奇怪的動物，男孩也會害怕……

首先，家長必須有一個正確的觀念：不要因為他是男孩子，就剝奪了他膽怯的權利。關鍵在於，面對孩子的膽怯和懦弱，家長是如何引導的？你是不是常常這樣嚇唬孩子：「你再爬那麼高，摔下來就沒命了！」你是不是在他遇到一點困難和挫折時，就立刻出手幫他「擺平」？

如果你的答案都是肯定的，那麼就不該責怪你的男孩膽小、懦弱，因為這是由你一手造成的——如果你經常嚇唬他，他就會認為任何事情都很可怕；如果你總是幫他擺平一切困難，日後遇到類似的問題，思考的惰性會促使他向你求救或是選擇退縮。

在孩子面前，你必須謹慎，也許正因你的一個表情、一個動作、一句話，便使他生活在膽怯和懦弱之中。

兒子不是弱者

一天，媽媽帶孩子去拔牙。孩子有點害怕，媽媽就安慰孩子：「別怕，媽媽會守在你的身邊。」一進診療室，孩子就大哭大鬧，抓住媽媽的手不肯放。這時，一位護士走過來對媽媽說：「請妳出去，離開妳的孩子！」

媽媽忐忑不安地在外面等著。不一會兒，孩子平靜地走了出來。媽媽急切地問：「痛嗎？你哭了嗎？」孩子說：「有點痛，但我沒有哭！」

護士解答了媽媽的疑問：「妳守在孩子的身邊，孩子感受到依靠，就會撒嬌、任性。我讓妳離開妳的孩子，是要促使孩子自己面對痛苦。孩子沒有了依靠，自然會丟掉幻想，用意志戰勝怯懦和疼痛。」

孩子並不像我們想像得那樣怯懦和脆弱。在他遭遇小小的痛苦時，請離開他，讓他獨自面對困難和痛苦，經受鍛鍊和考驗。只有這樣，他才能勇敢、堅強地面對人生中的任何困難。

讓兒子吃一點苦

一位家長描述自己如何讓兒子吃苦的心得：

兒子從小在奶奶家長大，奶奶很寵他，即使他犯了錯也捨不得罵。因此，現在只要我稍微念他，他就覺得委屈，眼淚立刻掉下來。

一天，吃早飯時，兒子先埋怨我煮的粥不好喝，接著又嫌我煎的蛋不夠鹹。面對兒子的挑剔，我沒有像往常一樣發脾氣，而是一本正經地對他說：「兒子，從今天開始我教你做飯，我們家三個人分工，我和你爸爸負責平日的飯菜，你負責週末兩天，好嗎？」

我真的開始教兒子做飯，他也學得很認真。有次炒菜時，他的手被一滴熱油濺到，我裝作沒看到，偷偷觀察兒子的表情。兒子的眼眶紅了，但是看著菜快焦了，還是繼續忙著翻炒。

飯後，我拿起兒子的手問：「痛嗎？怎麼沒哭呀？」兒子不好意思地低下頭，接著又仔細觀察我的手說：「媽媽，妳以後炒菜要小心點呀！」

從小沒有吃過苦的孩子，長大後一遇到困難，往往很容易被困難打倒，而且一旦失敗，便會覺得自己是世界上最痛苦的人。吃過苦的孩子則不同，在困難面前，他們往往表現得更勇敢，繼續樂觀地向前進。只有能吃苦的孩子，才能具備勇敢的性格，才能經得起更大的風浪。

第五章

讓你的男孩更具競爭力

如何讓你的男孩更傑出？如何讓你的男孩更優秀？如何讓你的男孩更具競爭力？學會思考，男孩才會成為一個有智慧的人；學會傾聽，男孩才會成為一個受到尊敬的人；擁有豐富的想像力，男孩才有快樂的人生；擁有良好的人際關係，男孩才更接近成功。只要男孩具備這些傑出的能力，就會成長為一個頂天立地的男子漢。

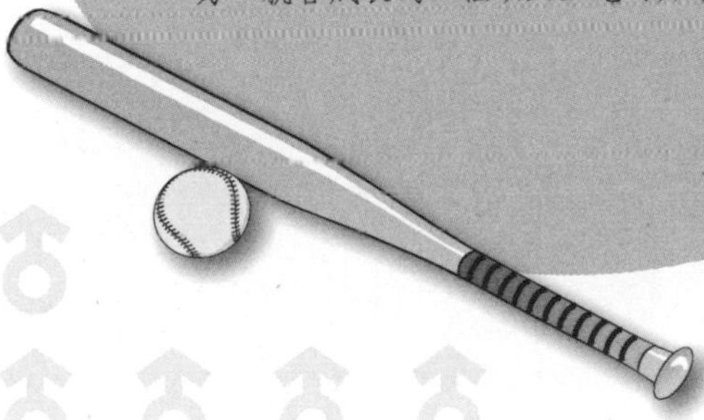

♂ 效率：將事情做得又快又好

大多數家有男孩的家庭中每天都會上演這樣的情景：早晨一起床，叫兒子趕快去刷牙，他會磨磨蹭蹭地說再等一下，叫兒子趕緊吃早餐，他卻要先玩一會兒玩具，任憑你叫破嗓子說要遲到了，兒子卻依然慢吞吞地穿鞋。難道男孩真的是天生的「慢郎中」嗎？

答案當然是否定的。首先，原因可能在於孩子缺乏時間觀念。小孩子愛磨蹭，通常是因為他們的時間概念比較模糊，不像成人知道如果盡快完成一件事會有什麼更好的結果，也不認為自己慢有什麼不好。這個狀況在幼稚園或小學低年級階段的男孩身上特別明顯。

其次，男孩的注意力很容易受到周圍環境的影響，旁邊有什麼好玩的事就會被吸引過去，讓他忘記原本在做的事。

此外，如果男孩對於所做的事情不感興趣、缺乏自信，往往也會影響他們的做事效率。

總有一天你的男孩會長大，如果做事沒有效率，就無法在競爭激烈的社會中立足。面對男孩缺乏效率的表現，家長不能掉以輕心，但是也不要表現出急躁的情緒。保持平和的心態，運用正確的方法引導你的男孩，就會看到他的轉變。

適度的緊張感，讓兒子更有效率！

男孩有很強的競爭心理，如果父母適度激發男孩的競爭心理，往往可以有效地幫助孩子提高做事效率。

一位家長曾這樣分享他的經驗：從兒子上幼稚園起，我就有意識地誘發他的競爭心理，讓他經常和朋友比速度、比勇敢、比仔細等等，讓孩子在競爭中逐步認識自己的能力，養成敏銳捕捉資訊並做出反應的思考力和行動力。

有時，適當增加生活的緊張氣息，不但能夠使男孩養成做事有效率的好習慣，也有助於獨立精神的培養。

讓兒子實際體會沒有效率的苦果

這天早上小猛慢吞吞地起床、穿衣服，爸爸沒有像往常一樣催促他，結果他遲到了，被老師罵了一頓。

放學回家後，小猛很難過。這時爸爸才告訴他：「平時不會遲到是因為有爸爸、媽媽替你著急、不斷催促你『快一點』！現在，你長大了，要學會安排時間，如果老是拖拖拉拉，不只是挨老師的罵，還會有更嚴重的後果。」之後，無論做什麼事，爸爸都不催促小猛了。

果然，吃了幾次苦頭之後，小猛的行動快多了。

小孩子做事慢吞吞，往往是由於他們不知道「慢」的結果是什麼。多讓孩子嘗幾次苦果，他自然而然就會加快自己的速度。

父母適度激發男孩的**競爭心理**，
可以有效地幫助孩子提高做事效率。

學會安排時間

男孩做事效率不高，往往是由於他們沒有時間觀念，所以家長應該教導男孩如何安排時間。在日常生活中，可以教孩子安排做事的先後順序、輕重緩急，讓他明白什麼時間應該做什麼事、什麼時間不應該做什麼事情，養成作息規律的好習慣，進而節省時間、提高效率。

但在男孩效率提高的同時，父母也要告訴他們，動作快不等於做事馬馬虎虎、敷衍了事，而是要把事情做得又快又好。

提醒兒子做事要有計畫，並嚴格督促他執行

對待馬虎、粗心、拖拉的男孩，制訂計畫是鍛鍊男孩做事既嚴謹又有效率的有效方式。

一天，小悠跟爸爸說：「爸爸，我週末想去遊樂園。」爸爸沒有直接說行或不行，而是問孩子：「你計畫好了嗎？想跟誰一起去？去什麼地方？怎麼去？」如果孩子說：「我還沒有計畫好。」爸爸就會說：「沒想好的事就不要說，如果你要去，就要計畫好。」

除了教導男孩做事之前要有計畫，還要監督他們嚴格執行，否則孩子還是會養成一再拖延的壞習慣。

子峰在媽媽的協助下訂出寫作業的計畫，每天晚上七點到七點四十做國語作業，並預習明天的功課；八點到八點四十做英語作業，並預習明天的功課；九點到九點四十做數學作業，並

預習明天的作業。但是，子峰很討厭英語，每天都會拖到很晚。有一天他不想做英語作業，便對媽媽說：「媽媽，我好想睡覺。」媽媽問：「英語作業做完了嗎？」子峰不正面回答，而是說：「我肚子痛。」媽媽說：「家裡有藥，我去拿。」最後子峰只好乖乖地把作業寫完。

在計畫、規定的執行過程中，小男孩總有數不清的理由和藉口與父母講條件，這時一定要堅持原則，不能隨意縱容。

傾聽：除了會說話也要會聆聽

許多父母都很苦惱，兒子的聽力好像不太好，總是聽不見、聽不到爸媽對他講話。其實，他們的「聽不到」是有原因的：

1. 他很專注，真的沒聽到：當男孩很專注地做一件事時，例如在看他最喜歡的卡通時，他的注意力以及全部精力幾乎都放在卡通上，他會忽視外界的一切聲音，甚至是父母正在和他講話。

2. 他正在想怎麼做：當男孩聽到家長的命令時，會有一個思考的過程，例如媽媽對他說：「請幫我把那個小板凳拿過來好嗎？」他會思考「是現在幫媽媽拿過去，還是等一下再幫媽媽拿呢？」在思考的過程中，他的身體不會有什麼反應，這時家長就會誤認為男孩沒聽到。

3. **他不愛聽裝作沒聽到：**男孩對父母比較有反叛心理，所以當父母講的話他不愛聽，父母吩咐的事情他不樂意去做時，就會裝作沒有聽到。

心理學研究顯示，越是善於傾聽他人意見的人，與他人關係就越融洽。因為傾聽是鼓勵對方談話的一種方式，能夠耐心傾聽對方的談話，等於告訴對方「你是一個值得我傾聽的人」，讓對方產生被尊重的感覺，加深彼此的感情，有利於人際交往。

此外，在談話過程中，任何人都不可能一直是說話的一方。要使交談雙方溝通無礙，就必須善於傾聽他人的談話。

男孩的溝通能力相較於女孩本來就比較弱，活潑的個性也不容易安靜下來，好好傾聽別人的話，因此要彌補男孩這個先天的不足，就得先讓男孩養成傾聽他人的習慣，這樣才能讓原本不善於溝通的他，擁有和別人良好互動的基礎。

我們也發現許多男孩非常善於表達自己，卻不會傾聽他人，甚至不願意聽取他人的建議和忠告。如何讓這些「聽力不好」的男孩，養成善於傾聽他人的好習慣呢？

父母要善於傾聽

孩子不認真傾聽他人是一種不尊重的表現，父母不認真傾聽孩子的心聲也是不尊重孩子。如果父母對孩子所說的話冷漠以待，孩子也不會把父母的話當一回事；如果孩子講話時，父母能放下報紙，看著孩子的眼睛，表現出傾聽的熱情，孩子往往也會成為一個很好的傾聽者。

因此，不論孩子提出的問題是大還是小，父母都要盡可能傾聽，而不是要孩子等你有了時間再說。**立即傾聽孩子說話，有助於贏得孩子的信任，更有助於培養孩子與人交往、傾聽他人的好習慣。**

父母要調整跟兒子說話的方式

對於比較叛逆的男孩來說，父母高高在上的姿態、命令的說話方式，往往會使他們充耳不聞。如果父母能夠把自己置於孩子的朋友這種角色，與孩子平等地交流、平等地對話，孩子反而願意傾聽父母的每一句話。例如：

不要說「每天都要我叫你起床，你到底起不起床？」

而要說「一個人應該對自己的行為負責，起不起床是自己的事，不應該讓別人來叫。」

不要說「我說的話你怎麼聽不進去呀？老是心不在焉。」

而要說「今天是不是精神不太好，要不要我再重複一遍，你再認真地聽一下？」

當傾聽成為一種習慣，孩子便會自然而然認真傾聽他人說話。

教導兒子傾聽的禮儀

男孩不能認真地傾聽，往往與他們不懂得如何去聽有關。只要教他們一些傾聽的禮儀，就

男孩不能認真地傾聽，
往往與他們**不懂得**如何去聽有關。

能幫助他們養成傾聽的好習慣。

1. 面帶微笑：傾聽時面帶微笑，不露出不耐煩；要讓對方感到輕鬆，而不是拘束。

2. 少評論、少說否定句：傾聽時不要挑對方的毛病，盡量避免使用否定式回答或評論式的回答，例如「不可能」、「我不同意」、「我不這樣想」、「我認為不該這樣」等等。應該站在對方的立場，努力理解對方說的每一句話，並可以重複他人的話。

3. 多聽少講：交談過程中要多聽少講，不隨意打斷他人的講話。

4. 善用肢體語言：運用眼神、表情等來表示自己在認真傾聽。盡可能以柔和的目光注視對方，並用點頭、微笑等方式及時對對方的談話做出反應；也可以不時用「是的」、「明白了」、「繼續說吧」、「對」等語言來表示自己在認真傾聽。

5. 注意對方反應：如果對方的談話不感興趣，可以委婉地轉換話題，比如「我想我們是不是可以談一下關於……的問題？」等等。

♂ 合作：創造「雙贏」的局面

在講究「雙贏」的現代社會，合作精神顯得特別重要。一個缺乏合作精神和合作能力的人，其職業生涯、人際關係以及愛情婚姻方面都會出現嚴重問題。因此，每個想要取得成功的人，都應該具備合作精神。

但現在的孩子多數是獨生子女，與同伴接觸與合作的機會很少，因此常常變得自私、缺乏愛心，沒有與他人合作的意識。這些霸道的小男孩常常會說：「這些玩具都是我的，你們都不准玩！」「我們班的小朋友都不好，我才不和他們玩呢！」「我一個人就能完成這個任務！」任性、自私、自大成了這些不懂合作的小男孩的代名詞。但是，在高速發展的現代社會，個人的力量很渺小，這樣的孩子長大後如何取得成功？

與他人合作不是一般意義上的人際交往，而是一種能力，同時還包含更多的技巧。而這些則需要家長在孩子小的時候，向他們灌輸合作意識，教他們如何與他人合作。

先讓兒子體驗一個人無法完成的挫折感

小男孩楓楓很聰明，成績也很好，但是每當老師要同學一起完成一項任務時，楓楓都露出不屑的表情。爸爸為了讓他明白與他人合作的重要性，和他做了一個有趣的試驗。

爸爸請楓楓說出每個手指的優點，楓楓迫不及待地說：「大拇指可以讚美別人，食指可以用來指東西，小指可以用來勾東西，中指可以……」他說完後，爸爸拿出裝滿彈珠的玻璃杯對他說：「用你認為最厲害的那根手指把彈珠從杯子裡拿出來！記住，只能用一根手指。」

楓楓覺得這個遊戲很有意思，但是無論他怎麼努力，都沒有辦法用一根指頭把彈珠拿出來，最後只能用無奈的眼神看著爸爸。

這時，爸爸對他說：「你可以邀請另一根手指與原來那根手指合作，一起來拿彈珠。」這

與他人合作是一種**能力**，
同時還包含更多的技巧。

次楓楓輕鬆地把所有彈珠都拿出來了。

看著楓楓高興的樣子，爸爸意味深長地對他說：「現在你應該明白了吧，一個人無論有多大的才能，總有無法獨力完成的事情，所以與他人合作非常重要。」

日常生活中有很多事情必須由兩人或兩人以上合作才能完成，父母可以利用這種機會，讓男孩體驗一個人無法完成的挫折感，從而讓他懂得與人合作的重要性。例如家裡的大床需要挪位置，父母可以讓男孩一個人先試試，當他搬不動時，就可以適時對孩子講解與人合作的重要性，然後與他一起搬動這張床。

再讓兒子體驗合作成功的樂趣

成功的合作可以讓孩子獲得良好的體驗，這種體驗能夠帶給孩子無窮的樂趣，進而促進孩子的合作意識和合作行為。

在一次親子教育講座中，小男孩思齊和媽媽被邀請去做一個小遊戲：老師在講台上放了三個啤酒瓶，每個酒瓶裡面放入兩個比瓶口略小的彈珠，這兩顆彈珠都用繩子拴住。然後，老師請三對母子分成三組，遊戲規則是每組母子每人抓住一條繩子，當老師喊開始的時候，必須在三秒鐘內將彈珠拉出來。

第一組的媽媽和兒子都想自己先拉出彈珠，兩人都拚命拉繩子，最後繩子被拉斷了，兩個彈珠還是留在酒瓶中。第二組的媽媽和兒子也都想自己先拉出彈珠，結果兩人沒有把彈珠拉出來，卻把酒瓶拉起來了。第三組是思齊和他的媽媽，他們在老師規定的三秒鐘內，一前一後地將兩個彈珠拉出酒瓶。

原來，在遊戲要開始的時候，媽媽對思齊說：「你先，媽媽後。」就這樣一前一後，母子都把彈珠輕鬆拉出來了。思齊非常興奮，當老師請他分享感受時，他說：「透過這個遊戲，我深深懂得合作是要透過討論方法，並共同體驗合作的樂趣。」

在日常生活中，父母可以為男孩設計諸如此類的合作競賽，讓孩子們盡力透過合作去完成任務。如果兒子一時沒有完成任務，父母也不要責怪他，而是應該趁機機會教育，讓愛競爭、重輸贏的男孩明白：雖然有些合作的結果是失敗的，但在合作過程中，參與者都盡了最大的努力，而且每個參與者都感到非常愉悅，這就是「成功的合作」。

家庭是培養兒子懂得分工合作最好的地方

家庭是孩子接觸時間最長的團體，培養孩子的合作精神當然要從家庭開始，而最有效的一種方法就是讓每個家庭成員都清楚自己的職責，然後「合作」做事。

週末，兄弟倆小威和小迪的父母要帶他們去爬山野餐。臨行前一天，一家四口分配了準備工作：媽媽負責去超市買食物，爸爸準備烤肉的爐子，九歲的小威負責所有餐具，十一歲的小迪負責準備調味料。

爸爸提醒他們要列出一張清單，檢查是否有遺漏，如果家裡不夠的物品可及時去買。小威

讓愛競爭、重輸贏的男孩明白合作過程中，
參與者都盡了最大的努力，都感到非常**愉悅**，
就是「成功的合作」。

很快就列出清單，請爸爸過目，隨後便開始準備；小迪卻跑去找鄰居的孩子玩。爸爸警告他要帶齊調味料，否則野餐不會好吃，小迪一邊往外跑一邊說：「放心吧，我會帶的，別擔心。」

爸爸不大相信兒子會準備齊全，想要自己來做，但轉念一想，應當給小迪一個鍛鍊的機會。小迪開心地玩到很晚才回來，到廚房裡忙了一會兒，拿出一袋瓶瓶罐罐，便回房睡了。

第二天一早，一家人高高興興上路。野炊開始了，大家問：「小迪，烤肉醬在哪裡？」小迪伸手到袋子裡找，卻怎麼也找不到。「我記得有從冰箱拿出來啊，怎麼會沒有？」小迪最終沒有找到，慚愧地低下了頭。

這樣的經驗會對男孩留下深刻印象——小迪知道由於自己的疏忽，不但影響了自己，也影響了別人，也許爸爸並沒有責怪他，但大家吃著沒有味道的食物的教訓比任何話語還有效，會更深刻體會到什麼叫做責任、與他人的合作有多重要。

♂ 專注力：好動的男孩也可以很專注

很多家有男孩的父母都遇過這樣的問題：孩子很聰明，但做起事來就是沒有耐心——積木玩不到幾分鐘，就去打電動；畫畫才學兩天，就扔下畫筆吵著要學鋼琴；才上了兩堂鋼琴課，卻說哥哥彈吉他很酷，想學吉他。看著孩子漫不經心、有頭無尾的樣子，每個家長都擔心孩子這樣下去將一事無成。

要改善男孩的這些壞毛病，家長不可只看問題的表面，還必須瞭解孩子本身的某些特性。**兒童心理學研究認為，人們集中注意力、抑制衝動的能力跟大腦前額葉的發育有關，而大腦要到二十多歲才會完全發育成熟。**

這也就是說，十幾歲以下的孩子大腦還處於發育階段，自然比較缺乏注意力。因此，小學階段的孩子讀書、寫作業二、三十分鐘，就起來動一動、做點別的事情，尤其對那些好動的男孩來說，是很正常的現象。如果家長期待孩子可以像大人一樣，連續一、兩個小時都專心做作業，他們會覺得難以達到要求，進而做出更多的小動作表達自己的不滿。

「專注」指的是在一定時間內高度集中注意力，而不是長時間地集中注意力。對於男孩來說，長時間集中注意力並不是一件好事。所以，對待停不下來的男孩，家長千萬不能採取強制措施，那樣只會讓你的男孩更想要與你對抗。

在規定的時間內完成作業

研究發現，不同年齡孩子的注意力集中時間是不一樣的，**五到十歲的孩子能集中注意力達二十分鐘；十到十二歲的孩子能集中二十五分鐘；十二歲以上的孩子可以集中半小時以上。**硬是讓一個十歲的孩子坐定六十分鐘專注完成作業幾乎是不可能的。因此，父母要根據男孩的年齡，用「作業」來培養孩子的專注，要求他在相應的時間內集中注意力完成作業。

如果孩子的作業量超出他們注意力集中時間，家長應該幫忙把作業分成幾個部分，讓孩子

根據男孩的年齡，用「**作業**」培養專注，
要求他在相應的時間內集中注意力完成作業。

一一完成。這樣不僅有利於集中孩子的注意力，還能使孩子的學習有緊有弛，提高學習效率。

研究還發現，開始學習的前幾分鐘，效率通常較低，隨後上升，十五分鐘後達到頂點。家長可根據這個規律，建議孩子先做一些較容易的抄寫作業定定心，接著在注意力最集中的時間做較複雜的思考性作業，如數學、自然。

每次只做好一件事情

在日常的學習、生活中，為了讓活潑的男孩養成專注的好習慣，家長可以故意分配許多工作給他，然後在他做得一塌糊塗的情況下，再告訴兒子：不管要寫的作業、要辦的事情有多少，想要達到最好的成果就必須「每次只想、只做一件事」。

不要剝奪玩樂的時間

愛玩是男孩的天性，如果這個需要沒有得到滿足，他們就不可能專注地做其他事情。因此，不可以剝奪男孩玩樂的時間，否則他會故意拖延，明明半小時能夠完成的功課，非要花一個半小時甚至兩個小時，對於孩子的學習以及習慣的培養都非常不利。

利用遊戲訓練注意力

注意力是可以訓練的，家長要懂得利用男孩子的好奇心，透過遊戲的方式來提高他的興趣。例如下列的「圈數字遊戲」，請孩子將4後面第二個數字圈起來。完成之後，可以準備兩張一樣的圖表（此時也可改題目：圈出6之後的第三個數字），與孩子一起比賽看誰快，當他們樂在其中時，注意力也會不知不覺地提升。

295413358778964312557968312549755123565

945641236346647596969524452596300255263

359156936982452365023665253622602369500

787943463216164620741852963596246897122

456879854254845855678457845784585478744

741849057695849284649221248749214159282

546879887892702346598727602485976278732

387807871729875787419986763543021512934

596760988763543251724327098765436789087

551223424221249563275621489632589631470

758582890709170960874756515629561545656

048657173279870907081728904217890135406

132152165213221324868974563541205206206

024895375684502189745123034658778965412

258965412301894531269870258930545105789

125420248521356779201021548105423635421

488457295752648984095969628599258559365

告訴兒子：不管要寫的作業、
要辦的事情有多少，
想要達到最好的成果就必須
「**每次只想、只做一件事**」。

♂ 創造力：從「破壞王」變成「發明家」

與女孩相比，男孩的探索欲更旺盛。他們具有超強的創造力，尤其在兒童時期，好奇心很強，對周圍新鮮的事物抱持濃厚的興趣，喜歡提問、喜歡追究，因此常出現諸如「打破砂鍋問到底」、「拆東西」、「自言自語玩遊戲」等言行舉止。對於男孩調皮、搗亂、破壞的天性，若是加以引導，保護他們最原始的創造力，使他們的天賦得以持續發展，他們就會對任何事物都充滿好奇；如果加以制止，將使他們對一切都不感興趣。

豪豪是個活潑、機靈的小男孩，對於他的好動傾向，爸爸媽媽只會大聲吼他：「你給我安靜一點！」想要買書時，父母則回答他：「不給你買，買了你也只翻兩頁就不看了。」再加上他的各種「破壞行為」，所以常常挨打。

在爸爸媽媽的教育下，豪豪終於變得聽話、懂事，再也不搞破壞了。只是，他好像對任何事情都不感興趣了。

其實，許多男孩的創造天賦往往就是在這樣的管教中喪失的。小男孩天性好奇、創造欲望強烈，但是也很在乎父母對他們的評價。

當男孩的「創作」遭到家長否定時，在大多數情況下他們會放棄繼續創作下去，而家長的這種做法往往也造就了這些小男孩容易放棄的個性。

父母不妨嘗試「延遲評價」的教育方法，即在孩子做完一件事情或說出一個想法之後，不要急於對孩子進行評價，做出結論，而是讓孩子處於一種自然發展的狀態。

這一點非常重要。如果孩子產生一個新的想法就遭到批評，那麼其餘的新想法就不會跟著出現，原本的想法也不會變得更深入。可能的做法如下：多對男孩說「有沒有更好的方法呢？」、「有沒有更好的想法呢」，往往會比一味地表揚更能激發他的創造力。

發現、鼓勵兒子的好奇心

好奇心是創造力的起點，對事物好奇，才會產生思考和探索。

孩子的好奇心如果受到肯定和鼓勵，便會繼續探索、思考和學習；要是受到壓抑，就會喪失自信心和探索的興趣。

有個幼稚園孩子在上課時總是做自己的事，大家在玩遊戲時他也獨自坐在角落玩積木。父母擔心他是否智能不足，可是老師經過一段時間觀察，發現他其實只是感興趣的事物與其他小孩不同。例如：他會關心到底是水泥地滑，還是打蠟地板滑？是水泥地摩擦力大，還是打蠟地板的摩擦力大？經過老師引導，他逐漸改變了不合群的個性，智力也得到了很好的發展。

創造要建立在現實之上

五歲的小鐘對畫畫很感興趣。有次他花了很多時間畫了一顆番茄，高興地拿著爸爸看。他畫的番茄是紫色的，形狀跟香蕉一樣。爸爸沒有說孩子畫得不像，而是先問：「兒子，

多對男孩說「**有沒有更好的方法呢？**」
往往會比一味地表揚更能激發他的創造力。

你畫的這是什麼呀？」

「爸爸，我最愛吃番茄了，我畫了一個番茄。」小男孩自豪地說。

「嗯，畫得很不錯。我們來看看真正的番茄長什麼樣，然後再來畫一個好嗎？」

「好啊，爸爸，我們一起畫。」

不隨便否定孩子，孩子的創造性潛能才得以發揮，但是創造必須建立在現實的基礎之上。所以這位父親沒有說兒子畫得不像，而是拿來真正的番茄，讓孩子在正確認識事物的基礎上再去創造。這一點對孩子來說很重要。

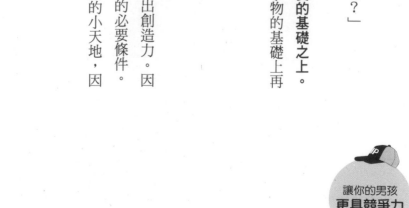

打造能讓兒子發揮創意的環境

孩子往往會在遊戲、繪畫、音樂或聽故事等活動中，因為心情愉快，迸發出創造力。因此，給孩子足夠的自由活動時間、地點和做各種嘗試的材料，是促進孩子創造力的必要條件。

如果條件許可的話，父母最好在家裡打造一個讓孩子自由遊戲、閱讀、活動的小天地，因為在遊戲中試驗、實踐、發現問題的過程，正是男孩學會思考的最佳時機。

♂ 想像力：想像比知識更重要

男孩天性好探索，而兒童期是孩子想像力最活躍的時期，幫助你的男孩打開思考的「枷鎖」，啟動他的想像力吧！

父母可以從孩子的最愛——玩遊戲開始，讓男孩天馬行空地創作主角（卡通人物混合真實人物）、場景（上天下海、飛天遁地）……

和孩子一起玩時，父母務必記得——讓男孩做遊戲的主人。孩子的想像力很豐富，但有時想法很跳躍、不著邊際，用成人的思考根本無法理解，父母一定要克制自己的「聰明」，只需耐心傾聽孩子的解釋，用「童心」激發孩子更多的想像，這樣才能讓他在自己的想像中玩得更盡興、更自主。

引導兒子驗證想法，讓想像力變成創造力

十歲的小沛一放學回家就高興地對爸爸說：「爸爸，今天我們學了空氣。原來空氣這麼神奇，沒有它，人類就沒辦法活下去。」

「是嗎？我怎麼看不到空氣呢？你能證明它的存在嗎？」爸爸說完便幫他準備了做實驗的杯子、塑膠袋、水等。小沛把塑膠袋往空中一揮，再拉緊袋口，不斷往裡捏緊，直到塑膠袋變得鼓鼓的，嘴裡還嚷著：「我抓住空氣了！」

然後，他將杯口朝下壓入水裡，可是空氣並沒有如他想像的從杯口冒出來，爸爸笑著提示他：「想像一下潛水員是怎麼呼吸的。」小沛眨了眨眼睛，讓杯子在水裡慢慢傾斜，終於有氣

在**遊戲中**試驗、實踐、發現問題的過程，正是男孩學會思考的最佳時機。

泡從水裡冒出來。他高興地對爸爸說：「爸爸，我把空氣倒出來了。」

孩子的思維是無邊無際的，當他學習新的知識，有了想法，家長就要鼓勵他動手實驗自己的想法。**在想法得到科學的驗證之後，他不但會有更多想像，還可以大大提高創造力。**

思考力：不斷地質疑才能成功

每個孩子剛出生時，智商基本上沒有太大區別。不同的是，男孩更擅長邏輯思考，會透過分析、判斷、推理去解決問題。每個男孩都愛發問，喜歡探索、創造，而這正是成功者的必備特質之一：喜歡質疑。

愛因斯坦在回答他為什麼如此出色時說：「我沒有什麼特別的才能，不過喜歡追根究柢地問問題罷了。」巴爾札克說：「打開一切科學的鑰匙，毫無異議的是問號，我們多數的偉大發現應歸功於『為什麼』，而生活的智慧或許就在於逢事都問『為什麼』。」

能夠提出問題，證明你的男孩在思考。所以，家長千萬不要認為孩子提出很難回答的問題是故意刁難，也不要出於保護自尊而拒絕回答孩子、甚至訓斥孩子。這樣會讓孩子迷信權威、不再思考。

鼓勵孩子有自己的想法並非讓他們變成不聽勸告、一意孤行的人，而是希望他們在面臨選擇時，保持頭腦清醒，自己思考和判斷，才能有效避免或減少成長過程中不必要的失敗。

其實，教育孩子的目的有兩個：一是掌握知識，二是發展思考能力。大多數父母只注意前者而忽略了後者，因此出現了許多學習成績好，但思考能力差的「高分低能」孩子。可見培養孩子廣闊、靈活、敏捷的思考能力，對於開拓孩子的智慧極為重要。

引導兒子獨立思考

獨立思考是認識問題、解決問題的主要方法。許多孩子在遇到問題時，總希望家長給他答案，如果父母有問必答，雖然解決了孩子當時的問題，但從長遠來說，孩子會養成依賴父母的習慣，遇到問題時不會自己尋找答案。

父母在面對孩子的問題時，要啟發孩子去想、分析、運用自己學過的知識和經驗，並透過翻查參考資料等方法，讓孩子自己尋找答案。這樣，孩子的思考能力才會提高，學到的知識也才是屬於他的。

隨時鼓勵兒子發表意見

有些男孩在發表自己的意見時，常常受到別人影響——他們容易受家長和老師的暗示而改變主意，或者動搖於各種見解之間，或者盲從附和。父母應如何改變孩子這種壞習慣呢？

首先要創造一個民主、和諧的家庭氛圍，孩子才能無所顧慮，暢所欲言。其次是鼓勵和引導孩子發表自己的意見。在男孩發表自己的意見時，哪怕是錯誤的，父母也應讓他說完，再給予恰當的指導。

一個小男孩對畫畫很感興趣，爸爸經常帶他去看畫展，並鼓勵他積極思考、發表自己對作品的看法。一次爸爸帶男孩去參觀畫展，但事先並沒有告訴他這是個人畫展。繞了一圈後，爸爸故意問他：「你覺得哪些畫風格比較好？」

「我覺得這好像是同一個人畫的，畫得都很好。」男孩有點疑惑地說。

「是嗎？你覺得好在哪裡？沒關係，儘管說。」爸爸仍不忘鼓勵兒子。

男孩說：「布局好，有氣魄、大膽，用筆也好。」

爸爸滿意地笑了。

一般情況下，孩子對於不是很有把握的答案，往往不敢說出口。這個男孩卻大膽地說出自己的見解，正是因為爸爸平時就鼓勵孩子積極思考。

培養兒子的判斷、推理能力

判斷、推理能力是思考能力中比較重要的部分，需要對事物的概念深刻理解才能進行。

要培養孩子的推理能力，可以在日常生活中讓孩子多做一些推理題目。

例如告訴孩子，媽媽的年齡比孩子大，奶奶的年齡比媽媽大，讓孩子自己得出結論：奶奶的年齡比我大；又如告訴孩子，我有一副太陽眼鏡，媽媽有一副太陽眼鏡，爸爸有一副太陽眼鏡，我家有爸爸、媽媽和我，讓孩子自己得出結論：我們家每人都有一副太陽眼鏡。

鼓勵兒子別怕提出奇怪問題

由於孩子思考不成熟或某方面知識的欠缺，提出的問題在成人看來往往很可笑。這時千萬不要嘲笑孩子幼稚，否則他們愛提問的天性就會慢慢消失。

五歲的兒子坐在凳子上看媽媽做包子，忽然想到什麼，問媽媽：「星星是從哪兒來的？」媽媽先是一愣，接著回答：「這個問題很有意思，你想想看。」兒子出神地注視著母親揉麵團的動作，看了好一陣子，高興地對媽媽說：「我知道星星是怎麼來的了，是用做月亮剩下的東西做的。」

媽媽聽了先是楞一下，然後激動地親了兒子：「寶貝，你的想像好棒啊！怎麼想到的？」**家長的鼓勵會使孩子的問題越來越多，因此，孩子能夠自己解決的問題，最好鼓勵孩子自己解決**。如果家長也無法回答，就要引導孩子進一步學習知識，自己尋求答案。

父母做榜樣：要善於提問

父母要善於向孩子提問，這樣可以給孩子一種示範，即「父母會經常提出一些問題，我也應該多問問題」。但是父母不要提出答案只有一個的「封閉性」問題，而應是能讓孩子自由發

在男孩發表自己的意見時，哪怕是錯誤的，父母也應**讓他說完**，再給予恰當的指導。

揮的「開放性」問題。

台灣學者陳龍安總結了發問的「十字訣」，對家長們教育孩子有很大的啟發：假、例、比、替、除、可、想、組、六、類。（此段落因男女孩教養方式差異不大，和《教出好女兒》p.117內容相同，但為維持建議完整性，還是保留文章。）

「假」：以「假如……」的方式和孩子玩問答遊戲。

「例」：多舉例。

「比」：比較東西與東西間的異同。

「替」：有什麼是可以替代的。

「除」：用「除了……還有……」這樣的公式啟發。

「可」：可能會怎麼樣。

「想」：想像各種情況。

「組」：把不同的東西組合在一起會如何。

「六」：就是「六何」檢討策略，即為何、何人、何時、何事、何處、如何。舉例來說，孩子要去郊遊，可和孩子討論請誰一起去？何時去？為何要去？到哪裡去？帶什麼去？問題越多元，孩子所受到的思考刺激越多。

「類」：類推各種可能。

父母們還可以與孩子比賽提問，透過競賽的形式，提高孩子提問的興趣，進而養成質疑的習慣。在向孩子提出問題時，內容要符合孩子的年齡和知識範圍，不能過難或過易，不然都會有損孩子思考的積極性。

讓兒子勇敢質疑權威

小旭放學回家後愁眉苦臉，經過爸爸的再三詢問，他才說出原因。

原來今天老師講解了一道數學，他確定有兩個答案，而老師卻漏掉了一個答案，而且他在另一本參考書上找到了證據。但是他沒有勇氣向老師說明，於是懷著鬱悶的心情回家。

爸爸聽了小旭的話，對他說：「你勇於懷疑，並且找到了正確答案，爸爸很佩服你。但是，你沒有告訴老師，這可不像個男子漢呀！」

小旭不好意思地說：「爸爸，我明天就把正確答案告訴老師。」

除了鼓勵男孩要有質疑權威的精神，同時還要鼓勵他有足夠的勇氣說出自己的想法。

常讓兒子作主，訓練他有主見

一位媽媽曾描述她如何培養兒子有自己的想法：

為了讓兒子對事情有自己的見解，我為他提供許多練習的機會，例如去買玩具時，我會告

鼓勵男孩要有**質疑權威**的精神，
同時還要鼓勵他有足夠的勇氣說出自己的想法。

訴他：「你今天可以買兩個玩具，價錢在兩百元之內。」他一會兒拿起一輛小汽車，一會兒拿起一個變形金剛，翻來覆去拿不定主意，便來問我：「媽媽，要買哪一個比較好？」

這時，我不會告訴他答案，而是說：「自己的事情自己決定，喜歡哪一個就買哪一個。」就這樣從買東西開始，兒子漸漸有了自己的想法。當我們母子的眼光出現差異時，他還會像個小專家對我說：「媽媽，我認為我選的這個比較好，因為……」

要培養男孩的思考能力，就應該提供他更多自己作主的機會。例如：

1. **讓他自己決定吃什麼：**在不影響飲食均衡的情況下，父母可以讓孩子自己選擇吃什麼。例如飯後吃水果時，不必強迫孩子今天吃蘋果、明天吃香蕉，而是讓孩子自己挑選。
2. **讓他自己決定穿什麼：**帶孩子外出時，在保證安全的前提下，可以讓孩子自己決定穿什麼衣服，切忌隨自己喜好而不顧孩子的感受。
3. **讓他自己決定玩什麼：**讓孩子自己選擇玩具和玩的方法，這樣可以滿足孩子的自主意識，幫助他成為一個有想法的人。

讓兒子學會對不合理說「不」

一位媽媽曾經在日記裡寫道：

兒子上學後，我告訴他，他已經是大孩子了，什麼事都要有自己的想法。同時告訴他，如果他對什麼事情感到不滿意，就要及時說出來，「我吃飽了，不想吃了」、「我不喜歡吃蘋果，我喜歡吃柳丁」。當然，他說得不對，我也會耐心指導他，告訴他怎樣才是正確的。

在日常生活中，父母要鼓勵男孩說出自己的想法，敢於對別人不合理的要求說「不」。因為一個不懂得拒絕別人的孩子，在別人眼裡永遠都是唯唯諾諾、沒有想法的。

♂ 領導力：機會是留給準備好的人

男孩都有很強的競爭心理，每接觸一個新的團體，最想知道的是「誰是老大」，然後會暗自努力，期待自己能夠取代或超越他。雖然如此，但領袖卻非天生，而是後天造就，主要取決於家長怎樣引導。

一天，小武看完西班牙鬥牛後說：「我長大了要當鬥牛士。」媽媽不屑一顧：「不能選擇危險職業。」小武任何不切實際的想法，都被媽媽打入冷宮。時間一長，他變得毫無主見。

領導者的共同特質，就是能勾畫出未來藍圖，並激勵大家和他一起完成。這個藍圖的前身，就是孩子的夢想。所以，當男孩說出自己的夢想時，家長不要因為它不切實際就隨意否定。如果媽媽聽了小武的夢想之後，這樣引導他：「一個出色的鬥牛士應該勇敢、堅強，為了實現夢想，你一定要越來越勇敢、堅強呀！」當他為了夢想真的變得勇敢和堅強時，就會離「老大」的位置越來越近。

另外，每個領導者都具備很強的探索力，而兒童時期往往是男孩一生中探索力最強的階

要培養男孩的思考能力，
就應該提供他更多**自己作主**的機會。

段，家長千萬不要關閉孩子探索的大門。

雨停了，小男孩在院子的小水窪裡測試他自製的「小輪船」，然後跟媽媽說：「我的小輪船在大海裡航行了！」媽媽看到他滿身泥漿，責備他說：「一張破紙漂在小水窪裡，就叫輪船在大海裡航行呀？看你衣服又弄髒了，快脫下來，我幫你洗！」

衣服上的泥漿可以洗掉，但孩子被打擊的印象卻會持續很久，也許再也不會研究他的「輪船」，更不會想像他駕駛著輪船在大海上航行，探索能力一點點消失，離領袖地位越來越遠……

給兒子積極、正面、具體的肯定

領導者都具有強烈的自信，即便知道自己有一定的失誤，也堅信自己是贏家。因此，家長要有意識地透過肯定來激發男孩的自信。

一次，小林與小朋友踢球輸了，原以為爸爸會嘲笑他太笨了，沒想到爸爸邊替他擦汗邊誇獎他：「你帶球過人的技術真棒，如果再加強射門練習，會踢得更好。」後來爸爸真的專門請老師幫小林進行射門訓練。現在，小林不僅是足球隊前鋒，還是社區裡的孩子王，一呼百應。

家長真誠的肯定和鼓勵，能幫助男孩培養領導能力。如果孩子某次成績沒考好，不要只是批評孩子，而是恰當地鼓勵孩子：「這次雖然考得不好，但是國語考得很棒。如果多在數學上下工夫，我相信你下次一定能進步兩名。」也許孩子下次考試時真的會進步好幾名，長此以往，他就會因為一點點的進步，越來越有自信和成就感。

引導「未來的領導者」積極思考

「推理、思考與判斷」是領導能力的重要體現。從小就會認真思考問題，並巧妙解決困難的孩子，更容易成為領導者。想讓男孩成為未來的領導者，就要引導孩子思考、解決問題。

四歲的小華想玩溜滑梯，但是腿很短，爬不上第一個台階。媽媽對他說：「想想看，找個小助手，是不是就可以爬上去了？」小男孩認真思索了一會兒，把小推車推到台階旁，先爬到車子裡，再爬上台階。

孩子的思考能力、動手解決問題的能力，往往就是在這些小事中一點點培養起來的。因此，**當男孩遇到困難時，家長應該考慮的並不是如何幫他們解決問題，而是「我的孩子思考了嗎？他有解決這個問題的能力嗎？」**

鼓勵兒子盡情表現自己

領導者應具備的基本能力之一，就是敢於表現自己、善於表現自己。而男孩往往有很強烈的表現欲望，家長可以協助男孩發揮「愛表現」特點，讓他努力表現以爭取領導者機會。

一位媽媽分享她的心得：

協助男孩**發揮「愛表現」特點**，
讓他努力表現以爭取領導者機會。

兒子一直想當班長，於是我鼓勵他：「老師提問題的時候，只要你積極思考，主動舉手回答，老師就會對你產生好感，對你能不能當選很有幫助。」過了幾天，兒子興奮地告訴我，老師選他當班長了。

我很高興兒子積極主動為自己爭取到了這個機會。他不僅上課積極回答問題，還向老師提出許多建議，例如在教室設立圖書區、自習課如何有效地維持紀律等等。

當上了班長後，他的積極更是一發不可收拾，每天帶領同學背誦課文，辦文藝活動，參加各種比賽、演講，結果還被選為模範生。

機會是留給準備好的人。要鼓勵男孩多表現自己，例如在班上多發言、回答老師的問題，主動和同學打招呼等。當他敢於表現自己、善於表現自己時，不論在班級上還是出社會後，都具備了領導者的基本素質。

♂ 自制力：情緒穩定，處事有方

小男孩的自我控制能力很差，禁不起玩具的誘惑，注意力很容易分散，很容易迷戀刺激的線上遊戲，做事虎頭蛇尾……值得慶幸的是，自我控制能力並非與生俱來，而是在後天的環境中，隨著孩子認知能力的發展和教育的影響而不斷形成。

男孩自我控制能力不好往往有兩種情況：

1.任性而為，不努力控制自己的行為。對於這種類型的男孩，要讓他明白自我控制的重要性，還要幫他建立「可、否」的標準，讓他瞭解什麼是可以做的、什麼是不可以做的，在他心中建立一個判斷是非好壞的標準。依照這個標準，孩子才能知道自己的行為是否正確，才能學會控制自我。

2.雖然主觀上想控制自己行為，甚至下過多次決心，但行動上仍不能控制自己的行為。例如他們明知道容易衝動、罵人是不好的行為，但是每當有這種衝動時，還是控制不住自己。

針對這種類型的孩子，一位爸爸找到了好方法。

一天，爸爸把經常發脾氣的兒子叫到一面牆壁前，對他說：「爸爸知道你脾氣不太好，這也不是你希望的。但是，罵人、打架、脾氣不好卻會影響到別人。從今天開始，你覺得自己要發火的時候，就在這面牆壁上貼個小圖。」說完給了孩子一疊貼紙。

一星期後，牆壁上果然貼了許多小圖。又一天晚上，爸爸指著牆壁對兒子說：「你看到自己的壞脾氣了嗎？」男孩不好意思地低下頭。爸爸說：「從現在開始，如果你一天不發脾氣，就從牆壁上撕下一個小圖。」

第一天，男孩忍不住還是發了脾氣。第二天，男孩發的脾氣小了一點。第三天，男孩竟然沒發脾氣。一個月後，牆壁上的小圖都被撕掉了。

晚上，父親又把孩子叫到牆壁前，對他說：「現在你已經學會了控制自己的脾氣，非常好。你看看，以前你發脾氣的小圖雖然被撕下了，但貼紙的痕跡卻還在。這表示你每次發完脾氣之後，都會對他人和自己帶來不可抹滅的傷害。」

任性而為，不努力控制自己的行為的男孩，
要讓他明白自我控制的重要性，
還要幫他**建立「可、否」的標準**。

男孩再次慚愧地低下頭。從此以後，他很少再發脾氣。

對善良的男孩來說，當他很難控制自己的情緒時，不妨找一件事情吸引他的注意力，難以控制的情緒就會減輕很多；當他認識到自己的行為對自己、對別人造成的危害時，就會有意識地慢慢控制自己的情緒。

當然，讓男孩學會自我控制並不是要孩子壓抑自我——當孩子受了委屈，家長應該鼓勵他們哭；當孩子受到表揚時，家長也要適當鼓勵他們，因為合理的情緒宣洩更能促進他們自我控制能力的提升。

父母也要自我控制做榜樣

心理學家在一所幼稚園做了一個試驗，把幼稚園孩子分為兩組，給其中一組看有關「自我控制能力」的影片，例如等媽媽來了再吃餅乾、公共場所不亂跑、參觀畫展時不亂摸等；另一組孩子則沒有看。觀察結果發現，看過影片的孩子比沒看的孩子自我控制能力強得多。

心理學家由此得出結論：孩子學會自我控制需要榜樣。

在日常生活中，如果媽媽一直在跟朋友打牌，孩子就會一直坐在電視機旁邊看電視邊寫作業；週末父母不起床，孩子就會跟著賴床；父母忙起來忘記收拾房間，孩子書桌上的課本、文具也會越堆越亂……所以，如果你是衝動、情緒不穩定、行動缺少自制的父母，必須先加強自制力，才能幫助孩子。

和兒子一起訂立規則

小田做事總是丟三落四、學習用品亂扔亂放、看電視沒完沒了、做作業馬馬虎虎，因此課業和生活都一團糟。

為了改正這些壞毛病，爸爸先找機會與兒子聊天。他對小田說：「生活中的一些小事，例如做事拖拖拉拉等小毛病，其實會造成很嚴重的後果。」

小田對爸爸說：「我也想改掉缺點，可就是控制不住自己。」

於是爸爸與小田討論，一起訂立了規則：每天只吃一支冰棒；每天只能看半小時卡通；做完一項功課，收好課本再做另一項；晚上九點三十分上床，背兩個單字後熄燈；每天打籃球一小時，自己洗運動服。

男孩在規則的幫助下，真的改掉了很多壞毛病，自我控制能力也大大增強。

如果你的男孩也有自我控制能力差的毛病，不妨為他訂立幾條規則。但在訂立規則時應注意，規則不在多，貴在堅持和切實執行。

威威和媽媽一起去姑姑家作客，吃飯時威威把湯弄灑了，馬上表現得很緊張，姑姑安慰他：「沒有關係，姑姑擦一擦就好了。來，嘗嘗我親手做的小點心。」

但是威威沒有吃小點心，而是一會兒看看媽媽，一會兒又看看小點心。原來，在威威與媽媽訂立的規則中，有這樣一條規定：亂灑、亂扔東西是浪費食物的表現，如果發生這種狀況，就不能吃點心。

姑姑看威威很可憐，便向媽媽求情：「孩子又不是故意的，妳就讓他吃吧？」然而媽媽堅決地說：「不可以，如果破例一次，這些規則對孩子就沒有約束力了。」

想讓孩子養成某種好習慣或是改掉某種壞習慣，讓孩子更快成長，家長一定要堅持原則。

♂ 自省力：回頭檢討就能往前邁進

一個人之所以能夠不斷進步，在於他能夠不斷地自我反省，找到自己的缺點或做得不好的地方，然後不斷改正，從而取得一次次成功。

男孩的自我反省能力似乎不是很強，有時會意識不到自己的錯誤，有時做錯事家長問他：「是不是你做的？」他會搖著頭說：「不是我。」

這與男孩的天性有關，一個小男孩與一個小女孩犯了同樣的錯誤，在家長的引導下，女孩會很快承認自己的錯誤，並為自己的行為道歉。小男孩則不同，他們接受自己犯錯的這個事實需要時間，只有他們完全接受做錯事這個事實後，才會主動承認錯誤。

善於自我反省的人，往往能夠發現自己的優點和缺點，發揮自己最大的潛能；不善於自我反省的人，則會一次又一次犯相同的錯誤，無法發揮自己的能力。

小秉和勳勳是從小一起長大的好朋友。三年級時，他們被分到同一個班級，兩個好強的小男孩都想當班長，老師卻只讓小秉當體育股長，讓勳勳當勞動股長。對此勳勳沒有抱怨，每天認真做好份內工作的同時，還會幫同學修理桌椅、幫值日生擦黑板，因此深得老師和同學們的好評，不久後就被選為班長。小秉則不同，他先是抱怨當體育股長很累，後來連份內工作都懶得做，結果連體育股長也當不成了。

現在像小秉這樣的男孩很多，總是抱怨自己功課不好、抱怨老師偏心、抱怨運氣不好，卻很少反省自己有什麼缺點？是不是有什麼做得不好的地方？

每個人都有缺點、每個人都會犯錯、每個人都有不如意的時候，如果只顧著抱怨他人或環境，就不可能認真做事，也就不可能成功。如果一個人願意不斷反省自己，尋找更好的方法彌補自己的缺點和失誤，成功就一定會到來。

事實證明，透過反省及時修正錯誤，不斷地調整自己的心態和做事方法，能夠促使孩子更快成長。所以孩子掌握了自我反省的能力，就等於掌握了成功的關鍵。

讓兒子學會坦然接受批評

每個孩子都喜歡受到表揚，不喜歡受到批評。但是，讓孩子學會坦然接受批評，將有利於塑造他完整的人格，對於他的成長大有益處。

當孩子做錯事時，家長批評孩子有幾個重點：

1. **千萬不要損傷他的自尊心。**因為孩子做錯事之後往往會處於悔恨的情緒中，不知所措，此時應先對孩子做得好的部分給予肯定，再指出做得不對的地方，讓孩子知道家長不是

男孩接受自己犯錯**需要時間**，
只有完全接受事實後，才會主動承認錯誤。

只盯著他的錯處。

2.只談眼前發生的錯誤，不翻舊帳。批評男孩時，父母不能老是記著孩子以前不好的地方，讓孩子覺得永遠無法在父母面前翻身。

3.要允許孩子提出解釋。如果只是強硬地要求孩子改正錯誤，但孩子心裡有很大的委屈，就會表面上假裝認錯，但實際上並不服氣。

4.盡可能增加與孩子的身體接觸。例如可以摟著他的肩膀說話，或是拉著他的手講道理，這樣更容易讓他們接受。

兒子要能自己承擔做錯事的後果

許多家長會在男孩做錯事後為他們承擔後果，例如孩子遲到了，媽媽會向老師道歉：「不好意思，我起床晚了。」這不僅會讓男孩喪失責任心，更會使他不懂得反省自己的錯誤。因此，明智的父母應該讓孩子自己承擔做錯事的後果。

一個男孩為了週末多睡一會兒，就把鬧鈴時間調慢一個小時，星期天晚上睡覺前卻忘了調回來。週一早上，上課時間快到了，媽媽發現兒子還在睡覺，再看看他的鬧鐘，馬上明白是怎麼回事，但是她沒有叫醒兒子。當男孩像平常一樣背著書包來到學校時，發現同學們已經上完一節課了。結果可想而知，他被老師狠狠罵了一頓。

回到家後，心情沮喪的男孩埋怨媽媽沒有叫他起床，這位聰明的媽媽卻對兒子說：「你睡覺前為什麼不把鬧鐘調好？你總習慣別人提醒你做你份內的事，但沒有人可以一輩子提醒你。你要學會自己提醒自己，做錯事之後反省自己的錯誤！」

孩子們總是習慣別人提醒他做這做那，但正如那位媽媽說的：沒有人可以一輩子提醒他。因此，只有讓男孩養成不斷提醒自己、不斷反省自己的好習慣，他才能更快成長。

引導兒子吸取失敗的教訓

很多男孩做事比較衝動，不考慮後果，因此往往以失敗收場。此時父母就要教導孩子如何吸取失敗的教訓，因為這也是對自我行為的一種反省。

一次，爸爸帶男孩去商店。男孩看到一把非常漂亮的手槍，還有五顏六色的子彈，他非常喜歡，就吵著要爸爸買下來。爸爸看了看那把手槍，對兒子說：「這把玩具手槍做得不好，很容易摔壞，我們再看看別的好不好？」

男孩不聽，執意要買。爸爸想了想，對他說：「我可以答應你，但你要保證買了這把手槍之後兩個月內不許買別的玩具，否則我就不買。」

男孩高興地答應了。買了之後卻發現並沒有他想像的那麼好玩，而且有一次不小心把手槍摔到地上，連子彈也不能發射了。看著別的小朋友玩著結實而耐用的玩具，男孩非常沮喪。

聰明的父親看出男孩的想法，對他說：「別再為錯誤的選擇而後悔了。你需要做的是吸取這次失敗的經驗，學會自我反省，下次知道該怎麼做就可以了。」

讓男孩養成不斷**提醒**自己、
不斷**反省**自己的好習慣，他才能更快成長。

男孩聽了爸爸的話，把手槍掛在自己房間的牆上，讓它時刻提醒自己別再任性。

當孩子感到自責時，表示他已經意識到了自己的錯誤，這時家長應該開導他們，告訴他們痛苦與自責並沒有用，解決問題最好的方法是從失敗和錯誤中吸取教訓，反省自我，確保下次不再犯同樣的錯誤。

自我管理能力：管好自己才能管好世界

男孩的生活、學習常常一團糟，大清早剛起床會對著你的房間大喊：「我的襪子呢？媽媽快幫我找，快遲到了。」還不到月底就會低著頭不好意思地對你說：「爸，我的零用錢又花完了，再給我一點嘛！」為了應付隔天的考試會熬夜到凌晨兩點多……

這些情況往往令家長們很頭痛，其實解決的方法很簡單，就是讓孩子學會自我管理，對自己要做的事情有準備、有方法、有步驟。做事有計畫對於一個人來說，不僅是一種做事的習慣，更重要的是反映了他的做事態度，是否能成功的重要因素。

男孩的問題通常不在於智力，而是在於管理，自我管理是一切能力的基礎。如果連自己也管不好，就更別提其他諸如領導、合作等能力的培養了。

當一個孩子擁有了自我管理能力，父母不僅不用再擔心他的學習和生活，往往也不用再操心他的前途。因為具備自我管理能力的孩子，已經邁出了成功的第一步，接下來的道路也會因為這種能力而越走越順。

只要孩子從小養成自己的事情自己做、自己的東西自己管、自己的生活自己安排等習慣，就能培養行動的獨立性、目的性和計畫性，對於孩子今後生活的幸福和成功有很大的幫助。

隨著孩子的自我意識增強，他們會越來越想要獨立、自我管理。但對比較叛逆的男孩來說，「自我管理」常常淪為他們按照自己的想法去玩、去闖禍的理由。因此，一定要讓孩子從小瞭解什麼是真正的自我管理。

管理自己的生活與課業是份內的事

有些家長認為男孩不會照顧自己也沒關係，因為總有一個女人會照顧他——小的時候有母親，成家之後有老婆。但是，如果孩子連自己的生活都管不好，又如何管好自己的課業和工作呢？所以，想讓男孩子盡快成長，就應該放手讓他學會照顧自己生活的能力。

舉例來說，可以要求孩子自己把玩具放進櫃子裡、自己收拾書包等。久而久之，孩子就能形成良好的自我管理習慣。

除了生活，孩子面臨最多的問題就是管理自己的課業。男孩不像女孩那麼有條理，他們的書包通常亂得找不到東西，書本破破爛爛，因此，很多家長只好每天幫忙整理書包、把課本訂上厚厚的封面。

事實上，孩子形成這種毛病主要原因就是家長包辦一切，未能培養孩子自我管理的能力。

男孩的問題通常不在於智力，而是在於管理，
自我管理是一切能力的基礎。

所以，在學齡前就要讓男孩學會自己整理圖書、玩具，收拾書包和生活用品，以培養孩子自我管理的能力。

還要注意的是，當課業與其他方面（自己的興趣或當幹部的責任）發生衝突時，孩子也應學會正確處理的方法。父母應該和孩子共同討論出一個既不耽誤學習，又能做好份內工作的方法。

讓兒子養成每天自我檢討的習慣

「每天反省」是很必要的習慣，能讓孩子發現自己的遺漏，清楚自己的得失。

一位家長介紹了他的方法：

每天晚上睡覺前，我都會和兒子聊十分鐘：「兒子，你今天完成計畫了嗎？」「你今天有進步嗎？」「今天有什麼特別的體會嗎？」引導他為每天的生活做總結，長此以往，每天睡前十分鐘的總結成了孩子的固定模式。

另外，還有一位家長認為「讓孩子寫日記也是一個不錯的方法」。只要孩子能夠把每日計畫的制定、實施情況、心得體會都詳細記錄下來，就能養成不停檢視生活的習慣。

和兒子演練保護自己的動作

隨著男孩年齡增長，面臨的誘惑也會隨之增加。父母要教導他們分辨，不讓網站、報紙、雜誌、電影、書籍等媒體所刊載的不健康內容腐蝕孩子的心靈。

社會上有一些不法分子專門誘惑孩子踏入歧途，例如向孩子兜售搖頭丸、迷幻藥等毒品，或是趁孩子單獨行動時，以認識孩子父母或親友、帶孩子出去玩等理由拐騙孩子。對此，家長要教育孩子在遇到這類事情時，一定動腦想一想，絕不能跟陌生人到任何地方去；如果是認識的人也要先回家告訴爸爸媽媽，如果有人強制做什麼就大聲呼救。

對於水災、火災、地震、觸電、溺水、車禍、迷路、遇上壞人等事件，要讓孩子知道火警要打「119」、報案要打「110」等等，最重要的是記住父母的手機號碼。

人際相處能力：好人緣是邁向成功的資本

卡內基說過，一個人的成功，專業知識占了一五％，人際相處能力則占了八五％。

是否具有與人和諧相處的能力，對孩子的一生有著重大的影響。在家，孩子要和家裡的每一位成員相處；在學校，他要和老師、同學相處；將來工作，他要和上司、同事相處，而這些關係的好壞將決定孩子的心情、精神狀態以及做一切事情的積極性。進一步來說，這將決定他的人緣，進而決定他的發展、前途，甚至是命運。

一位老闆在招聘業務人員時說：「我對員工的首要要求不是學歷、文憑，而是他與人相處的能力。一個知識再豐富、學歷再高的人，不能與人融洽相處，他在一個企業也不會待太長的

「**每天反省**」是很必要的習慣，
 能讓孩子發現自己的遺漏，清楚自己的得失。

時間，這對企業來說是損失，對他自己來說是更大的損失。」

與人相處的能力雖和孩子的性格有關，但並不是性格內向的孩子就無法與人相處，因為這種能力是可以培養的。家長應該讓孩子從小就學著體諒他人、尊重他人、與他人分享，並學會感恩。

另外，處在學習知識、瞭解社會、探索人生時期的男孩，與同齡夥伴交往並建立友誼是正常的心理需求。這時，在不偏離正常軌道的前提下，父母不要給他們太多限制，例如「不可以和成績不好的同學來往」、「他總是髒兮兮的，不要去他家玩」。這些限制會使男孩過於世俗、功利，或是引起他的不滿，激發他的叛逆，甚至讓他形成孤僻、抑鬱、偏執等心理障礙。

小時候會主動跟別人打招呼的男孩，長大後往往懂得如何與陌生人成為朋友；小時候人緣好的男孩，長大後往往會有很多生活、事業上的好幫手。那麼，應該如何培養男孩的人際相處能力呢？

讓兒子學會「推銷自己」

耿舟是個快樂的小男孩，不管到哪裡都會認識很多好朋友。今天幼稚園來了一個新朋友，自由活動時，耿舟拿著自己的恐龍百科到他身邊，用愉悅的表情對他說：「我叫耿舟，我很會講故事，我來講恐龍的故事給你聽吧。」不一會兒，耿舟便與新來的小朋友成了好朋友。

「推銷自己」是成功地與他人交往的前提，因為敢於推銷自我的孩子一定認識到了自己的

優點、別人的需要。讓孩子學會推銷自己，等於是賦予孩子自信、樂觀的性格，大家都會樂意和他交朋友。

讓兒子學會主動說「讓我們做朋友吧！」

當孩子學會說「讓我們做朋友吧」，就掌握了人際交往的主動權，展現一種樂於交朋友、以交友為樂的姿態。而這種姿態往往有很多的表達方式。

請別人分享他們感興趣的事，是一種與他人交朋友、表現友好的方式，也是與人相處融洽的一個技巧。可以告訴你的男孩，與別人談話時要少說自己、多問問對方的情況，請對方分享一下他的興趣、他最難忘的經歷等。

讓兒子多參加團體活動

父母應讓男孩多參加團體活動，讓自己融入群體生活，多做點事、少指揮人，因為如果一個人自己不做事，卻喜歡指揮別人，別人就會對他產生反感。當別人遇到困難時要主動幫助，這樣才能贏得更多友誼。如果有些同學對自己態度冷淡，也不必介意。

父母還應鼓勵孩子參加各種體育活動，這是一種直接與人正面接觸和競爭的群體活動，不但需要智慧和力量，也需要膽量。膽量正是人際相處必須具備的一種要素。孩子一旦愛上體育，就會主動尋找對手，這種尋找就是交際；而合適的對手，往往就是具有深厚友誼的夥伴。

鼓勵兒子帶同學回家玩

父母要鼓勵孩子帶同學回家，並且幫助孩子招待客人，父母的熱心會讓孩子的同學和朋友增加對他的好感，從而願意與他保持良好的關係。

讓孩子獨自到同學或鄰居家串門子，也是一個鍛鍊孩子交際能力的不錯機會，因為會牽涉到寒暄、問候、交談和有關禮物等問題。家裡來了客人，有時不妨讓孩子出面接待，特別是當客人或朋友與孩子年齡相仿時。

值得注意的是，父母不要規定孩子交什麼類型的朋友，應該鼓勵男孩結交一些不同年齡、性格，特長也相異的朋友。例如，孩子結交了善於寫作、繪畫或音樂的朋友，就等於找到了一位好老師，孩子在這方面的才能也會得到提升。

教兒子多體諒他人

很多家長都會盡量滿足孩子的一切要求，即使再累也會在孩子面前強裝精神抖擻的樣子。但這樣的孩子往往從小就不會體諒父母，長大後更不會體諒他人。

要讓孩子學會體諒他人，就要把孩子當作家庭中獨立的一員。每個家庭成員都要對家庭負責，為家庭作出貢獻，孩子也不例外。父母要放手讓孩子做一切他能做的事情。如果孩子從小無法體驗勞動的辛苦，就更無法體諒父母的辛勞。

教兒子尊重他人

尊重他人並不僅僅是有禮貌，也是與人相處最基本的原則。但現在有很多男孩經常會有一些不尊重別人的行為，例如見到別人陷入困境會加以嘲笑，看到別人倒楣會幸災樂禍。

其實男孩這樣做，有時是因為想看熱鬧、好奇，有時是想開個玩笑，有時則只是盲目地跟著別的孩子做。他們不理解這樣做是不尊重別人，甚至會傷害別人。

出現這種情況時，父母要先平靜地問問孩子為什麼要這樣做，然後指出這樣做的壞處，讓孩子設身處地體會到不受尊重的感覺，讓孩子知道尊重別人的人才會受到尊重。

教兒子常與他人分享

攻擊性、占有欲很強的男孩常常會搶別人的玩具、好吃的東西，卻往往不願意與他人分享自己的好東西。但家長只要正確引導，就會讓這些有點自私和霸道的男孩很樂意與他人分享，並從中體會到樂趣。

在餐桌上，父母可讓他學著幫長輩夾菜，讓座給客人；鄰居的孩子到家裡玩，讓孩子主動拿出玩具和客人玩……在這種教育中長大的男孩會體貼他人、同情並幫助他人，必定會成為人際高手。

教兒子不忘感謝他人

一個不懂得感恩的孩子，會把別人對他的好都視為理所當然，不可能獲得好人緣。

父母給予了孩子生命，養育他長大成人，是孩子最應該感激的人。但如果孩子很小的時候父母不給他灌輸這種想法，他就不會懂得感謝父母。因此，父母在向孩子無私奉獻的同時，也要讓孩子學會感恩。只有學會感恩，孩子的人緣才會越來越好，路才會越走越寬。

♂ 世界觀：擁有國際化的視野

隨著國際交流日趨密切，越來越多父母明白，在新世紀背景下成長的孩子將面臨越來越激烈的國際競爭，想要讓他立於不敗之地，必須對異國文化和歷史擁有全面、深入、準確的瞭解。很多教育專家也指出，只有讓下一代學會理解不同政治制度、文化背景和宗教信仰的民族，才能與他們和平共處，從而擁有更大的生存空間。我們應該立足現在的生活，對未來社會的發展、未來的世界，有更深遠的認識，並積極做好適應的準備。

因此，積極培養男孩的世界觀，是刻不容緩的一項教育重任。對於男孩來說，他們在未來能取得多大的成就、能有多大的作為，很大程度上取決於他是否具有國際化的視野。

除了讓孩子學好外語或是出國留學外，還有什麼其他更簡單便捷的教育方式，可以讓男孩從小就成為世界公民，具有世界觀呢？（此章節因男女孩教養方式差異不大，和《教出好女兒》p.202-204內容相近，但為維持建議完整性，還是保留文章。）

在家中掛一幅世界地圖、買個地球儀給孩子

在家中掛一幅世界地圖吧！地球儀也是個不錯的選擇。這個方法看似很簡單，卻是讓孩子隨時瞭解世界各國的最好方法。

生活中，也可找出和其他國家接觸的痕跡，例如：每吃過一種異國料理；或看到某國家影片；或電視新聞、節目上提到的國家；或新買的玩具上印有「○○製造」字樣……都可以在地圖、地球儀上找找那個國家的位置。

如果孩子喜歡繪畫，還可以鼓勵孩子畫地圖，這是教導孩子從小就胸懷世界最好的方法。當孩子的畫筆慢慢伸展，也就熟悉了不同的國家。

學好外語的基礎是學習外國文化

學習外語是熟悉世界的一條途徑，但是學習外語的時候如果忽略背後的文化，只注重背單字、練發音，就很難學得好。任何一門語言都起源於一種相應的文化，只有讓男孩從小接觸不同的文化歷史、不同的風俗習慣，他才更能掌握這個國家的語言，進而具有世界觀。

認識世界從閱讀開始

孩子小的時候，父母可陪孩子閱讀各國的童話故事。隨著孩子年齡增長，可以讓孩子開始閱讀《國家地理雜誌》等刊物。這類書籍不僅內容豐富有趣，而且圖文並茂，是引發孩子對世界產生強烈嚮往的最好媒介。

與兒子一起上網

電腦的普及拉近世界各國的距離，因此父母可以定期抽出時間，與孩子一起上網瀏覽，透過網路瞭解各國的風土人情，並對世界各地發生的重大事件有所掌握。

如果孩子的外語不錯，可以引導他上一些國外的網站，除了可以培養孩子多元的思維，還可以輔助他學習外語。

第六章

培養男孩正確的理財觀念

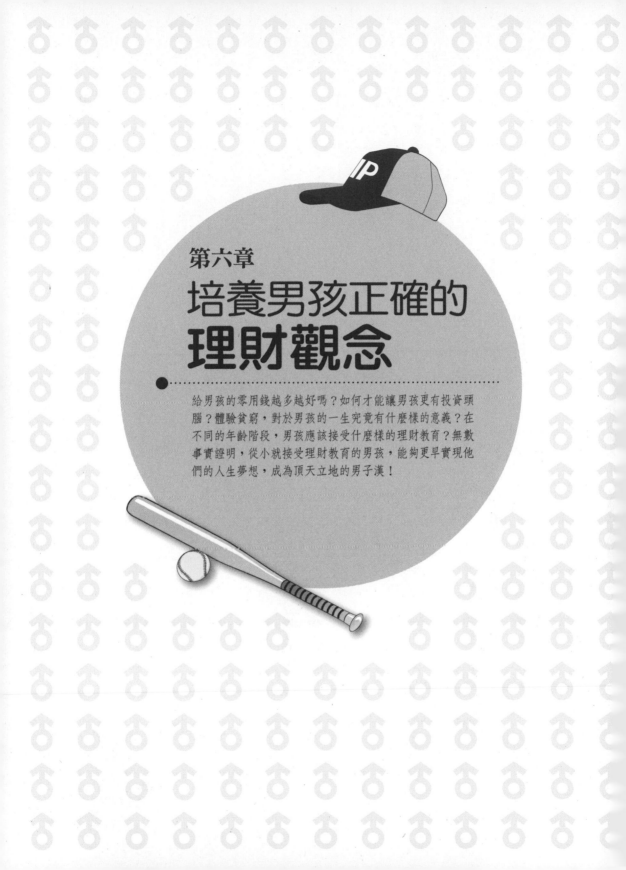

給男孩的零用錢越多越好嗎？如何才能讓男孩更有投資頭腦？體驗貧窮，對於男孩的一生究竟有什麼樣的意義？在不同的年齡階段，男孩應該接受什麼樣的理財教育？無數事實證明，從小就接受理財教育的男孩，能夠更早實現他們的人生夢想，成為頂天立地的男子漢！

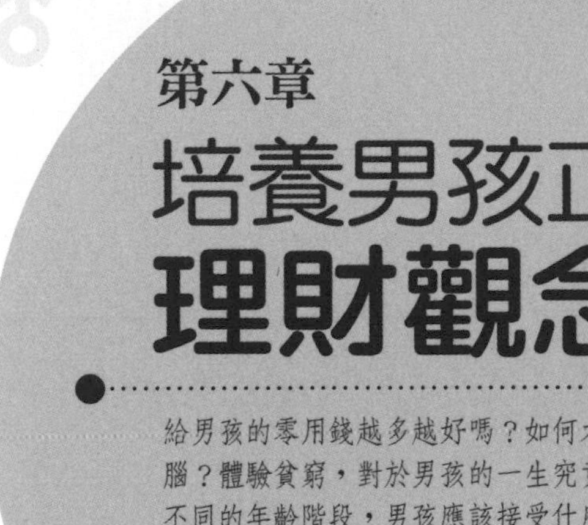

男孩要「窮著養」：讓他深刻瞭解金錢的意義

有句話說：「男人有錢就變壞。」我們當然不能一概而論，但無數事實卻證明：太多錢對男人而言並不一定是好事。

在教育男孩方面，這個結論同樣適用。男孩有很強烈的占有欲望，他們喜歡新式玩具槍、喜歡大大小小的模型、喜歡上網……再加上天生體內睪固酮過多，自制力又差，如果拿到太多零用錢，很容易動不動就跑去買玩具、去網咖打電動。

很多父母都認為「兒子要的，我一定買」，是對兒子的愛。可是這種太過富足的愛，會讓男孩養成隨意花錢的習慣，對於「貧窮」和「富有」毫無概念，認為父母為自己花錢是應該的。有的男孩因為父母不能滿足他們的小小要求，就懷恨在心；有的父母縮衣節食讓孩子吃好穿好讀名校，孩子卻對學習心不在焉，對父母教誨也充耳不聞……諸如此類的例子屢見不鮮。

因此，家長要有這樣一種觀念：男孩要「窮著養」。

沒有太多零用錢，男孩就不會養成隨便花錢的壞習慣；沒有太多零用錢，男孩就比較不容易接觸暴力遊戲、賭博、毒品；零用錢適量，男孩還有可能學會節儉、控制自己的欲望、有計畫地花錢……

所謂「窮著養」，包含的並不僅是金錢的意義。「窮」能鍛鍊男孩更多優秀的特質，例如堅韌、剛強、樂觀、積極思考……而「故意讓孩子吃苦」就是「窮著養」的重要方法之一。

縱觀古今中外的成功人士，大多都具備能吃苦的特質。因此，父母應有意識地讓男孩從小經歷一點磨難、吃點苦頭，對他們的成長將大有裨益。

在美國，家長從孩子童年起就培養他們瞭解勞動的價值。美國南部一些州立中學，為培養學生適應社會生存的能力，特別規定：學生必須不帶分文，獨力謀生一星期才能畢業。美國中學生的口號是：「要花錢，自己賺！」不論家裡多富有，孩子一般十歲以後就必須幫忙剪草坪、送報等。當然，家長也要支付孩子「勞務報酬」。

在德國，法律規定孩子到十四歲就要在家裡承擔一些義務，例如替全家人擦皮鞋、洗衣服等。這不僅是為了培養孩子的勞動能力，也有利於培養孩子的社會責任感。

日本的父母教育孩子有句名言：除了陽光和空氣是大自然的賜予，其他一切都要透過勞動獲得。孩子很小的時候，父母就讓他們學會「不給別人添麻煩」，全家人外出旅行，不論多小的孩子都要背個小背包，因為父母認為「他們自己的東西，應該自己來背」。

父母如果過分寵愛孩子，只會使他們將來無力承擔應該負起的責任。讓男孩體驗生活中的各種辛苦、學會自力更生，反而更能培養出令你驕傲的男子漢！

製造貧窮家境

某年輕夫婦收入豐厚，生活過得富裕安逸，但自從兒子出生以後，兩人就故意扮成「窮苦人家」，不再穿時尚名牌、吃山珍海味，還會不時在孩子面前說：爸爸媽媽工作很辛苦……讓幼小的孩子知道父母賺錢不容易，家裡的經濟並不富裕。在這種「貧窮教育法」的培養下，他

讓男孩體驗生活中的各種辛苦、學會**自力更生**，
反而更能培養出令你驕傲的男子漢！

們的兒子自小就學會勤儉，從不亂花零用錢。

俗話說「由儉入奢易，由奢入儉難」，當孩子習慣花錢如流水的生活，面對父母的拒絕或家境的變故，又怎麼會理解和接受呢？而如果孩子從小就養成節儉的意識，長大成人後必然會對財富倍加珍惜，並感恩父母為自己所創造的一切。

近距離接觸貧窮

對於年紀大一點的孩子，如果我們老是說自己以前生活有多貧苦、如何艱難打拚，不但起不了教育作用，孩子反而會嗤之以鼻。不如讓他們親眼目睹社會中下層人們的窮苦生活情景，例如收集一些報刊、電視、網路等媒體關於偏遠山區人們生活工作的報導和影像給孩子觀看，或是帶他們去孤兒院看看那些孤獨無助的孩子，使他們體會自己有多幸福。

必須讓孩子瞭解貧富的明顯差別，才會在對比中學會知足、珍惜，從而反省自己平日的奢侈生活。

親身體驗貧窮

男孩是固執的，對事物的看法一旦定型往往就難以改變。因此，如果不讓男孩身臨其境，他們就很難真正感受到「貧窮」的滋味。

放暑假時，媽媽把十歲的兒子小明帶到鄉下的大伯家裡，讓兒子寄居在農村，幫忙耕種。從來沒做過什麼粗活的小明十分不習慣，才待了兩三天就嚷著要回家。可是媽媽絲毫沒有因為電話裡兒子的哭聲而動搖，還語重心長地教導了兒子一番。

兩個月的假期，小明漸漸愛上了淳樸寧靜的農村生活，而且學會了很多農務。回到城市裡，他那曬得黑黑的皮膚也成為同學們羨慕的對象。

理財的第一堂課：錢是怎麼來的？

隨著生活水準日益提升，再加上望子成龍心切，很多父母在金錢方面，都是孩子要多少就給多少，而孩子究竟怎麼花這些錢，則很少過問。於是，許多自制力較差的男孩便在無形中養成隨便花錢以及愛跟別人比較的不良習慣。**之所以會形成這種不良的消費習慣，其根源就在於，孩子並不知道金錢來之不易的道理。**

因為不知道需要付出勞力才能獲取金錢，所以孩子不珍惜；因為不清楚父母為家庭承擔多大壓力，所以孩子不理解；因為不瞭解生活殘酷與現實的一面，所以孩子感覺不到自己的生活多麼幸福……

所以，父母應該運用自己的智慧，讓孩子正確認識金錢，珍惜並尊重大人為此付出的勞動，進而養成從小節約的好習慣。

讓兒子瞭解「錢是父母辛苦賺來的」

男孩最初遇到的金錢問題，表現為購買東西的欲望。從剛學會走路開始，他就會要這要那——吃的、玩的等等。此時他們還不知道金錢是什麼，覺得它是從父母口袋裡冒出來的，可以用來交換很多東西。

如果父母不進行金錢教育，只是一味滿足孩子的需求，長此以往，在孩子眼中，父母就會成為無限制的提款機，甚至會對父母說：「沒錢就去銀行提啊！」這類孩子長大之後，不僅會缺少賺取金錢的能力，更會嚴重缺乏感恩的心，一味向父母索取，而不知回報。

因此，父母應該對男孩進行的第一項金錢教育，就是告訴他錢是怎麼來的，而引導的方法之一，就是帶你的男孩一起去消費！

一是到餐廳吃飯後、車子加油後讓男孩付錢；讓他幫忙繳交幼稚園學費；二是讓孩子意識到，錢是一種貨物之間等價交換的媒介，是需要付出勞動才能得到的東西，並不是憑空得來的；而我們繳出去的錢是就是用來付廚師、老師、員工的薪水，及買食材、教材等開銷費用。

當孩子提出有關金錢的問題時，父母千萬不可認為孩子還小沒必要知道這些事情。做為家庭的一分子，不管年齡多小，孩子都有知情的權利。而且，當孩子知道錢的來源後，才能更加珍惜每一分財富，並漸漸形成正確的金錢觀。

帶兒子到自己工作的地方看看

孩子無法明白「工作」究竟是什麼，最直接的感受只是「爸爸媽媽用薪水買了我喜歡的東西，所以薪水是好東西」。於是，大多數孩子會將目光聚焦在金錢上，忽略父母工作的辛勞。

對此，不妨找個機會帶孩子到自己工作的地方看看。

一天，小強對爸爸說：「我們同學都有iPhone，你也幫我買一台吧，不然太丟臉了。」

聽完之後，這位父親決定帶兒子到妻子打工的工廠，讓兒子感受一下媽媽賺錢的辛苦。

到了工廠，爸爸問：「媽媽工作辛不辛苦？」小強沒說話，只是點點頭。爸爸又問：「你媽一天只賺九百元，你卻一開口就要一台幾萬元的iPhone，媽媽要工作多少天才買得起？」

只有讓孩子真切感受到父母的工作有多辛苦，他才會明白金錢來之不易。要特別提醒的是，即使是經濟條件優渥的家長們，也應當在生活中施行這個教育方法。畢竟，**即使你可以讓孩子永遠遠離缺少金錢的煩惱，但再多的金錢都不能給予孩子一顆感恩的心！**

孩子看到你的付出是汗水、是辛勞，而非單純的金錢，他才會更加尊敬你、愛你！

告訴兒子「要花錢，自己賺」

一位爸爸在他的日記裡描述了教育孩子自己賺錢的好方法：

兒子自從上幼稚園大班就開始向我要錢，「我想要錢去買棒棒糖」、「我想買水彩筆，給我錢」……每天都要錢，有一天我一本正經地對他說：「想要錢，自己來賺。」

「可是我不會呀。」

「你可以幫爸爸媽媽倒垃圾、掃地、擦桌子，這些都可以賺到錢呀。」

「這樣也可以呀？太好了。」

一天，兒子問我：「爸爸，我累得腰痠背痛才賺到一點錢，要怎麼樣才能多賺一點呢？」

我想了想，告訴他：「你可以用腦力賺錢，只要你為家裡提一個好建議並被採用，就給你體力勞動三倍的工資。」

結果兒子提出了許多建議，而且有些確實很不錯。現在兒子上三年級了，不僅愛勞動，還變得很愛動腦筋，有許多鬼點子。

家長必須讓孩子從小就知道「要花錢，自己賺」，不僅能夠促使他盡快經濟獨立，還會使他的心理更早成熟。

沃爾瑪曾連續兩年名列全球五百大企業榜首，公司的董事長山姆．沃爾頓（Sam Walton）卻要自己的孩子從小就為自己賺零用錢。他對孩子們說：「如果你想花錢，就自己去賺。」四個孩子從小時候就開始為父親「打工」，他們跪在商店裡擦地板，幫忙修補倉庫房頂，晚上幫忙裝卸簡單的貨物。父親依照勞動量，根據一般工人的標準付給他們「工資」。

現任沃爾瑪掌門人羅布森・沃爾頓（S. Robson Walton）是四兄弟之中的老大，當他跟別人提起童年時，都會講到父親那些倉庫、貨架和包裝箱……「我在爸爸開的店裡幫忙搬箱子、掃地、鋪瓷磚，能做的我都做，父親會付我相應的工錢。從那時起，我就知道賺錢不容易，我想這大概就是父親給我們幾個兄弟的啟蒙教育吧！」

每當說起這些事，羅布森的眉宇之間都會流露出對過去那段美好時光的懷念。可見，父親這種「勞動教育法」非但沒有引起他們的反感，反而讓他們覺得很幸福。

對富孩子的教育，要比對窮孩子的教育難得多，因為這些孩子從小生長在優渥的環境裡，不理解金錢來之不易。如今，我們的孩子大多衣食無憂，做為父母，我們更應從小對孩子進行正確的理財教育。而「要花錢，自己賺」正是父母應該教給男孩的理財之道。

幫兒子發現賺錢的機會

生活中處處都有讓孩子自己賺取零用錢的機會，孩子們也並不缺少勇氣和力氣，他們只需要來自父母的正確「引導」。

一個日本小男孩家境很好，可是父母給他的零用錢很少，因為父母總是告訴他，賺錢要靠自己付出勞動，因為他現在什麼都不能做，所以零用錢自然就少。有一天，媽媽對他說：「兒子，你不是想有更多的零用錢嗎？你可以試試這個方法。」

「什麼方法？」小男孩急切地問。

「我們附近馬路邊有很多飲料瓶，你可以撿來賣啊！」

從此以後，小男孩就利用空閒的時間撿飲料瓶，有時還到鄰居家上門收集。靠著賣飲料瓶，小男孩賺到了一筆小錢。

很多父母可能會想，家裡並不缺這點錢，才不要讓孩子做這麼「沒面子」的工作。抱持此類想法的父母需要反省了，難道教育一個孩子從小熱愛勞動，懂得用自己的付出換取收穫，是一件丟臉的事嗎？扼殺男孩勞動賺錢的欲望，無異在孩子的一生中播下「無能」的種子。

鼓勵兒子「做生意」

六歲的男孩樂樂在床頭貼了兩張自製的廣告紙，上面寫著：按摩專業公司，二十四小時營業，還有詳細的價目表，部位不同，價格也不盡相同。最後還來個促銷活動，如果辦理會員卡，就可享受會員價。

廣告做好之後，他極力向爸爸推銷。開始說一張卡五十元，可按摩五次，爸爸不理他。過一會兒降到一張卡十次，爸爸還是沒有答應。又過了一會，樂樂決定一張卡五十元，全年不限次數。爸爸欣然掏錢，還要兒子在卡上注明：全年不限次數。

樂樂興奮地收下錢，賣力地幫爸爸服務了一次，然後就把這件事拋在腦後了。

這天，爸爸要求捶背。樂樂耍賴，對爸爸說：「你的卡早到期了，現在停止服務。」

爸爸拿出會員卡來證明不限次數，樂樂躺在沙發上閉起眼睛繼續耍賴：「今天休息。」

「你說二十四小時營業的。」

「今天裝修停止營業，不行嗎？」

「不講信用的話，公司會倒閉的。」樂樂無奈地爬起來，然後得意地笑了：「還是我賺到了，就算我不賣卡，你要求我捶背我不是也得捶嗎？」

年齡這麼小的男孩，卻懂如此多的商業知識：商業廣告、行銷手段、商業信譽……難道這個小男孩是天生的商業奇才嗎？答案是否定的。真正原因在於這個小男孩的爸爸是做生意的，經常有意無意地跟兒子聊起這些內容。聽得多了，這個聰明的男孩自然就成了小小生意人。

孩子越早掌握一種本領，成功的機率往往越大。家長不妨鼓勵男孩做點小生意：賣自己的勞力、賣點子，或者把小時候的玩具、書籍賣給更需要的小朋友……

♂ 養成儲蓄習慣，學習投資技巧

培養理財能力的重要方法之一，就是讓孩子養成儲蓄的好習慣，並且教授一些投資的技巧。從短期來看，可以讓孩子不亂花錢；從長遠來看，有利於孩子及早具備獨立的生活能力，使其在高度發達、快速發展的時代中，具有可靠的立身之本。

一個小學四年級的男孩在家長的協助下，將自己的積蓄分成兩部分——他在銀行有兩個屬於自己的帳戶，其中一個定期帳戶用來存放不常用的錢，賺取利息；另一個活期帳戶用來存放日常的零用錢。後來，在爸爸的指導下，他開始用積蓄的一部分定期購買基金。

在未來的社會，男孩是否掌握理財投資的方法，關係到他的成長和成功。

唯有學會儲蓄，他才能養成節省「自己的錢」的習慣；只有學會投資，他才能在競爭日益激烈的社會裡，率先學得生存和發展的本領。

家長不妨鼓勵男孩**做點小生意**：
賣自己的勞力、賣點子，或者把小時候的
玩具、書籍賣給更需要的小朋友……

從小培養孩子的儲蓄習慣

孩子的儲蓄習慣應該從小培養，例如孩子想吃冰淇淋，如果需要花二十元，家長就應告訴他：「你想吃可以，但是今天只能給你十元，明天再給你十元，你才能買來吃。」這就是儲蓄觀念的啟發。

此外，家長應該幫孩子在銀行開一個存款帳戶，讓他把所有的零用錢都存入戶頭，每隔一段時間就和孩子一起計算這個戶頭生了多少利息，並教他一些利息的計算方法。銀行的另一個好處是，能使**孩子們充分理解錢並不是隨便從銀行領出來的，而是必須先賺來把它存到銀行裡，然後才能領出來，而且還會得到多出原來存入的錢的利息**。

男孩到了六、七歲時，父母應該教他懂得為短期目標存錢。

例如孩子要買一件自己喜歡又不太貴的玩具時，就可以利用這個機會教孩子存錢。父母可為孩子訂一個明確的計畫：每天存多少錢，存多少天就能買到自己想要的東西。讓孩子用「自己存的錢」得到這個玩具，會比輕易從父母那裡得來的更加珍惜，也能瞭解積少成多的道理。

需要提醒的是，這個年齡階段的孩子存錢的耐心最多只有三個星期，時間太長會使孩子感到灰心，失去存錢的興趣。大約到了九歲，孩子才能懂得為長遠一些的目標而存錢的道理。

教兒子讓錢升值的投資方法

當存款累積到一定金額時，適時教孩子投資方法，是十分必要的。男孩的探索欲很強，當他知道用適當的方法可以使錢變得更多，就會對理財充滿興趣，並為此而變得積極努力。

男孩漢克要求在他十歲生日時得到一台割草機做為生日禮物，到了那年夏末，男孩已靠替人割草賺了四百美元。這時，父親建議他用這些錢做點投資，於是喜歡運動的男孩決定購買NIKE的股票。此後，男孩對股市產生了興趣，開始閱讀報紙的財經版。

一天，父親一本正經地告訴兒子：「皮卡丘遊戲卡現在賣得很好。」

兒子立刻脫口而出：「爸爸，那把我玩具箱裡的皮卡丘遊戲卡都賣掉吧！」

於是父親幫兒子在網站上拍賣這些卡片，一路競標到很高價才脫手，為兒子上了一堂最好的經濟課。

千萬不要認為孩子還小，聽不懂投資的知識。只要巧妙地將投資技巧融合在生活及遊戲中，孩子自然會對此產生濃厚的興趣。當孩子在投資的過程中獲得了一定收益，就再也沒有什麼能阻擋他對金融知識的熱愛和鑽研了！

有了錢之後，應該怎麼花？

男孩往往很糊塗，問他口袋裡有多少錢，他會一臉迷茫告訴你：「不知道。」男孩花錢如流水，看到喜歡的模型、玩具槍，往往不會在乎價格，什麼都想買下來。因此很多家長會抱怨男孩是「敗家子」，但是這樣的花錢習慣往往是父母自己造成的。

在給孩子零用錢方面，家長常常會擔心：「讓孩子接觸太多錢，怕他長大後變成錢鬼；不給孩子錢，又怕孩子長大後不會花錢，到時候被別人騙。」其實這種顧慮完全沒有必要，很多理論與事實都證明，孩子越早接觸錢，就越早學會理財，而關鍵就在於父母的理財觀念。只要在孩子還小的時候，就為他開個「理財課」，你就會驚奇地發現男孩也有細心的一面，糊塗的小男孩也可以成為小小理財專家。

旺旺從小開始，媽媽就有意識地培養他的理財觀念，每個月定期給他一定的零用錢，讓他試著學習理財。

一天晚上，旺旺放學回來對媽媽說：「媽媽，我們學校販賣部的鉛筆太貴了，妳下班回來路過文具批發市場時，幫我買兩枝回來吧！到時候我再給妳錢，這樣我就能省下兩塊錢了。」

下個月媽媽給旺旺零用錢時，旺旺少拿了幾塊錢，並對媽媽說：「媽媽，我的本子快用完了，妳幫我多買幾本吧，這樣又能省不少錢。」

理財高手是從小培養出來的，如果不從小灌輸孩子理財觀念，隨著年齡增長，他們也會形成自己的理財觀念：「我家裡有的是錢，所以買東西從來不用考慮價錢」、「錢花完了可以向別人借」、「錢就是用來花的，存錢沒有用」……

《富爸爸，窮爸爸》作者羅伯特・清崎（Robert Toru Kiyosaki）曾說：「如果你不教孩子金錢的知識，將會有其他人取代你。如果要讓銀行、債主、警方，甚至騙子來進行這項教育，恐怕不會是愉快的經驗。」因此，不要把給男孩零用錢當成例行公事，而是要進一步教導他如何管理手上的錢，並賦予理財的責任。在正確的「零用錢規則」引導下，每個男孩都可以成為小小理財高手。

為兒子訂定一套「零用錢規則」

要讓孩子學會正確地理財，家長首先要有這樣的觀念：並不是給孩子的零用錢越多，就是越疼愛孩子。因此，一定要控制男孩的零用錢，建議父母不妨和孩子簽訂零用錢契約。

舉例來說，對於已經上小學的孩子，媽媽可以在合約中規定，每週一早上給十元零用錢，並且規定不論遇到什麼情況，都要嚴格按照合約的內容發放零用錢。為了培養孩子的理財能力，發放零用錢的時間單位可以慢慢延長，如果孩子已經能夠掌握以「星期」為單位的理財能力，就可以把發放零用錢的時間拉長為「月」。

小毅已經十二歲了，媽媽給多少錢他就花多少錢，花完了便伸手向媽媽要，為了改掉他這個壞毛病，媽媽和他簽訂了零用錢合約：

1. 每個月的第一天媽媽給小毅五百元，由小毅自行支配，提前花光不能再向父母要。
2. 小毅零用錢包括平時買零食的費用、買文具的費用，如需買課外讀物，媽媽和小毅各付一半。

按照合約嚴格執行兩個月之後，媽媽發現小毅花錢變得比較有計畫了，很少再看到他買一些沒用的東西。

不要把給男孩零用錢當成例行公事，
而是要進一步教導他如何**管理手上的錢**，
並賦予理財的責任。

雖然這是一張只在家長與孩子之間生效的合約，但往往就是這一張不具法律效力的紙能讓你的男孩明白：錢，省著才夠花。

洛克斐勒二世為兒子擬訂的零用錢計畫

洛克菲勒二世（石油大王約翰・洛克菲勒的兒子）四十六歲時，曾在信裡為十四歲的兒子列出以下的「財政」要求：

1. 五月一日起，約翰零用錢的起始標準每週一美元五十美分。
2. 每週末核對帳目，如果當週約翰的財政記錄讓父親滿意，下週的零用錢上調十美分（最高零用錢金額可等於但不超過每週兩美元）。
3. 每週末核對帳目，如果當週約翰的財政記錄不合規定或無法讓父親滿意，下週的零用錢減少十美分。
4. 任何一週，如果沒有可記錄的收入或支出，下週的零用錢維持本週水準。
5. 每週末核對帳目，如果當週約翰的財政記錄合乎規定，但書寫或計算不能令爸爸滿意，下週的零用錢保持本週水準。
6. 爸爸是調整零用錢的唯一評判人。
7. 雙方同意至少二〇%的零用錢用於公益事業。
8. 雙方同意至少二〇%的零用錢用於儲蓄。

9. 雙方同意每項支出都必須清楚、確切地記錄。

10. 雙方同意在未經爸爸、媽媽或斯格爾思小姐（家庭教師）的同意下，約翰不可以購買商品，並向爸爸、媽媽要錢。

11. 雙方同意如果約翰需要購買零用錢使用範圍以外的商品時，約翰必須徵求爸爸、媽媽或斯格爾思小姐的同意。後者將給予約翰足夠的資金。找回的零錢和標明商品價格、找零的收據必須在商品購買的當天晚上交給資金的給予方。

12. 雙方同意約翰不向任何家庭教師、爸爸的助手和他人要求墊付資金（車費除外）。

13. **對於約翰存進銀行帳戶的零用錢，其超過二〇%的部分（見細則第八款），爸爸將補加同等金額存入約翰的帳戶。**

14. 以上零用錢公約細則將長期有效，直到簽字雙方同時決定修改其內容。

正如洛克菲勒二世所期待的那樣，他的兒子約翰長大之後繼承父親的遺志，成為洛克菲勒基金委員會的主席。

♂ 教導兒子何謂「正確消費」

對金錢沒有概念、身上有錢就想花、看上的東西就想要、買了不久又後悔，是很多男孩甚至成年人都會有的不良消費習慣。

任何一週，如果沒有可記錄的收入或支出，下週的零用錢**維持**本週水準。

其實，引導孩子進行「正確消費」並不難。

你可以帶著兒子到超市買東西，當兒子看中一樣東西，你可以讓孩子觀察鄰近的品牌比較一下價格，讓他思考兩者的價差，看哪種比較划算；結帳時，也不妨請兒子幫忙結帳付款。

在購物的過程中，母親既給予兒子充分的選擇權，又控制了孩子的非理性消費。這樣一來，在尊重孩子意願的前提下，不僅讓孩子學會了比較後再購買的理財之道，更在結帳的過程中鍛鍊了孩子對金錢的認知能力。

除此之外，在引導孩子「正確消費」方面，父母還必須注意以下三點：

1.不可以大量減少甚至停止孩子的零用錢，或用粗暴的責罵來控制他的消費欲望。因為突然間收入減少會使男孩對物質的欲望更強烈，轉而試圖透過其他途徑來取得零用錢，進而滿足自己的購物需求。

2.父母不應用金錢來衡量一切，平時只用錢來和孩子談條件。金錢至上的觀念會讓孩子缺乏責任感和同情心，形成狹隘、自私的個性。

3.不要讓孩子過早成為「有卡族」。太早讓孩子擁有信用卡，會養成孩子隨便刷卡的壞習慣，增加很多不必要的消費。

因為家庭環境不同、個性特徵不同，每個男孩在消費的過程中出現的問題也各不相同。

教「花錢無度型」男孩做財務表管控預算

小濤是個成績優秀的孩子，由於家庭條件不錯，所以父母對孩子的零用錢管理非常寬鬆，讓他從小養成了花錢無度的習慣。每次上街，只要喜歡的東西小濤就往家裡搬，一直向父母索討零用錢。但究竟花了多少錢、都用在什麼地方，小濤自己也說不清楚。

「花錢無度」的孩子對金錢沒有具體概念，手裡有錢就花掉，花完就伸手向家長要，全然不知道所買的東西究竟實用與否，也說不出來錢究竟用到什麼地方。

針對這種壞習慣，父母可採取「定期定量發零用錢」的策略，表明平時不再隨要隨給；還可幫孩子建立小帳本，以確定零花錢用在什麼地方，大人再定期做「財務審核」，讓孩子管理自己的零用錢。

此外，當孩子提出無理的購物要求時，還可以用緩兵之計，不即時答應，但也不完全否定，利用這段時間的冷卻，隨時向孩子灌輸「可買可不買的東西不要買」的購物原則，讓孩子學會暫時放棄。

讓「衝動購物型」男孩貨比三家更理性

衝動購物型孩子看見想要的東西就會立即做出購買決定，過了不久又會覺得自己並沒那麼喜歡或發現很沒價值，覺得自己吃了虧，並後悔自己的衝動，很多孩子甚至還會因此情緒沮喪，對自己產生懷疑和自責。

父母可採取「**定期定量發零用錢**」的策略，
幫孩子建立小帳本，再定期做「財務審核」，
讓孩子管理自己的零用錢。

由於臉上冒出幾顆青春痘，阿立便天天嚷著要媽媽幫他買去痘產品。媽媽擔心孩子會過敏，而且長幾顆痘痘是正常的，根本不需要那種昂貴的保養品，便拒絕了他的要求。沒想到阿立居然用一個月的零用錢把它買下來，但用了一段時間發現沒有效果又大呼上當。

男孩的個性特徵之一就是易衝動，因此衝動購物也是他們常犯的一個毛病。針對這個問題，最好的方法就是教會孩子「貨比三家」的道理。

為了買一輛物美價廉的自行車，爸爸帶著兒子逛了三家商店，最後爸爸把省下來的一百元買了一個孩子嚮往已久的乒乓球拍。這位爸爸的聰明之處在於，他親自為孩子做了很好的示範，使孩子瞭解什麼是價差、什麼是理性消費。這樣一來，孩子自己在支配錢的時候，不但會精打細算，還會很有計畫。

要特別提醒的是，當孩子後悔時，家長一定要及時安慰孩子，別讓孩子因此而產生沒有自信和自責的情緒。

對「需索無度型」男孩說「不」

這類型男孩大多受到親人寵愛，經常買禮物給他，讓他習慣了隨時都有禮物。所以這類男孩一出門就會向父母索要東西，遭到拒絕則難以接受，大哭大鬧。

此時如果父母為了平息孩子哭鬧而滿足孩子的欲望，就無法讓孩子學習自我節制。在堅定立場時，父母可以告訴孩子：「你需要的東西，我們一定為你準備；你想要的東西，我們會斟酌情況，再決定要不要買；但如果你用哭鬧或發脾氣的方式來爭取，我們一定不會買。」

此外，父母的態度必須一致。有些孩子會向媽媽要錢去買爸爸說不能買的玩具，或是父母要他做事情的時候，以金錢做為要脅條件，這是孩子逐步利用自己不斷增長的談判技巧來增加自己的「收入」。對於這種現象，父母要反省教育孩子時，兩人的態度是否保持一致，並訓誡孩子的不誠實行為。

讓「喜歡比較型」的兒子知道心意更重要

喜歡和別人比較的男孩通常很愛面子，很少考慮家庭實際的經濟能力和商品的實際價值。對他們來說，擁有別人羨慕的眼神就是莫大的快樂和成就。

男孩小超得知好朋友想練習英語聽力，就一心想送一台MP3給他當生日禮物，理由是上次小超生日，好朋友送了他一枝價格不菲的鋼筆，如果不回送個好一點的MP3會很沒面子。雖然媽媽平時教小超對待朋友要真誠，要懂得付出，但小小年紀就送這麼昂貴的禮物，實在讓媽媽很煩惱。

這位母親的擔心是很有必要的，因為隨著年齡增長，男孩喜歡比較的心態會更嚴重，最終令父母難以承受。

孩子思想單純，會在禮物貴重程度與心意之間畫等號，認為贈送的禮物越貴重，關係越親密。此時家長必須給孩子一個正確觀念：禮物的意義在於表達心意，有時候，一些切實的幫助

父母要反省教育孩子時，
兩人的**態度是否保持一致**，
並訓誡孩子的不誠實行為。

或親手製作的禮物反而會令對方倍感珍惜；且過分貴重的禮物還可能帶給對方過重的心理壓力和經濟負擔。此外，家長還應該告訴孩子不要隨意收取別人過於貴重的禮物。

♂ 教導孩子妥善處理壓歲錢

壓歲錢應該怎麼花？恐怕所有男孩聽到這個問題，都會大聲回答：「長輩給我的壓歲錢，應該讓我自己花！」

剛剛拿到壓歲錢，小學四年級的強強就約了幾位同學在肯德基集合，然後自豪地說：「這餐我請客！」說著從口袋拿出三個紅包，把嶄新的紙鈔抽出來付帳。吃飽以後，他們開始逛街，在某間名牌商店，強強為自己買了好幾千元的衣服。然後他們又浩浩蕩蕩走進一家大型遊樂場，瘋狂打電動。

你的兒子是否像強強一樣，收到壓歲錢就胡亂消費？假若答案肯定，你又如何處理呢？

也許很多家長會認為，壓歲錢也就一年一次，就算孩子胡亂花光，也沒什麼大不了的，只要孩子開心，這點壓歲錢就隨他們去花吧；也許有的家長會異常憤怒，強行沒收孩子所有的壓歲錢，從此不讓他們與金錢打交道。

其實這兩種做法都不對。過度消費會使孩子養成好逸惡勞、胡亂消費的習慣；缺乏足夠的消費行為，也不能讓孩子深入瞭解金錢的運作。

曾經處理過壓歲錢的父母，都有這樣的深刻感受：如果把壓歲錢一律沒收，個性叛逆的男孩很容易對家長不滿；如果把壓歲錢完全交由孩子管理，男孩會認為錢來得容易，就隨便拿去買玩具、上網咖。

面對管也不是、不管也不行的情形，家長該怎麼引導孩子將壓歲錢用在有意義的地方？

藉機拓展兒子的人際關係

孩子收到壓歲錢時，父母應讓孩子明白，大人不是無緣無故給他錢，而是對他的成長懷著希望，用壓歲錢祝福他健康快樂、長高長大。所以接到紅包，一定要謝謝親戚朋友，並有所回饋。例如，父母可以鼓勵孩子用自己的壓歲錢幫爺爺奶奶等長輩買生日禮物或節日禮物等。

成立教育基金

孩子每年的學費都是一筆不小的開支，因此，父母可以鼓勵孩子把壓歲錢存起來，為新學期做準備，或是為自己日後上大學做準備。

這種成立「教育基金」的方法既可減輕家長的經濟負擔，也能培養孩子的自立精神和家庭責任感。

過度消費會使孩子養成好逸惡勞、胡亂消費的習慣；
缺乏足夠的消費行為，也不能讓孩子深入瞭解金錢的運作。

投資理財

壓歲錢有一個更重要的功能，就是做為理財訓練的工具。

除此之外，父母還可以引導孩子用壓歲錢做一些有意義的事，例如為自己購買一些課外讀書、捐款、用來規畫短期旅行等等。

♂ 注意生活細節，落實理財教育

不論你的兒子正在牙牙學語，或是已在幼稚園開始認字，或是剛滿十二歲要就讀中學，如果此時沒有對他進行正確的理財教育，搞不好將來某天你就會大吃一驚——他離家念大學，沒幾個月就把你的信用卡刷爆，並堂而皇之地說：「最近交了女朋友，開銷比較大。」大學畢業之後，你以為孩子已經具備獨立生活的能力，他卻要搬回來住，甚至大言不慚地說：「既然能享用家裡冰箱的免費食物，幹嘛還要自己花錢買呢？」

如果現在你給予兒子太多、幫他做得太多，這種過多的溺愛，容易把他培養成一個毫無金錢概念、隨便花錢，並且毫無獨立生存能力的人。孩子生活在這個富裕的時代，是他們的幸福，但這同時也意味著父母要承擔更多的教育責任，而這也正是很多父母最容易忽視的問題。

「細節決定成敗」，理財教育也是如此。父母必須抓住生活的每個細節，對男孩進行正確的引導。

教導兒子謹慎選擇

面對生活，我們每天都要做出很多取捨。因此，**在孩子還小的時候，父母就應該教導孩子：人不可能同時擁有一切。**

孩子小的時候，父母可以先從兩個選擇開始，例如問孩子：「想要穿藍外套還是黑外套？想吃肯得基還是義大利麵？」隨著年齡增長，應該擴大選擇的數量，引導孩子能夠處理三、四個，甚至五、六個選擇。

除了給予孩子足夠的選擇外，父母還必須教導孩子們理解：人生中的正確選擇不只一個，可能有比現在更好的選擇；但一旦做了決定，就必須遵守和堅持。

因此如果你的兒子選擇要巧克力口味的糖果，後來後悔了，希望你買牛奶口味的糖果時，千萬不要心軟。

訓練兒子學會等待

心理學家研究表示，經過等待而得到的東西，比起只靠不斷要求而得來的，感覺更好。因此，讓孩子學會等待是很重要的理財教育。

父母必須教導：人生中的正確選擇不只一個，
可能有比現在更好的選擇；
但一旦做了決定，就必須**遵守和堅持**。

男孩小軍一年前就提出想買一台筆記型電腦的要求，但是因為太貴了，於是媽媽提出這個建議：每週多給小軍一百元做為準備買筆記型電腦的「專案補貼」，他再存下生日、節日以及做額外家事賺來的錢，來實現自己的願望。結果一年以後，小軍終於達到目標，非常開心！

唯有讓孩子透過耐心的等待和自己的努力去買想要的東西，他才會真正珍視。同時，在這個過程中，他也可以學習如何規畫自己辛苦賺來的「財產」。

讓兒子學會運用自己的零用錢

關於孩子的零用錢，父母必須遵守兩個原則：

1. 零用錢是孩子的，即使他想用來買一件你覺得很醜的襯衫，你也要同意。
2. 不要把固定給孩子的零用錢與他該做的一些勞動綁在一起。

有個媽媽在兒子學齡前階段，就把給兒子的零用錢與他是否自己穿衣、整理玩具等綁在一起，等到兒子大一點時又與要他自己收拾房間等綁在一起。這個方法以往都很有效，但她最近發現，兒子漸漸養成做什麼事都要向父母要錢的習慣，哪怕只是洗了一件自己的衣服、整理自己的書桌。

如果把零用錢與孩子原本就應該做的事情綁在一起，他就會覺得自己任何一點付出都應有所回報，等到你發現這個情況時，他早已積習難改了。

根據不同階段，逐步提升理財能力

隨著年齡增長，孩子不可避免地要與金錢打交道，特別是進入社會以後，理財能力更將直接決定他的一生是富裕或貧窮。

兒童行為學家研究表示，孩子各種能力的培養都有一個關鍵期，例如二到四歲是訓練孩子語言能力的關鍵期，四到六歲是培養數理能力的關鍵期，至於稍具難度的理財能力，培養的關鍵期則為五到十四歲。

隨著社會的發展，很多國家對於下一代理財能力的培養已逐漸提前。

以法國為例，早在兒童三到四歲階段，家長們便展開家庭理財課程，教導基本的貨幣觀念。約莫十歲左右，法國家長就會為小孩設立獨立的銀行帳戶，積極培養孩子的理財觀。

美國對於兒童理財教育的要求，是三歲能辨認硬幣和紙幣，六歲具有「自己的錢」的意識，十三歲開始打工賺錢，學習如何運用基金與股票等投資工具理財。

對男孩的理財教育應依據智力發展循序漸進，依照不同年齡階段，採取不同的教育方法：

學齡前（五歲之前）**：培養對金錢的正確認識**

五歲之前的孩子通常無法理解抽象概念，只對具體的東西感興趣。因此，此階段父母只需對孩子傳授一些簡單的金錢知識，例如告訴孩子：

稍具難度的理財能力，
培養的關鍵期則為**五到十四歲**。

1. 錢幣和錢幣之間是有區別的，有些錢幣的價值比較高。
2. 金錢可以用來換取一些他們想要的東西，但不是全部。
3. 電視上的玩具買回家後並不會像電視上那樣漂亮，而且也並非那樣好玩。
4. 將錢幣定期投進撲滿裡，累積一定數量後，就可以實現一定的心願。
5. 並不是想要的每一樣東西都能得到，即使這個東西近在咫尺。

孩子不良消費習慣的養成，往往在五歲前就初露端倪了。因此，在這個年齡階段，每個父母都必須學會拒絕孩子的無理需要。如果因為孩子哭鬧就於心不忍，進而滿足孩子的各種需求，那麼這種妥協將一而再、再而三地出現，孩子也會漸漸養成欲望無度的惡習。從表面上看，這是一種愛的表現，但是長遠來看卻會對孩子的一生造成危害！

此外，對孩子進行理財教育時，要讓孩子習慣聽到你說「不」，並仔細解釋為什麼。

童年期（六至十一歲）：學會理智消費，並接觸銀行

孩子進入童年期後，隨著主動性的加強，處理錢的能力也會有所提升。因此，應該在這個階段加強孩子的理智消費觀念。例如告訴孩子：

1. 每週或每月有固定的零花錢，不可要求預支。
2. 用自己的錢買電影票、零食或玩具。
3. 學會挑選一些物美價廉的商品。

4.存在銀行的錢，銀行會將它放貸出去或進行投資。

5.如果想有額外消費，必須向父母說明是「需要」還是「想要」，並講出合理的理由。

讓孩子接觸銀行最好方法就是，當父母到銀行辦理開戶或是到銀行存錢時，把孩子帶在身邊，這樣孩子就會慢慢學會開戶、存款以及提款的流程，並且對儲蓄及利率等知識形成更深刻的認識。

此外，當男孩提出無理需求時，父母應該幫助他區分「想要」和「需要」之間的差別。「想要」大多是一種無理的需求，沒有正當理由，得到的快樂是短暫的；「需要」則是確實對學習或生活有所幫助。當「講出正當理由」形成一種固有的消費規則，孩子就會知道，並不是自己的任何需求都應該滿足，並漸漸控制自己盲目購買的欲望。

青少年期（十二至十八歲）：計畫消費，並且學習賺錢之道

男孩進入中學階段之後，獨立意識、思考能力都有所增進，此時父母應該教育孩子：

1.即使減少置裝方面的開支，也能穿出自己的風格。

2.請留心家庭的財務開支，包括你上大學的費用。

3.你可以不準備記帳本，但你必須對金錢有所計畫，做到收支平衡。

4.將平時打工賺的錢存一半下來，做為日後上大學的費用。

5.只要付出勞力、動動腦筋，也可以像父母一樣賺得金錢。

在教育孩子理智消費、計畫消費的時候，除了教孩子辨別貨物品質的知識外，還應使用一

當男孩提出無理需求時，父母應該幫助他區分「**想要**」和「**需要**」之間的差別。

些促進孩子計畫用錢的技巧。例如，針對某件物品，可以幫孩子規定一個適當的購買價位，並告訴孩子：如果買到物美價廉的東西，多餘的差價就是你的。如此一來，孩子就會積極地比較，進而養成良好的消費習慣。

其次，父母應積極為青少年階段的孩子，創造自己賺錢的機會。

一個孩子在一位長輩朋友的幫助下，開始做起賣魷魚乾的生意，上游售出的價格是每公斤三十元，下游收購的價格是三十五元，孩子打了幾通電話就賺到了幾千元。除了用這筆錢買了一輛自行車外，還送給那位長輩一瓶紅酒。

這種理財方式既能讓孩子在賺錢的過程中瞭解人情世故，又能讓孩子體驗做生意的樂趣。雖然這只是一件小事，但在孩子心目中卻會產生理財概念：任何一種貨品都存在差價，有差價就有錢可賺，自己賺錢並不難。

第七章

「玩」出男孩的學習潛能

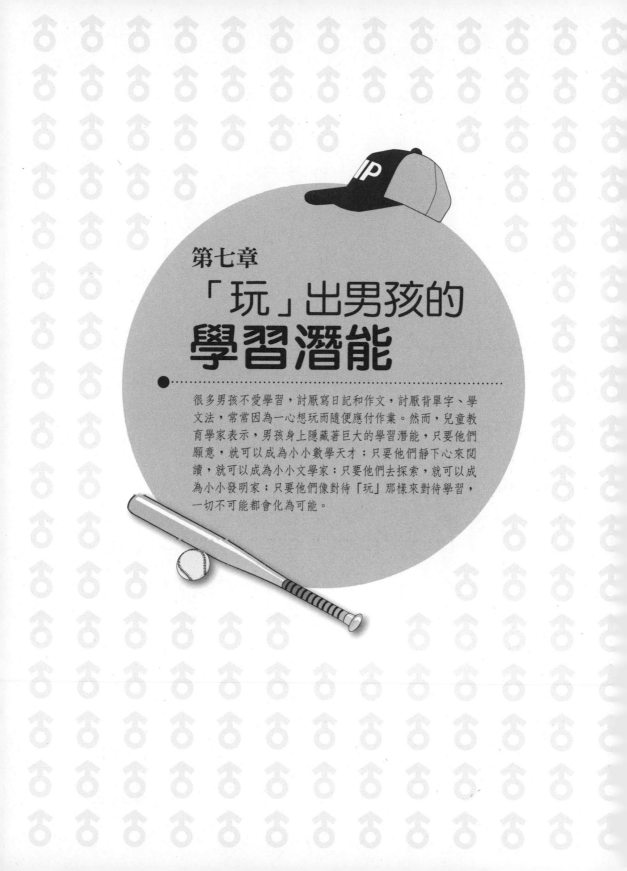

很多男孩不愛學習，討厭寫日記和作文，討厭背單字、學文法，常常因為一心想玩而隨便應付作業。然而，兒童教育學家表示，男孩身上隱藏著巨大的學習潛能，只要他們願意，就可以成為小小數學天才；只要他們靜下心來閱讀，就可以成為小小文學家；只要他們去探索，就可以成為小小發明家；只要他們像對待「玩」那樣來對待學習，一切不可能都會化為可能。

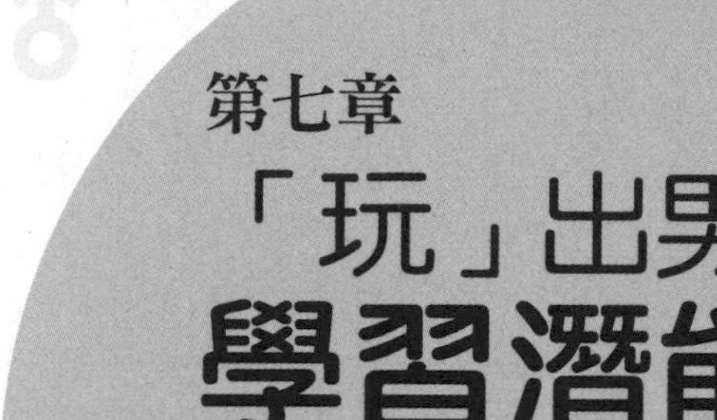

引導男孩將學習當成樂趣

對於多數男孩而言，學習是件苦差事：「我寧願除草，也不想呆坐在這裡看書。」我們確實不能完全責怪男孩不愛學習，因為學習所需的狀態有悖於男孩的某些天性——學習需要長時間久坐，男孩卻天性好動；學習需要注意力十分集中，男孩卻很容易分心；學習需要耐性，男孩卻容易不耐煩；學習是很繁瑣的工作，男孩卻天生怕麻煩……

那麼，這些天性是否讓男孩注定會學習得不好呢？

答案當然是否定的。

雖然男孩有學習上的弱點，但也有先天上的優勢：多數男孩的邏輯思考比女孩強，所以數學、生物、物理、化學等數理科對他們來說往往駕輕就熟；男孩喜好競爭，而恰當的競爭心理會使男孩的學習成績快速進步；男孩天性喜歡探索，而探索正是最好的學習態度……

所以，只要避開男孩的學習弱點，恰當地引導男孩的學習優勢，就能把學習變成男孩的樂趣之一。

首先，必須讓害怕學習、不愛學習的男孩相信：學習並沒有想像得那麼難。

因為與學習為敵的男孩，成績往往很差；而那些把學習當成樂趣的孩子，很輕易就能考出好成績。所以，父母一定要讓男孩先愛上學習，他才會樂在其中、學習得好。

父母要先樹立熱愛學習的榜樣

想要激發男孩的學習興趣，父母首先要以身作則，盡可能讓孩子瞭解學習的好處。

一位媽媽和別人分享自己的教子經驗：

兒子剛懂事時，我就經常向他灌輸這樣的想法：「世界上誰的力量最大？有智慧的人！有智慧的人是無敵的。智慧從哪裡來呢？是從學習中得到的。」「將來我們都會變老，無論長得美或醜，老了大家都差不多。但是一生都在學習的人，即使老了，也是美的。」

所以兒子一上小學就對學習感興趣，每天放學後，從來不用我們提醒，就主動把作業做完再去做別的事情。

俗話說，身教重於言教，如果男孩不曾見過父母學習的身影，他就會有藉口：「你們都不學習，憑什麼要我學習呀？」如果父母是酷愛學習的人，男孩經常看到父母伏案苦讀，那麼他自然就會以父母為榜樣。

讓兒子「摸」得到書本知識！

既然男孩坐不住、注意力容易分散，父母不妨採取其他方式教男孩學習。

顯顯小的時候，爸爸經常給他看一些圖鑑以增加他的知識。一次，爸爸教顯顯認識昆蟲，看了一會後爸爸說：「我們去公園捉這些昆蟲吧！」

男孩有學習上的弱點，但也有**先天上的優勢**：
邏輯思考強，數理科往往駕輕就熟；喜好競爭會使成績快速進步；喜歡探索正是最好的學習態度⋯⋯

顯顯立刻附和，於是父子倆高高興興地去了公園。雖然捉昆蟲不簡單，但是兩人通力合作，真的捉到了一隻剛才在圖鑑上看到的「七星蟲」。那一天，顯顯不僅學到了很多知識，還得到動手實踐的樂趣。

將遊戲導入學習

「我家的孩子整天打電動，根本不看書。」這句話似乎成了家長們的口頭禪。為什麼許多男孩熱衷於掌上型遊戲機、電腦遊戲、手機遊戲呢？除了「好玩」之外，沒有第二個答案。他們對電玩充滿興趣，因為他們覺得好玩。同樣的道理，如果學習變成「好玩」的事，男孩也會像熱衷打電動一樣，每天主動利用固定的時間學習。

一位上小學三年級的男孩特別不喜歡學習，尤其是國文成績很差。對此，父母哄過他、罵過他、打過他，仍然一籌莫展。有一天，媽媽在看報紙時，指著一處錯誤說：「這麼簡單的問題都會犯錯。」

兒子立刻跑過來，很感興趣地問道：「在哪裡？我看看。」

這時，媽媽知道讓孩子主動學習的機會來了，於是告訴他：「這篇報導裡有兩個錯誤，相信聰明的你 定能找出來。」

於是兒子讀完了那篇文章，並指出了一處錯誤。

後來，媽媽經常拿著幫兒子買的課外讀物對他說：「兒子，你讀讀這本書，看看它的水準如何，有沒有錯別字？」這漸漸成為母子間經常做的一種遊戲，每當此時，兒子都會很樂意讀書。由於孩子的閱讀量增加了，國文成績自然也就提高了。不僅如此，由於孩子學習的興趣被激發出來了，再也不必催促他看書了。

讓男孩愛上學習並不困難，關鍵在於家長如何引導。愛玩是每個男孩的天性，不妨巧妙利用這一點，將遊戲導入學習之中，激發他的學習興趣。

幫兒子找出讀書的黃金時間

在一天當中，任何人都有自己狀態最佳、精力最好的一段時間。如果孩子能在狀態最好的那段時間學習，不僅可以提高學習效率，還會愛上學習。

如何尋找學習的黃金時間呢？家長可以要求男孩把每天做每件事開始和結束的時間都記下來，一星期後再檢視這份紀錄，每天效率最高的那段時間便是他的學習黃金時間。

♂ 幫助男孩建立學習信心

在學習這條漫長的路上，因為種種原因，男孩常常會產生很多困擾，往往會出現不想學或不願學的現象，這時他們需要家長積極的暗示，例如「我們家兒子很優秀」、「兒子，你絕對

 如果學習變成「**好玩**」的事，男孩也會像熱衷打電動一樣，每天主動利用固定的時間學習。

沒問題」等，這些**積極的暗示能使男孩從「不想學、不願學」的情緒中走出來，對自己充滿信心，從而拿出最大努力來學習。**

一個小男孩的成績一直不上不下，家長整天督促他學習，但成績還是在原地徘徊，於是家長向老師求教。

後來老師找這個男孩談話，發現他張口閉口都是「反正我記憶力不好，怎麼學都不行」。老師將這個狀況告訴家長，家長才明白這是怎麼一回事。原來，孩子的母親經常在別人面前自謙說孩子的記憶力不好。

「這孩子的記憶力不好」雖然只是家長對別人謙虛時說的話，但孩子聽在耳裡，卻會認為那是家長對自己的真正評價，於是在這種暗示的影響下，記憶力真的變差了。所以，即使你的男孩有一些缺點，也別動不動就提出來，這樣會給孩子消極的暗示，讓孩子在不知不覺中放大自己的缺點。

放大兒子的優點，建立自信

二年級的男孩翰翰學習很差，到現在還不會注音，老師幾乎都要放棄了。雖然爸爸也為兒子著急，但他從來沒有將這種情緒傳達給兒子。

有一天，他看到兒子與朋友下跳棋，兒子每盤都贏。回到家後，他真誠地讚美兒子，並且表示要和兒子殺個幾盤，結果兒子五戰三勝打敗了爸爸。爸爸馬上誇獎兒子：「你好聰明，從今以後，爸爸要拜你為師了！」看著兒子興奮的模樣，爸爸接著說：「來，爸爸教你學注音，我就不信你的注音比你的那些手下敗將還要差！」

在爸爸的鼓勵下，翰翰變得不再提到注音就皺眉頭了，變得會主動學習了。

對男孩來說，當優點被放大時，做起事來就會滿懷信心。如果他的目光總是放在自己的缺點上，家長就必須引導他們認識自己的優點，滿懷信心地學習。

用輕鬆的態度安慰沮喪的兒子

有時，為了安撫男孩或焦慮，或受傷，或自卑的心靈，家長偶爾可以說一些善意的諾言。

一個小學四年級的男孩在期末考前天，違反了學校的紀律，被停課兩天。爸爸瞭解事情的經過後，沒有責怪孩子，反而開玩笑似的安慰情緒低落的兒子：「我昨天做了一個夢，夢到你很傷心地哭了，我想這幾天你一定會經歷挫折，沒想到這個挫折就是被停課兩天呀！好了，沒事了，接下來你要走運了，這次期末考你一定會考得很好！」

男孩雖然不相信爸爸的話，但聽爸爸這樣說，心裡卻覺得舒服了很多。期末考結束後，這位父親告訴兒子：「做錯事，就要接受學校的懲罰。當然，懲罰你並不是學校的最終目的，而是你在這次懲罰中是否確切明白自己的錯誤，是否有改正錯誤的決心。」

對男孩來說，當**優點被放大**時，
做起事來就會滿懷信心。

時常用積極的語言鼓勵兒子

不管是與別人聊天或是與兒子談話，一位媽媽總是自豪地說兒子的優點：「我的兒子看東西總是目不轉睛，他上學後肯定會很棒！」「兒子，你的精力真好，只要你願意，以後肯定能成為出色的運動員！」「兒子，你的哭聲真響亮，說不定以後能當個出色的歌手呢！」

試想，在這種環境中長大的孩子能沒有自信嗎？會討厭學習嗎？

面對不愛學習的男孩，家長應該時常用鼓勵、信任的語言，或許有一天他真的會像你所說的那樣，對學習充滿信心、愛上學習！

♂ 訓練男孩懂得自主學習

現在的家長都很重視孩子的教育，希望孩子成績好，但往往又不相信孩子的能力。於是，輔導孩子做作業、為孩子檢查作業便成了家長的「功課」，而且要求往往比老師還高，不允許孩子出錯。哪怕只是一個小錯誤，或是某個字寫得不端正，都會即刻要求孩子糾正。男孩通常很喜歡這種做法，因為有爸媽在，他們不用費太多力氣，作業就能輕鬆得「優」。但是，這麼做最終會為這些男孩帶來什麼呢？

事實上，家長越是細心地為男孩檢查作業，他就會過於依賴父母，覺得自己有「靠山」，

便以無所謂的態度看待作業，那麼他以後的作業錯誤會越來越多。

陪男孩做作業、幫他檢查作業，除了讓他產生依賴心理外，還會使他的思考能力下降。遇到比較難一點的題目，他們心裡會想，反正爸爸媽媽會幫忙想，所以好像不用太用心思考，或者根本不去思考。這樣一來，即使家長跟他說明解題方法，他當下明白了，但是等到考試時還是不會做。

家長辛辛苦苦地陪孩子做作業、幫他檢查作業、為他講解作業，沒想到卻帶來如此多弊端。那麼，怎麼做對這些男孩才是最有利的呢？**最好的方法就是：讓男孩學會自主學習。**

五年級的皓皓學習成績一直很優秀，因為爸爸從皓皓上學開始，就告訴他做作業要認真、不懂的要立刻問，但是從沒干涉過他的學習過程。有時看到皓皓因為作業做得不好被老師罵，回家後心情很沮喪，爸爸也很心疼，但只是鼓勵他改正錯誤，而不是幫他檢查作業。

另外，爸爸還會鼓勵皓皓獨立思考問題，並且透過自己動手查資料或做實驗來解決問題。這位家長的做法似乎有點「冷酷無情」，但是皓皓卻比許多男孩幸運，因為這種教育方式使他的學習成績越來越優秀，獨立思考能力和動手做的能力都很出色。

家長們是希望孩子依賴自己，還是希望自己的男孩也像皓皓一樣有能力、優秀、自信呢？相信每位家長都會選擇後者。

其實，想要讓你的男孩變得優秀並不難，只需你鬆開手，讓他自己去做、去經歷、去解決、去成長。

獨立，是促使男孩更快成長的良好特質。不論是在生活領域或是學習領域，都應如此。

陪男孩做作業、幫他檢查作業，除了讓他
產生**依賴心理**外，還會使他的思考能力下降。

♂ 為男孩建立短期學習目標，累積成就感與信心

許多父母看到孩子貪玩、不認真學習時，經常會警告他們：「如果不好好學習，將來就當不成科學家了。」然而，他們很可能回答：「當科學家這麼難呀？我不想當了。」

也許這個男孩曾經有過當科學家的遠大目標，但是當他一次次經歷挫折（例如考試考不好），就會覺得這個目標很困難，從而輕易放棄。

心理學家曾做過實驗，將小學三年級一個班級的學生分成三組，然後由三位老師帶到很遠的地方做行進訓練。第一組學生被要求跟著老師走就可以了；第二組學生知道距離為二十公里；第三組學生不僅知道距離，還知道每一公里處都有一個告示牌，告訴學生已經走了多遠。最後的結果是，第一組的學生越走越沮喪，沒有一個人走到終點；第二組的學生雖然知道距離為二十公里，但因為無法及時知道已經走過的距離，有將近一半的學生中途放棄了；第三組的學生都走到了終點。

由此可見，太長遠的目標對耐心不足的男孩來說，會成為前進途中的絆腳石。因此，當你的男孩面對繁重的課業時，必須為他們將長遠的目標分解成若干個短期目標，並協助他們逐一達成。這樣一來，每實現一個小目標，他們都會產生成就感和自信心，從而促使他們不斷地努力，一步步接近那個遠大目標。

假設男孩的考試成績不好，家長不聞不問或又打又罵，都會使他們對學習喪失興趣，或是對學習產生恐懼。建議父母協助孩子設定一個個短期目標「每一次多進步幾分」「下一次少粗

心幾題」……當孩子實現這些目標時，會感受到成功的喜悅，而這些成就感會激發孩子自身的積極性及學習潛能。

需要注意的是，學習目標的制定既要符合孩子目前的學習水準，又要高於他們的實際水準，這樣才能促使孩子有效地進步。

此外，為了使孩子的目標更加清晰，家長可以在班級中找一個與孩子學習水準相當的同學做對比。有了競爭對象，男孩的學習熱情往往會更大。

國外的家長常常用「許願樹」鼓勵孩子一點點進步。他們要孩子把一個學期內要實現的小目標做成卡片掛在樹上，例如「不寫錯別字」「段考進步兩名」……孩子每達成一項，就把相應的小卡片摘下來。當孩子看著「許願樹」上的小卡片越來越少時，學習積極性會越來越高。

男孩成績好別太寵，成績差也別只有指責

孩子成績好，家長就把孩子當作寶；孩子成績不好，家長就打罵孩子。這種做法不但對孩子的學業發展沒有好處，還會影響孩子的心理健康。父母應該用平常心來看待孩子的成績，尤其是對待容易叛逆的男孩更應如此。

讀書是學生的任務，家長**不要因為自己的男孩成績好而沾沾自喜，或用各種物質來獎勵他，這樣只會讓他產生一種錯覺：讀書是為了家長。**另外，對待成績不好的男孩，家長必須給

予鼓勵，幫他們分析成績不好的原因，找出適合他們的學習方法，並告訴他們：「只要一直有進步就可以了，成績是次要的。」

除此之外，還要為孩子創造一種輕鬆的學習氛圍，例如與孩子一起討論學習中遇到的問題、一起讀書、一起學習……**不要動不動就問孩子成績、放學後立刻要求好動的小男孩去做作業，這樣會讓孩子產生一種錯覺：他是為成績而活。**

其實，只要男孩自己意識到學習的重要性，同時又願意把大部分精力用在學習上，成績都會很不錯。人家常常稱讚這類男孩「懂事」，他們會成為整個家族的「寵兒」，然而這也往往為他們的學業發展埋下了危機。

就讀高二的小浩的成績很好，全家族對他抱有很大的期望。一會兒爸爸對他說：「只要你考上好大學，我就買iPhone給你。」一會兒叔叔說：「只要你考上好大學，我就買iPad給你。」哥哥、姐姐也常買名牌運動服或大量課外讀物給他，偶爾還會給點「資金補助」……

奇怪的是，小浩成績反而一直下滑。退步兩名，大家沒有在意；退步三名，大家覺得這很正常；但當他的成績從前五名一直退步到二十多名時，大家著急了，馬上就要升高三了，這孩子究竟怎麼了？

事實上，這是家人對他的「優待」所導致的。他們之所以把這個男孩「捧上天」，是因為他們不瞭解對他的這種「好」是在害他。

第六章已經提過，男孩有錢就會變壞，他們會藉由打電動、上網等方式來消耗體內過剩的睪固酮，因此，提醒家長們，即使你再有錢，即使男孩成績再好，也不要給他太多會分散心思的物質獎賞，否則會使他不再專注於學習，到時要面對的也許就不僅僅是成績下降了，翹課、打架、偷竊……各種問題會層出不窮。

然而，與成績好的男孩比起來，成績很差的男孩遭遇更慘。因為成績差，他們在學校常常會遭受老師和同學們的白眼，回到家後還會常常受到家長指責、打罵，很多成績不好的男孩都曾悲觀地表示：「我也想考個好成績，但周圍的一切，尤其是爸爸媽媽給我的壓力太大了。在這種情況下，我又怎麼考得好呢？」「有時我真的懷疑，我是不是只為了成績而活」……

對待成績不好的男孩，家長更要理智。尊重孩子，是讓他們做好一切事情的前提。只有尊重他們，他們才會正視自己學習的缺點；也只有尊重他們，他們才會重燃學習的希望。

♂ 教出精通閱讀寫作、數學外語的小天才

——把兒子訓練成「記憶超人」

家長們常說：「要男孩背課文、英語單字特別費勁，越提醒他去做某件事，他越是忘記；平常也常常丟三落四……」

難道男孩的記憶力真的不如女孩嗎？事實上，科學研究證實，剛出生的孩子記憶力沒有太大差別，更與性別無關。而且研究還顯示，人的記憶能力非常強，一個正常人腦的記憶容量相

即使男孩成績再好，
也不要給他太多會分散心思的物質獎賞，
否則會使他**不再專注於學習**。

當於五億本書的知識總量，一個人的一生能儲存一百兆個資訊單位，再好的電腦也比不過。

那麼，為什麼男孩會記憶力不好呢？

原因在於男孩的注意力很容易分散。剛剛被交代去做一件事，如果突然被另一件事吸引，就會忘記原本應該做的事；其次，男孩比較叛逆，對老師或家長不滿時，常常會以「忘記了」為理由來表達自己的不滿……

對待記憶力不好的男孩，家長（尤其是媽媽）首要之務是停止嘮叨，否則叛逆的小男孩就會向你證明他的記憶力確實不好。事實上，如果家長的教育方式讓這些男孩心服口服，他們的記憶力往往會迅速提升。

除此之外，記憶力是可以訓練的。雖然孩子在出生時記憶力或多或少存在著一些個別差異，但後天的記憶力培養與訓練卻更重要。

以下是幾個訓練男孩記憶力的方法：

提升兒子對於記憶的自信心

很多男孩在背課文、記公式、記英語單字之前，對自己很沒信心，擔心記不住。這樣一來，他就產生了抗拒記憶的心理，造成精神不集中，總是記不住。

此時切忌打擊孩子的信心，例如罵孩子「你什麼都記不住，一點記性也沒有，對你說了也是白說。」家長一定要耐心幫助他，多給予鼓勵、積極的暗示，加強孩子對於記憶力的信心。

上小學的小宇經常向媽媽抱怨：「媽媽，我的記憶力不好，課文永遠背不起來。」

媽媽笑著對他說：「別灰心，慢慢來，你小時候就能背很多唐詩，我敢跟你保證，只要你肯用心，再難記的東西對你來說也不算什麼。」

小宇仔細想了想：「我小時候的記憶力真的很好，還經常被幼稚園老師讚美呢，現在也絕對沒問題的。」用這樣的心態去對付那些需要記憶的科目，效率不但高了很多，小宇還發現自己的記憶力的確很出眾。

當男孩對自己的記憶力產生懷疑時，家長要時常給孩子積極的暗示，「你一定能記住的」「爸爸像你這個年紀時還不如你呢」……只要讓他們對自己的記憶力充滿信心，再讓他們背課文、記公式等就不是困難的事了。

運用各種感官記憶

有位兒童心理學家曾做過一個試驗，分別讓三組男孩來記一幅畫的內容。對第一組男孩，他只告訴他們畫上畫了些什麼，並不給他們看畫；對第二組男孩止好相反，只給他們看畫，可是不講每張畫畫了些什麼；對第三組男孩則是又講解又讓他們看。

過了一段時間，這位兒童心理學家分別問三組男孩記住了多少畫上的內容。結果第一組孩子記得最少，只有六〇％；第二組孩子記得比較多，記住了七〇％；第三組孩子記住最多，達到八六％。

任何人都是如此，只用視覺或只用聽覺，記憶的效果都不是很好，視覺與聽覺並用，效果就會好得多。因此，**想要讓男孩的記憶效果變好，就要幫助他們運用各種感官來記憶。這種方法可以促使大腦各部位同時接收和處理資訊，用來學習男孩最不擅長的語文課程，效果最為顯著。**（此章節因男女孩教養方式差異不大，和《教出好女兒》p.120-121內容相近，但為維持建議的完整性，還是保留文章。）

先理解，再記憶

死記硬背不但很快就會忘記，男孩也會覺得很煩。因此，當男孩在背文言文、記物理或數學公式時，一定要先讓他理解後再記憶。

一個剛上小學二年級的男孩可以把《論語》某些篇章背得隻字不差，其他家長向男孩的爸爸請教經驗，男孩的爸爸回答：「其實也沒什麼，平時我常跟他說一些孔子與他的學生的故事，講得多了，他理解了，《論語》也就記住了。」果然，這個男孩還能把每句話背後的故事講出來。

理解是記憶的基礎，只有先理解了才能記得牢、記得久。

利用具體形象進行記憶

根據心理學家研究，小學生擅長記憶具體的形象，有具體形象的東西容易讓孩子留下深刻的印象。因此，當孩子記憶一些抽象的東西時，家長可以指導男孩盡可能將抽象的東西找出與具體形象的關連性，這樣就很容易記住了。

♂ 提高男孩的語言表達能力

男孩的情感表達方式與女孩不同，男孩會為生病的媽媽倒一杯水，卻不願用語言表達自己的情感。然而，在現代社會，即使一個人再有自己的想法，卻不會表達或不善表達，還是不會被眾人認可。

研究顯示，男孩的語言表達能力發展比女孩晚一些，當同年的小女孩已經能夠流利地講故事給媽媽聽的時候，也許小男孩只能簡單地說幾句話。如果家長指責他們表達能力比其他女孩差，會使男孩產生自卑情緒，對自己的能力深表懷疑，從而越來越不願意表達；家長的責備有時還會使內向的孩子產生自閉心理，從此拒絕說話。因此，面對不善表達的男孩，家長必須運用恰當的方法引導他們開口說話。

猛猛剛學會說話的時候，媽媽便不再特別教他說話，她總是說：「我工作太忙了，沒時間教孩子說話。而且，孩子都已經會說話了，長大後慢慢就更會說了」「又不是要讓孩子去耍嘴皮子，沒有必要特別教他怎麼說話」……現在猛猛已經上二年級了，老師經常擔憂地說：「這

指導男孩盡可能將抽象的東西找出與**具體形象**的關連性，這樣就很容易記住了。

孩子的語言表達能力太差了，這樣不但不利於寫作，也將成為孩子日後發展的障礙。」

這就是因為早期的教育不良，導致表達能力差的典型例子。

這時，家長必須採取積極的態度，有計畫地補救孩子的語言表達能力，例如：

先循序漸進地訓練孩子的表達能力：從「書」、「一本書」、「這是一本書」、「這是一本很好看的書」開始，到比較完整地講一個小故事，慢慢地引導孩子學會表達。

接著，教孩子精確描述一件事情：如果孩子在描述一件事、一個人物時比較籠統、含糊，家長可以引導孩子把事情講清楚。

小學一年級的小寧放學回來，媽媽問他：「兒子，今天學什麼呀？」

「老師講故事給我們聽。」小傢伙興奮地說。

「什麼故事呀？」媽媽耐心地問。

「在很久很久以前……」說著便說不下去了。

這時媽媽耐心地提示他：「很久很久以前有個什麼人呢？」

「哪吒！」

「哪吒做什麼了？」

「哪吒鬧海！」

「是嗎？那你講講哪吒鬧海的故事好不好？」

如果家長都能像小寧媽媽這樣，站在孩子的角度，循循善誘，經由耐心的引導，孩子的語言表達能力自然就會提高。

童年時期是語言表達能力的啟蒙和高速發展階段，加上男孩的好奇心和模仿力都很強，因此這段時期是提高男孩語言表達能力的關鍵。家長一定要在這個時期針對男孩的特點，用正確的方法引導他們表達自己。

設計各種語言遊戲讓兒子參與

想要提高男孩的語言表達能力，僅靠平時與孩子交談是遠遠不夠的。父母可以在適當的時刻與男孩玩語言遊戲，例如成語接龍、猜謎、演講比賽等。為了準備比賽，家長可以為孩子購買成語詞典或成語故事書等，只要男孩對這種遊戲感興趣，就會主動去看。另外，家長還應鼓勵他們開口說出來。

小強還小的時候，家長為了鍛鍊他的語言表達能力，經常和他玩遊戲。媽媽當主考官，爸爸和小強比賽。媽媽問：「鴨子會游泳，老鷹……」爸爸迅速回答：「老鷹會飛。」小強一明白遊戲的規則，立刻興奮地參與。媽媽問：「蘋果是綠色的，香蕉是……」小強馬上回答：「香蕉是黃色的」。

讓男孩以競賽的形式參與遊戲，不但可以培養他們在時間壓力下迅速反應、準確表達的能力，還會使他們覺得學語言是一件很有趣的事，對男孩的記憶力、應變力、想像力、統整能力等也是很好的訓練。

父母可以與男孩**玩語言遊戲**，
例如成語接龍、猜謎、演講比賽等。

引導兒子詳細描述發生的事

演說家不是天生的，而是後天訓練出來的。要讓男孩完整並出色地表達，家長首先要有耐心。另外還應注意，當男孩說話不流暢時，千萬不能隨便批評，否則會挫傷他的積極性。

一位媽媽這樣描述了她如何引導孩子表達：

兒子放學回家，高興地對我說：「媽媽，今天老師讚美我了。」我放下手邊的事，親切地對他說：「恭喜你！快說說，老師為什麼讚美你呀？」

「老師說全班語文測驗只有三個滿分，我是其中一個。」孩子自豪地說。

「那你說說詳細經過，老師是帶著什麼表情走進教室的？」我引導他。

「當時教室裡十分安靜……」

「如果要用成語描述，叫做鴉雀……？」我故意打斷他。

「呵，對了，教室裡鴉雀無聲。老師興高采烈地走進教室……」

「老師怎樣說，面帶什麼表情呢？」

「老師面帶微笑，滿面春風地說，全班有三個同學滿分，他們是……」

「當時你心裡緊張嗎？」

「我緊張極了，心裡像敲起了咚咚的小鼓，又像小兔子亂蹦亂跳。當老師公布我是滿分的時候，心裡的大石頭才落了地，激動得手舞足蹈！今天的我好興奮，今天的我好快樂！」

在我的積極引導下，兒子把今天發生的事完整地表達出來，隨後我又請兒子把今天發生的事情寫在日記裡。

只要家長能夠持續引導男孩表達自己的所見、所聞、所感，尤其特別加強男孩不擅長關注他人的情緒、表情上的觀察與描述。有一天當男孩開竅後，他的語言表達能力就會迅速提升。

訓練男孩成為寫作高手

提到作文，很多男孩都會頭痛，話都說不好，更不用說寫作文了。於是，當老師要他們寫日記、寫作文時，他們不是記流水帳，就是隨便在書上抄兩篇來應付。許多家長對這種情況往往無能為力，畢竟這不像語文題、數學題，可以詳細講解給他們聽，一般父母最常見的做法就是買幾本《優秀作文選》給孩子看，但作用並不大。

在一個美國家庭裡，有個小學三年級的男孩。一天，男孩從學校回來，一進門就說老師要他們寫一篇觀察作文，他選擇了金魚，所以要求爸爸買兩條小金魚。爸爸雖然很忙，仍然很高興地答應了。

爸爸帶男孩來到市場，買了兩條漂亮的小魚，又帶男孩去了一趟圖書館，幫他借了兩本有關金魚的書。回到家後，小男孩邊看書，邊觀察那兩隻小金魚，遇到不明白的問題就問爸爸，爸爸總是耐心地解答。

男孩經過幾天的研究，觀察作文終於寫好了。當他把作文交給老師看時，老師高興地誇獎

男孩喜歡「**研究**」，用這個方法起頭引起他的興趣，是最適合男孩的學習方式，才會寫成一篇很好的作文。

他觀察仔細、研究透澈，這篇作文都可以稱得上一篇小論文了。

男孩喜歡「研究」，用這個方法起頭引起他的興趣，才是最適合男孩的學習方式，經由認真的觀察、研究，他們才會對事物有新的認識，當他把這些新的認識寫出來，就會成為一篇很好的作文，也會跟別人的觀點不一樣。更進一步，男孩也會因此從寫作過程中體會到樂趣，從而喜歡上寫作。

引導兒子觀察生活細節

孩子必須具備很強的觀察力，才能提升寫作水準。然而男孩好動的天性往往使他們無法集中注意力。因此，父母一定要有意識地引導孩子觀察日常生活。

一位母親這樣描述她的經驗：

冬日早晨，我送兒子上幼稚園，一邊走一邊問他：「路上的叔叔阿姨和小朋友都穿了什麼衣服？」「樹葉有什麼變化？」「你會不會冷？」孩子在回答這一連串問題後，對冬天就有了具體的認識……在我的引導下，兒子慢慢學會了觀察周圍的事物。

引導兒子口頭作文，再幫他寫下來看成果

口頭作文不僅可以培養孩子的觀察能力和口語表達能力，更重要的是，在孩子逐漸過渡到

文字表達的階段時，其語言的邏輯思考能力也可得到鍛鍊。

一位媽媽曾經分享自己的教養經驗：

當兒子的表達能力進步到一定程度時，我試著跟他做口頭作文。作文的題目大多是即興的，比如星期天我們去公園玩，回家的路上，我開始問兒子：「公園美麗嗎？」兒子興高采烈地回答：「非常美麗！」「你能告訴媽媽東湖公園有多美嗎？」兒子歪著小腦袋，詳細描述他在公園看到的一切。

回到家後，我把兒子的口頭文章用筆記錄下來，然後重念一次給他聽：「這就是你的文章，寫得真好！」兒子看到自己嘴裡說的話瞬間變成文字，大受鼓舞。從此，到了任何地方，他都會跟我說：「媽媽，我要寫文章。」

男孩對某件事感興趣時，家長要掌握他們興奮的情緒，引領他們盡情地描述。這種方式不僅可以鍛鍊孩子的口頭表達能力，而且記錄下來之後就是一篇很好的作文。

引導兒子聯想

男孩的思考很跳躍，會在說一個話題時想起另一個話題，這時，家長要鼓勵他們去想、去說，因為聯想和想像也是寫好作文的關鍵。以下介紹幾個可以和男孩一起玩的「聯想遊戲」：

1. 數字的聯想：例如由數字「1」想到竹竿、筷子、電線桿；由數字「2」聯想到白鵝、鴨子；由數字「3」想到山、麥當勞……

男孩對某件事感興趣時，
家長要掌握他們**興奮的情緒**，
引領他們盡情地描述。

2. **數列的接力**：從1數到20，用奇數接：1↓3↓5↓7……用偶數接：2↓4↓6↓8……用5個一數：5↓10↓15↓20……

3. **動物排排看**：四隻腳的動物有牛↓狗↓羊↓獅子……會飛的動物有鳥↓蚊子↓雁↓鴿子……

4. **一筆接一筆**：在地上攤開畫紙，親子共同用彩筆、顏料，一筆接一筆，合力創作。

5. **一句接一句**：串成一篇故事，可以錄下來，全家共同分享。

♂ 加強男孩的英語能力

由於我們並非身處使用英語語言的環境，所以想要孩子學好英語需要耐心。我們都知道，男孩是坐不住的、是沒有耐心的，所以討厭那些單字和多變的文法。

當男孩討厭一件事，即使這件事對他很重要，他也不會花太多的精力去做。所以，男孩想要學好英語，首先不能對英語反感。

任何一個人學習語言都有「靜默期」，就像小孩子剛出生時就具備發聲能力，但要等到一歲多才開始咿咿呀呀地說話，只有經過一年多的「輸入」才會有「輸出」。

如果家長的功利心太強，不顧男孩學習英語需要時間的特點，而只是盲目地催促孩子背誦、與其他孩子比較，會使男孩學英語的積極性大受打擊，從而對英語越來越厭煩，這樣要學好英語，就更加困難了。

加強兒子學習英語的興趣

只有讓男孩對英語產生濃厚的興趣，他才可能靜下心來學。其實，對於愛表現、容易激動的男孩來說，讓他愛上英語並不難。

小博的媽媽不懂英語，有一次，別人送她一個進口的化妝盒。但是她無論如何也打不開盒子，而且上面只有幾個英文字母。媽媽沒有辦法，只得試著問兒子：「兒子，你來看看這個盒子上寫的是什麼？」

兒子看了一眼，笑著說：「媽媽，你是不是打不開這個盒子呀？這個單字push是『推』的意思，你看這樣不就打開了嗎？」

媽媽有點不好意思，但又一轉念：為什麼不利用這個機會讓孩子學好英語呢？於是對兒子說：「以後我跟你學英語，好嗎？」

「好呀，不過妳要聽我的話。」兒子自豪地說。

小博媽媽真的按照兒子的要求從「A、B、C」開始學英語，而正如她所料，她的「小老師」的英語成績直線上升。

利用機會向男孩請教難度適中的問題，可以提高男孩的學習興趣。家長們不妨創造機會，讓孩子當「老師」。例如教奶奶學英語、教弟妹學英語等，都能激發男孩學習的積極性。

只有讓男孩對英語**產生濃厚的興趣**，
他才可能靜下心來學。

另外，如果家長的英語也不好，不妨和男孩一起學習，這對男孩來說是很大的鼓勵，可以增強他學習英語的信心。

讓兒子養成學英語的好習慣

習慣是一種巨大而持久的力量，不管男孩或女孩，在學習英語的過程中，養成良好的學習習慣，能夠促使他的英語整體能力大幅提升。

首先，要讓孩子養成認真聽、耐心聽的習慣。先用心靜聽錄音，聽清楚了、聽會了，才跟著說。不要急著說，因為剛開始聽就急著跟著說，會使孩子對錄音帶產生依賴，離開了錄音帶就什麼都不會說了；也不要聽不清楚就跟著說，這樣不利於提高聽力，降低口語能力。

其次，要鼓勵孩子大聲說，不害羞。家長要不斷鼓勵他大聲朗讀、勇於和別人對話，這樣不但有利於鍛鍊口語，當他的發音、文法出現錯誤時，也能及時發現並糾正。

最後，要鼓勵孩子大膽地做動作。語音語言和身體語言是相輔相成的，做動作可讓男孩理解語言，表達語言，也有助於記憶。例如家長在讀「鼻子」這個單字時，可以要男孩摸摸鼻子。（此章節因男女孩教養方式差異不大，和《教出好女兒》p.299-300內容相似，但為了維持建議的完整性，還是保留文章。）

不要過度要求兒子的英語成績

對男孩的英語成績千萬不能要求過高，如果他盡了最大努力還是達不到，會讓他產生很大的精神壓力，甚至產生嚴重的自卑心理。

濤濤的成績一般，英語成績尤其糟糕。一次英語測驗，他只得了九分。看著垂頭喪氣的濤濤，媽媽鼓勵他：「別著急，一點點進步，只要你認真學，下次進步十分就可以了。」結果第二次測驗他竟然考了六十一分。濤濤高興地說：「我第一次覺得自己不是笨蛋！」

家長對待男孩的英語成績，必須做到「重過程，輕結果」。一位英語老師說：「家長不僅要有耐心幫助男孩學習英語，還要用平常心對待他的成績。」男孩在沒有壓力、輕鬆的環境下學習，成績反而會加速提升。

讓男孩成爲數學天才

多數男孩都喜歡數學，這與他們的思考方式有關。男孩的邏輯思考能力比女孩好，因此能夠輕鬆處理數學題目；男孩的空間感比較強，所以立體幾何往往也是他們的最愛。另外，男孩往往願意花很多精力做自己感興趣的事，所以，對於喜歡挑戰的男孩而言，解出有點難度的數學題就成了最大的樂趣。

家長對待男孩的英語成績，
必須做到「**重過程，輕結果**」。

雖然男孩喜歡數學，也願意主動學習，但是為什麼他們的數學成績還是常常不及格呢？原因在於，當他們體驗到解出難題的成就感之後，往往會「看不起」那些簡單的題目。

一個小男孩經常很輕易地解出一些較難的數學題目，因此很受數學老師喜愛。但是，期中考試時，他的數學成績竟然不及格。老師分析了之後，發現他做錯的都是很簡單、大多數學生會做的題目。老師把他叫到辦公室，把試卷拿給他看，並真誠地問他：「你能告訴老師，你在做這張試卷時是怎麼想的嗎？」

小男孩看著那些出錯的題目，不好意思地說：「老師，我錯了。試卷剛發下來時，我大概看了一下這些題目，發現都是我會做的，所以就想，這樣的題目我能考一百分。但是由於看錯數字、抄錯答案等，才會不及格……」

他說出了所有小男孩的心聲：他們不怕數學題目難，只怕題目太簡單。所以，如果希望男孩數學成績名列前矛，就別忘了提醒他們「細心」。

有些家長會讓孩子一直做題目，但是**對男孩來說，並不是做的題目越多，解決問題的能力就越強；而是掌握的方法和技巧越多，才更會做題目**。太多題目往往容易讓這些好動的男孩失去興趣。

此外，男孩面對很難的數學題目時，不要輕易告訴他們答案或為他們講解，這樣會讓他們產生依賴心理，導致無法展現男孩所特有探索欲望、較強的邏輯推理能力。所以，寧可讓你的男孩帶著疑惑去問老師、問同學，也不要讓他對你產生依賴。

每個男孩都擁有數學家的頭腦，但是需要家長和老師們的正確引導，男孩的數學天賦才能完全激發出來。在輔導男孩數學時，只要多提出能引發他們興趣的問題、引導他們動腦筋尋找規律、鼓勵他們自己動手體驗數學的樂趣，如此一來，他們就會輕易愛上數學、學好數學。

引導兒子探索數學規律

如果家長只是呆板地出幾道題目讓孩子算：2+3=? 3+4=?……很容易會讓男孩產生厭煩情緒，進而覺得學數學很無聊。這時，家長可以變換題目：「哪兩個數相加等於10？這樣的算式共有幾個？」「你能從中找到規律嗎？」

其實，任何一個人學數學都是這樣，解出一道很難的題目時，往往會產生很大的成就感，而這種成就感便成了愛上數學的理由。

任何數學題都有其固定的解題規律，在家長的引導下，當男孩自己摸索到一條數學規律時，甚至比解出一道高難度的應用題還有成就感，促使他繼續在數學天地裡探索。

提升兒子的邏輯推理能力

邏輯思考能力指的是「從已知的條件，判斷未知的結果，並懂得分析、判斷、推理，能說出得出結果的原因依據」。**一位兒童心理學家曾說過：「數學是培養孩子邏輯推理能力的最佳**

工具。」而理論與事實都顯示，孩子的邏輯推理能力越強，數學成績就越高。

家裡買回來一袋米，爸爸問兒子：「你知道這袋米有多少粒嗎？」

兒子皺了皺眉頭，對爸爸說：「怎麼可能知道呀！」

爸爸笑了，引導兒子說：「這一點也不難。如果我們把米分成很多份……再利用一下秤……你說會如何呢？」

兒子仔細想了想，興奮地說：「哦，我找到好方法了。先秤一兩米，數出這一兩米有幾粒，再秤出這袋米的總重量，就可以算出這袋米有幾粒了。」

爸爸也笑了，繼續引導兒子：「那你是不是可以利用這個方法計算一張紙有多重呢？」

如果每位家長都能像故事中的爸爸一樣引導孩子去分析、判斷、推理，那麼孩子的邏輯思考能力肯定會很棒，並且每個孩子都會因此愛上數學。

一位爸爸問孩子：「兒子，一張長方形的紙片有四個角，剪去一個角，還剩幾個角？」

孩子脫口而出：「三個。」

爸爸笑了笑，對孩子說：「你何不親手剪一剪再告訴我答案呢？」

孩子真的動手剪了，一剪才發現竟然有五個角。

爸爸鼓勵他：「繼續剪，看能不能剪得只剩下三個角？」孩子剪了半天，當他沿著對角線剪開那張紙時，終於剩下了三個角。

鼓勵男孩動手做數學實驗，不僅能讓他領悟到書本的內容，還能多動腦筋，從而為創造發明打下基礎。

研究證明，孩子良好的學習素質一半來自家長的薰陶。因此，家長在輔導男孩數學的時候，只要多提出能引發他們興趣的問題、引導他們動腦筋尋找規律、鼓勵他們自己動手體驗數學的樂趣，如此一來，他們就會輕易愛上數學、學好數學。

♂ 讓男孩愛上閱讀

比起靜下心來看書，男孩更喜歡從實踐中獲取知識。然而他們也有愛讀書的時候，例如漫畫、《西遊記》《安徒生童話》等。這表示只要他們感興趣，讓他們坐下來讀書並不難。

孩子的讀書興趣是從小培養的，然而很多家長都認為：「閱讀是孩子上學以後的事。」「到了一定年齡，孩子自然而然就會閱讀。」他們犯了兩個錯誤，**一是忽視早期閱讀的可能性和必要性；二是過於強調識字是閱讀的基礎，忽視兒童在閱讀過程中對文字的學習。**

美國一位研究兒童心理學的博士，曾在加州一所小學調查五千一百零三名一年級新生，其中有四十九個人入學前就在家裡接觸過閱讀。博士對這四十九個孩子進行五年追蹤調查，發現與其他孩子相較，他們的學習成績一直保持領先。

由此可見，早期閱讀能為孩子帶來很大的優勢。如果已經錯過了孩子的早期閱讀教育，家長們也不用著急。**兒童心理學家認為，小學階段仍是孩子進行閱讀的黃金期，如果孩子能掌握高效的閱讀方法，大量閱讀文學或科普讀物等，將幫助他們確立積極的人生觀、價值觀，並且**

鼓勵男孩**動手做數學實驗**，
不僅能讓他領悟到書本的內容，還能多動腦筋。

可以提高孩子的學習能力。如果錯過了這個「黃金閱讀期」，可能會導致後面各個學習階段落後別人，想再彌補往往很困難。

閱讀是男孩瞭解人生的最快途徑。如果你的男孩愛上閱讀，對他的教育往往會省力很多。也許不用你教，他已經從書裡知道什麼是真正的男子漢？男孩子為什麼要勇敢、堅強？誠信對他一生有什麼樣的影響？他們的身上背負著什麼樣的責任……

正確看待兒子的閱讀興趣

只有愛上閱讀，男孩的眼界才能開闊；只有博覽群書，男孩才能更快走向成功。那麼，如何讓男孩愛上閱讀、正確閱讀呢？

子鑫早就能讀文字書了，但他還是喜歡看漫畫。一次，媽媽帶他去書店，他拿著一本漫畫就是不肯放下，媽媽皺了皺眉頭說：「這些漫畫內容太簡單，學不到什麼東西，還很貴。」此後好幾天，子鑫都沒有主動翻過一本書，媽媽拿出新買的童話書給他看，他也是隨便一翻，沒有認真讀。最後，媽媽沒辦法，只好又買了他喜歡的漫畫，他才又高興地看起書來。

學不到東西、價格太高，都不是拒絕為孩子買書的正當理由。每個家長在讓孩子讀書的同時，都要瞭解這一點：只有孩子對讀書產生了興趣，才有學到東西的可能。

為了讓男孩始終保持閱讀的熱情，家長千萬不能急功近利，把讀書、學習看成是得到某種榮譽的途徑和工具，而應視為生活的一部分、生命的一部分，才能用正確的心態教孩子閱讀。

要盡量滿足孩子的閱讀要求，不要扼殺了孩子的讀書興趣。

小男孩往往看到什麼都要問「為什麼」，這時家長不妨及時推薦他們看書，當他們體會到「書真的很神奇」時，就會不知不覺愛上閱讀。當然，**家長向孩子推薦書時，要考慮他們的年齡，如果推薦的書超過孩子的閱讀能力，會適得其反。而且，必要時，家長要幫助孩子閱讀。**

有時父母也可以利用同儕的力量，孩子們相互的影響比成人的影響更大、更直接。因此，不妨鼓勵孩子和那些愛讀書的同學交朋友，受到感染和薰陶，孩子就會漸漸愛上讀書。

學不到東西、價格太高，都不是拒絕為孩子買書的正當理由。只有孩子**對讀書產生了興趣**，才有學到東西的可能。

第八章

家有問題男孩怎麼辦？

當今社會，孩子要面對的危機太多了，網路、電視、複雜的人際關係……天性淘氣的男孩難免會有和朋友爭吵、打破玻璃等行為，如果因此就把他貼上「壞孩子」的標籤，會使他背負沉重的心理壓力，而且往往會成為家庭、學校乃至社會的災難。所以，父母必須建立正確的觀念，瞭解男孩內心真正的想法。

世上沒有天生的壞孩子，也沒有哪個孩子天生願意變壞。

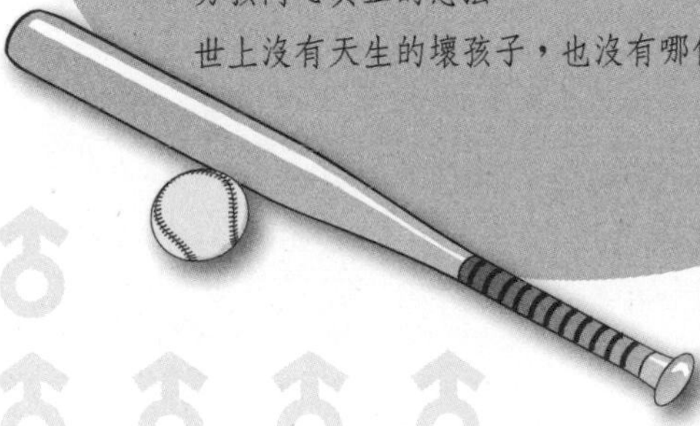

Q&A

他真的是壞孩子嗎？男孩「變壞」絕非偶然

「一個半夜拿石塊打碎別人家玻璃的男孩是不是壞孩子？」

「一個偷拿父母的錢翹課打電動的男孩是不是壞孩子？」

經常聽到有些父母說自己的男孩太調皮，簡直就是個「壞孩子」；還有的父母說很後悔自己當初生了這樣的孩子，如果是個女孩就好了。

的確有些調皮搗蛋的男孩令老師頭疼、讓父母擔憂。也許他們就是所謂的壞孩子，也許他們將來會成為壞孩子，但不可否認：那些大家認定無可救藥的壞孩子，曾經也是個好孩子！

有個男孩就曾在日記中記錄了自己「變壞」的過程：

「我很好動，喜歡在教室裡跑來跑去，常常撞倒其他孩子，哪怕撞得很輕，可是只要他們一哭，老師一定教訓我，還告訴他們離我遠一點。

記得五歲那年，一個長得像洋娃娃的小女孩把我的鞋踩掉了，而且踩完就跑，我叫她撿起來，她跑去告訴老師，沒想到老師竟然當著全班同學的面罵了我一頓，說我是寄生蟲。當天這個綽號就傳開了，一直到幼稚園畢業。

在我的記憶裡，爸媽從沒有陪我看過書，都在忙自己的事。小學六年我換了四所學校，第一次轉學是因為老師多次找爸媽去學校，他們嫌丟臉不去，只好轉學。第二次和第三次轉學都和成績有關，雖然當時我成績不差，算是中等，媽媽卻對我的成績很不滿意，於是讓我轉到教學水準更高的學校。最後這次轉學，學校倒是不壞，但我卻更壞了。

周圍的同學成績都比我好，我很想好好學習，但就是學不好，尤其是算術。

然而最傷我自尊心的還是那次老師分組。老師把班上分成兩組，一組是好孩子，一組是壞孩子，我被分在後一組。我心裡很不服氣，那些十幾歲還得靠媽媽穿衣服的孩子憑什麼當好孩子！但是氣也沒用，人家成績好啊，誰叫自己不爭氣呢！

有一次，我們這個年級去宿營，老師又把班上分成六個小組，好孩子和壞孩子自願組合，沒人要的孩子就得跟別班同組。學校要求大家帶手電筒，好孩子沒有一個人帶，拿的都是我們這些壞孩子，因為我們都怕被分到別班。

現在我家離學校很遠，我每天早上五點多就要起來上學，晚上十一點以前不敢睡覺。媽媽說人活著本來就很累，可是壞孩子活得這麼累也沒辦法變成好孩子……

我真的是壞孩子嗎？我實在不想當壞孩子啊！」

這個「壞孩子」的內心世界，是否讓你有所感觸呢？

男孩子小的時候，調皮搗蛋在所難免，和小朋友爭吵、打破玻璃等都是很平常的事。如果因此就貼上「壞孩子」的標籤，讓他們背負沉重的心理壓力成長，不變成「壞孩子」都很難。

父母應該先建立正確的觀念，瞭解男孩的所思所想，認知世界上沒有生來就壞的孩子，也沒有哪個孩子天生願意當壞孩子。

世界上沒有生來就壞的孩子，
也沒有哪個孩子天生**願意當壞孩子**。

發現並認可兒子身上的優點

男孩的調皮搗蛋多是天性使然，如果父母及師長換個角度去看，情形就會大不相同。每個孩子都有優點，即便是「壞孩子」也有許多可愛之處，關鍵在於我們有沒有去發掘。當你的男孩調皮搗蛋、說謊、翹課、成績差時，不妨換一個角度來看：他的調皮搗蛋，也許是一種創造力的表現；他的說謊，也許是一種對於錯誤教育方式的間接反抗；他的翹課、成績差，也許是他想博得更多關注與關愛的一種暗示。

如果不想讓男孩變得更壞，就不應該把他貶得一無是處。利用他的優點引導他，讓孩子身上具備越來越多好孩子的優點，他也會因為慢慢變成好孩子而感到驕傲。

美國成功學的創始人拿破崙．希爾（Napoleon Hill）小時候被認為是一個應該下地獄的人。只要發生了什麼不好的事情，他都會被懷疑，連他的父親都認為他是所有孩子當中最壞的一個。可是他的繼母卻找到了小拿破崙身上某些優秀的特質，使這個孩子重獲新生。

兒子犯錯是正常的，沒達到期望也不是笨孩子

孩子出現問題時，許多家長最直接的想法是：人家的孩子都那麼優秀，我的孩子怎麼這樣？同時懷疑孩子本身有什麼問題，卻不反思自己的教育方式是否出了問題。

當父母對孩子的期望過高，就容易產生焦慮情緒，不能容許孩子失敗，因此常常把無法達

到目標的孩子看成笨孩子、壞孩子。歷史上，經常受罰的達爾文、被逐出校門的愛迪生，都是這樣的「壞孩子」。

孩子是在犯錯之中長大的，重要的是父母怎麼面對孩子的錯誤。要寬容孩子的失敗，並給孩子迷途知返的機會。

Q&A

男孩真的不打不成器嗎？還是越打越倔強?!

許多家長認為「不打不成器」，動不動就對孩子非打即罵，以期孩子長大成材。但在現實生活中，往往事與願違——孩子越打越不聽話，越打越倔強。特別是男孩子，尤其如此。

國外行為學專家研究發現：男孩一犯錯，就大聲訓斥，甚至打罵，孩子就會對訓斥越來越無所謂。此時父母如果不反思教養方法，而是採取更嚴厲的訓斥，問題只會越來越嚴重。

家長之所以打罵孩子，主要有以下四大原因：

1. 傳統教養觀念：父母與子女的關係就是上對下，怎麼可能是平等的呢？

2. 情緒管理不佳：最近心情不好，孩子還那麼不聽話，不打他真是難解鬱悶。

3. 熟悉的成長經驗：我也是被打大的，現在還不是活得好好的？

4. 尋求快速方便的方法：孩子不聽話，我也沒辦法，打他一頓至少能聽話幾天……

喜歡打罵孩子的父母，常常把原因推到孩子身上，但其實是因為家長「懶惰」，不願意花

國外行為學專家研究發現：
男孩一犯錯，就大聲訓斥，甚至打罵，
孩子就會對訓斥越來越**無所謂**。

心思尋找其他教育方法，才會有打罵孩子的草率表現。在打罵之下，孩子不僅不會對自己的錯誤感到後悔，反而會對父母產生怨恨。於是，男孩開始變得愛說謊，開始具有攻擊性，開始變得越來越倔強並難以接近……

管教孩子的方法有千百種，打罵是最直接的。但是時代在變，管教的方法也要變通！

家長應該充滿關愛與溫暖，而不是讓孩子感到陌生和恐懼。也許你會擔心，把棍子收起來，是不是就會寵壞孩子？其實，當孩子犯錯時，以尊重的態度讓孩子自己負責，反而更能培養孩子獨立而理性的人格。

讓兒子自己親身體驗惡果

曾經有十七戶日本市民到中國上海作客。有個日本孩子抓起一顆生餛飩往嘴裡塞，主人馬上站起來想制止他，卻被他的母親叫住了，她平靜地對主人說：「別管他，這樣他才知道生的不能吃。」那個小男孩吃了一口，果然皺著眉頭吐了出來。

如果你的男孩老是不聽話，那麼在安全無虞的前提下，可以讓孩子品嘗一下「自食惡果」的滋味。經由自身的體驗，他將能深刻領悟到父母的教導有多麼正確和重要。

告訴兒子「好漢做事好漢當」，付出代價才會學到教訓！

男孩犯錯是很平常的事，如果每次犯錯都要挨一頓打，那麼男孩在成長過程中要挨的打就數不清了。打也不行、罵也不對，那麼該怎樣讓男孩記住並改正自己的錯誤呢？

告訴他：「好漢做事好漢當。」

日本著名的文化人類學學者高橋敷先生，在祕魯的一所大學擔任客座教授時，曾與一對來自美國的教授夫婦比鄰而居。一天，這對夫婦十二歲的小兒子踢足球時不小心將高橋敷先生的玻璃砸得粉碎。

第二天一大早，那個闖禍的十二歲男孩在一位計程車司機的幫助下，送來一塊用於賠償的大玻璃。他彬彬有禮地對高橋敷先生說：「叔叔，對不起。昨天我不小心打碎了您家的玻璃，因為商店已經關門了，所以沒能及時賠償。今天商店一開門，我就去買了這塊玻璃，請您收下，也希望您能原諒我。以後我會小心，再也不會發生這種事了，請您相信我。」

高橋夫婦款待他吃了早飯，還送給他一袋日本糖果。然而，當孩子拿著那袋糖果回家之後，教授夫婦卻出面了。他們將那袋還沒有開封的糖果客氣地還給高橋夫婦，並且解釋了理由：一個孩子在闖禍之後，不應該得到獎勵。

他們認為十二歲的「男子漢」應當學會對自己的行為負責，並向高橋夫婦講述自己的教育原則：孩子打破了鄰居家的玻璃，為了賠償，幾乎花光自己存摺裡的零用錢。但是，他絕不會得到父母任何一點「財政補貼」。如果他的錢不夠，父母可以考慮借錢給他，但他必須提出還款計畫，例如早晨為附近的鄰居送牛奶、取報紙，週末為別人修剪草坪，節省每週的零用錢等等。之所以這樣做，是讓他為自己的過失付出代價。只有付出代價之後，男孩才能真正學到寶

打也不行、罵也不對，
那麼該怎樣讓男孩記住並改正自己的錯誤呢？
告訴他：「**好漢做事好漢當**。」

貴的人生教訓。

孩子做了損害別人利益的事，要他自己去道歉、賠償損失，是為了讓他從小就知道要為自己的言行負起責任。

教育孩子的方式有千萬種，打罵孩子是其中最壞的一種；為人父母者，要引導孩子，而非控制孩子！

Q&A

越大越不聽話！家有叛逆兒子怎麼辦？

每個男孩都會經歷兩個叛逆期

隨著男孩漸漸長大，某一天你會發現，那個乖孩子忽然變了，要他做什麼他偏不做，不讓他做的他偏要去做，而且一副不耐煩的樣子。這突然的轉變，往往會使父母氣得咬牙切齒，不明白孩子為什麼越大越難管教，並開始為孩子的叛逆行為深感煩惱。

其實，對於任何一個孩子、特別是男孩來說，叛逆都是成長過程中不可避免的一個階段。即便是小時候很聽話的孩子，也會隨著年齡增長、思考能力的增強而產生叛逆行為，特別是在青春期時尤為嚴重。

從孩子的心理成長角度來說，一般會經歷兩個反抗期：

・第一反抗期：三至四歲

三歲之前，孩子在心理上處於與父母一致的狀態；三歲以後，他們能區分自己與環境的不同，想要獨立行動。當他感覺自己受到限制的時候，就會出現反抗傾向，例如天氣涼了，要他穿外套，他硬是不穿；客人來了，要他有禮貌地招呼客人，他就是不理不睬；他不僅學會了發脾氣，而且變得極為固執，常對父母說「不」。

這種「反抗期」的表現是正常的。在三、四歲期間表現出反抗精神的孩子，更容易成為心理健康、獨立堅強的人，而絲毫沒有反抗表現的孩子，則往往在性格上趨於軟弱和寡斷。面對孩子的第一反抗期，父母只要做到因勢利導，給男孩更多選擇、制定規則，就可有效避免孩子因固執走向極端。

・第二反抗期：十二至十五歲

當孩子十幾歲時，認知能力和世界觀初步形成，開始進入渴望被理解、被尊重的「第二反抗期」，因而會有一種「我已經長大了」的感覺，時時都要表現獨立自主的個性。

叛逆心理是青少年在成長過程中經常出現的心理狀態，也是一種有主見的象徵。此時的孩子反對成人把自己當成「小孩」，為了表現自己的「非凡」，對任何事傾向於批判的態度。

在睪固酮的作用下，男孩對於獨立、自由、新奇的渴望往往十分強烈。因此當他們感覺受到外界控制時，就會表現出強烈的反抗：有的男孩面對家長、老師的指責，很容易產生煩悶、

面對孩子的**第一反抗期**，父母只要給男孩更多選擇、制定規則，就可有效避免孩子因固執走向極端。

反感的心理；有的男孩除了聽不進老師和家長的教誨外，還會經常上課遲到、蹺課等；有的男孩喜歡穿奇裝異服、染髮、故意和別人過不去等等。

如果叛逆的男孩得不到有效的指引，和家人、老師的關係就會變得緊張，從而產生代溝；有時因為家長不能理性地處理事情，還會引發男孩的偏激行為，甚至走向極端。因此，不論你的男孩是否進入叛逆期，都必須提早掌握正確對待叛逆期男孩的方法。建議方法如下：

給兒子實際體驗的機會

男孩之所以對很多事情都固執己見，是因為他們缺少實際經驗。如果父母只是單純地告訴他：「你的想法不對。」「不行！」就會激發男孩的反抗心理。其實只要多讓孩子實際體驗，到底「行不行得通」試了就知道，就能有效化解孩子的反抗心理。

父子倆散步，兒子看到西瓜一定要買，父親說離家太遠，提回去太累了，兒子不高興：「我喜歡吃的西瓜你不買，你喜歡我成績好，我也不好好上課。」父親一想，對他說：「買西瓜可以，你要負責提回家。」兒子同意了，累得滿頭大汗才把西瓜抱回家，感觸很深地說：「吃個西瓜真不容易啊！」

在這個例子中，父親既有效化解了孩子的對立情緒，又讓孩子心甘情願地瞭解自己決定的錯誤。可以想像，當男孩體驗了一次提西瓜的辛苦，下次必然會對自己的任何決定更加慎重。

在兒子遭受挫折時給予理解和支持

十二歲的男孩進入青春期，反抗、易怒，對一切看不順眼的事物都極力反對、逃避。一天晚上，男孩一回家就躲進房間，躺在床上想著一天的不順心。他剛想抓起枕頭發洩，卻發現了一封信：「兒子，我瞭解你對目前的生活感到不順心。我知道父母不一定什麼都對，但是，我對你的愛是全心全意的……任何時候，你想找我談談，我永遠歡迎。請記住，媽媽永遠愛你，更以能擁有你這個兒子而感到驕傲。愛你的媽媽。」

每當男孩的情緒波動時，床邊總會出現一封母親的信，一直到他長大成人。後來，男孩成為一位周遊世界各地的演說家。

這位母親沒有訓斥孩子，也沒有用物質「收買」孩子，而是用一封充滿母愛的信件與兒子溝通。她用愛撫平了孩子波動的情緒，給予孩子堅定的生活信念。

孩子經常會有失敗的經歷和由此帶來的煩惱，父母在孩子失敗時要給予及時的鼓勵與支持，這是消除孩子反叛心理的最好方法。

尊重兒子，用理解和愛消除他的叛逆心理

平等、民主的教育是消除叛逆心理的主要方法。在教育孩子的時候要充分尊重他們，以平等、友好的態度與子女談心。尊重、平等雖是大原則，但當男孩犯錯時，要給予理解、給予說

男孩之所以對很多事情都固執己見，
 是因為他們**缺少實際經驗**。

明，引導他們瞭解錯誤的原因，幫助他們吸取經驗與教訓。民主教育有三個重點：

1. 不可以「勢」壓制：處於反抗期的孩子，像是一個力度強勁的彈簧，如果父母強勢壓制，反而會引發孩子更大的反抗力度。因此，父母應多在理解和愛的基礎上，幫助孩子釋放心中的壓力。

2. 不提出過高要求：在學習上不要對孩子提出過高的要求，而是比孩子的實際能力略高一點，透過努力就能達成的要求。這樣一來，孩子不僅能享受到成功的喜悅，還能增強自信心。

3. 給孩子更多尊重：要理解、尊重孩子，把他們當成一個開始有獨立意識的小夥伴，給他們情緒變換和思考的餘地。孩子有時間做心理準備，就相對容易接受大人的意見。

和兒子交心，親子相處融洽，孩子就不容易反叛！

發現孩子的興趣會影響功課時，不要立即禁止，最好能多瞭解情況，例如陪孩子去電動遊樂場、和孩子討論他們的偶像，同時提醒什麼是應該學的、什麼是不應該學的。

只有進入孩子的內心世界，親子才能相處得更融洽。當父母與孩子相處融洽，孩子就不會反叛了。

Q&A

要如何疏導男孩的心理壓力？

父母最常注意的是孩子發燒、咳嗽、打噴嚏等身體狀況，但是一個真正健康的孩子，不但要身體健康，更要心理健康。

相較於女孩來說，男孩在成長過程中承受的壓力更大——因為是男孩，所以必須勇敢、堅強；因為衝動、易激動，所以更容易犯錯；因為好勝心強，所以會有更多與他人比較之後的痛苦；因為從小就被父母寄予很高的期望，所以承擔更多的學習壓力。

適度的壓力可以激勵人奮發向上，完全沒有壓力會使人疲乏、懶散，但壓力太大又會使人出現心理問題。男孩的心理壓力總伴隨著成長而無處不在，父母必須從小就積極引導男孩正確面對壓力、及時疏導壓力，才能讓他更積極、更努力，正面看待人生中的一切問題。

想要幫助孩子，首先要瞭解他們的心理壓力是什麼、來自何處。所以，父母一定要抽出時間和孩子面對面交談，聆聽孩子的傾訴。只有父母肯把自己的心和時間交給孩子，孩子才肯把心交給父母，這樣才能瞭解孩子的真實情況，也才能針對問題給孩子實際且有用的幫助。

重複兒子的話，表示你理解他的感受

孩子受到委屈時，父母應先設身處地理解孩子當時的心情。

男孩的心理壓力總伴隨著成長而無處不在，
父母必須從小就積極引導男孩
正確面對壓力、及時疏導壓力。

小勇從學校回家後一直很不高興，媽媽問他出了什麼事，小勇說：「今天下午，明明不是我打劉娟的，老師卻硬說是我打的，真氣人！」這時，媽媽說：「明明不是你打的，老師卻硬說是你打的，確實很氣人！」小勇覺得父母站在自己這一邊，氣也就慢慢消了。

當男孩子向你表達某種感受時，可以重複他的話表示你理解他的感受。這個方法可以安撫受委屈的孩子，使他抑鬱的情感及時得到宣洩，進而使孩子的情緒趨向平靜。

有的父母看到孩子受委屈了，會不停追問：「老師對你說了什麼？」「你為什麼不對老師說清楚？怎麼這麼蠢？」**追問和責備會使孩子倍感不滿和委屈，加深孩子的負面情緒，無疑是火上加油。**

鼓勵兒子自然流露各種情緒

孩子的喜怒哀樂是毫無掩飾的，他們敢愛、敢恨、敢說、敢笑，這是幼小孩子能及時宣洩各種情緒的優勢。

但是很多父母不瞭解自然流露情緒對於孩子心理健康的意義——「男孩子動不動就哭，羞羞臉！」「遇到一點挫折就垂頭喪氣，真不像個男子漢。」事實上，**一味要求孩子壓抑情緒，無疑會使孩子不堪重負而導致心理失衡。**

如果希望男孩堅強一點，不妨告訴他：「哭吧，把心裡的不高興都發洩出來，但是擦乾眼淚之後可要做個堅強的男子漢哦！」

幫助兒子克服不合群的恐懼

男孩喜歡群體活動，也正因為如此，他們往往會害怕和其他同學「不一樣」而被孤立，例如不願跟別人一起翹課、不願在考試時跟同學一起作弊、不願偷學抽菸等等，他們會受到嘲笑，並因此感到恐懼、不知所措。

這時，父母應該教導困惑的男孩堅持原則：不對的事絕對不能做。要讓孩子知道，不隨波逐流是很不容易的，這正是一個人成熟勇敢的表現，也是有主見、有頭腦的表現。

以自己為例，和兒子分享自己的經驗與做法

面對不可避免的成長壓力，父母要讓孩子知道，壓力人人都會有，父母也常常有煩惱。

小軒是個聰明好學的孩子，一直擔任班長。一次，他與同學發生摩擦，並因此受到老師的責備。從此以後，小軒一直壓力很大，對於班長的工作也不用心了。爸爸知道後，對他說：「你知道嗎？前陣子爸爸工作上也出了一個紕漏，被主管大罵一頓，爸爸鬱悶了很久。但事後爸爸想通了，犯了錯接受批評是應該的，只要我把工作做得更好，誰都會對我豎起大拇指。」小軒點點頭，理解了爸爸的用心良苦。

父母不妨分享自己的親身經歷，不僅可以避免說教，孩子也更容易接受建議。同時，父母也應該告訴孩子自己是怎樣應對困難、克服壓力的，以增強孩子的勇氣和信心。

Q&A

該怎麼處理男孩最常見的不聽話行為？

男孩的父母都有一個共同的感觸：男孩是好動的、是有個性的、是精力充沛的……因為生理因素，男孩從小就會表現出許多與其性別相符的個性特徵。正因為擁有這樣的個性特徵，與女孩相比，男孩不聽話的行為更多。

面對不聽話的男孩，很多父母都一籌莫展。究竟該如何應對兒子不聽話的行為，已經成了困擾家長的一大難題。

以下針對男孩在生活中最常見的不聽話行為，提供一些相應的方法。

頂嘴→當場給予尊重，事後再討論

五歲的兒子能說善道，我說一句，他頂十句，且振振有詞。例如玩具不收好就去看電視，我說：「不收好不能看電視。」他就說：「我有權決定什麼時候收拾玩具。」我氣得關掉電視不讓他看，他就大叫：「你不能干涉我的自由。」

孩子維護自己的權利，行為本質沒有錯。問題在於，他顯然對父母欠缺尊重，當然前提是父母也沒有尊重他。

其實，在孩子回答「我有權決定什麼時候收拾玩具」後，父母當場不要再多說大道理，只需說一句「好！我尊重你的選擇，但你也要說到做到！」事後再坐下來與孩子討論：父母希望他立即收拾玩具，他是否應該接受？他希望什麼時候收拾玩具，父母是否可以接受？

嫌煩、耍脾氣→馬上停止嘮叨，與孩子約定規則

兒子玩起電腦遊戲就沒完沒了，我說：「別一直玩，會近視。」他頭也不回地說：「你真煩，煩死了。」如果繼續和他討論這個問題，就會陷入討價還價中，弄得我頭都大了。

孩子嫌父母煩，是因為他必須停止玩遊戲，即使不停止也勢必玩不成。玩電腦時間長了影響眼睛，是孩子已經知道的，但他顯然聽膩了。**正確的做法是與孩子約定玩電腦的時間，並用鬧鐘或計時器予以控制。**

反駁有理→以具體要求替代籠統說教

兒子聰明伶俐，為達到目的會以各種理由說服我們，例如為什麼不？為什麼要那樣？我們可以……比如去外婆家前，我叫他快點穿好衣服，他立刻「回敬」：「為什麼要快？外婆家又不會不見。」「你不是叫我做事要仔細、有耐心嗎？」「外婆也說要慢慢來，不可以太急。」總讓我覺得很難應對。

由於思考能力所限，孩子無法理解人們的行為需要靈活的彈性。再加上家長經常講大道理，所以他就會據此反駁父母教養理念的自相矛盾。對此，父母應該減少籠統的說教，提出具

父母不妨分享自己的**親身經歷**，
不僅可以避免說教，孩子也更容易接受建議。

體的要求。例如孩子說「外婆家不會不見」，你可以回答「但是外婆會著急」；針對「你叫我做事要仔細、有耐心」，你可以回答「穿衣服和細心、耐心無關，和整潔、合不合宜才相關，不可混為一談」，千萬不可回答「特殊情況例外」，否則孩子下次會用這句話為自己找理由。

父母可用日常生活中孩子經歷過的事，以故事的形式具體指導孩子的行為，逐步訓練孩子思考關聯性的能力。

不斷地想買新玩具→多提供可以拼拆的玩具或引導新玩法

下班回家，兒子第一句話就問：「有沒有買玩具給我？」爸爸出差，從外地打電話回來，他搶過話筒就大叫：「買玩具給我！」現在家裡玩具成堆，兒子還是不斷地說要買。

具有很強的探索欲、喜歡新玩具，是男孩的普遍心理。但男孩真正在意的並不是玩具是否「新」，而是有沒有「新的玩法」。此外，這也與父母購買的玩具特性有關，例如漂亮的玩具汽車只能開來開去，孩子玩兩天就膩了；若是可拆裝可變換造型的汽車，孩子就能反覆琢磨，只要再給予引導和鼓勵，孩子就更能玩出創意、玩出名堂。

此外，父母還可引導孩子如何用舊玩具玩出新玩法或是把廢棄物當玩具。

霸道行為→制止時態度堅決、心平氣和

在兒子眼裡，玩具永遠是別人的好。看到鄰居家孩子玩什麼，立刻追過去搶著要玩；別人騎木馬，竟會把別人拉下來，自己騎上去。

若孩子兩歲，這種行為屬於正常，四歲值得注意，到了八歲還這樣就是霸道，表示家庭教育出了問題，孩子仍然停留在兩歲的水準，認為只有武力才能解決問題。對此，父母應該態度堅決、語氣平和地制止搶奪行為，但不要當場訓斥打罵。孩子哭，就讓他哭一會兒，然後再就事論事講道理。

玩瘋了！不肯回家→平時多讓孩子釋放精力，回家前須提前告知

每次帶兒子去遊樂場，他都哭著不肯回家，弄得我們筋疲力盡。

很多小男孩的精力特別旺盛，常會因為玩興正濃而不肯收場。要求孩子在玩興正濃時離開，無疑需要巨大的意志力。對此，父母平時應為男孩創造更多的戶外運動機會，使其充沛的精力得到釋放；記得提前告知離開時間（例如再過十分鐘回家），給孩子一個心理準備。

♂ 別讓男孩接觸太多暴力節目

曾有心理學家把兩組孩子隨機分配到兩個屋子裡，一組觀看暴力打鬥的電視節目，另一組

沒有觀看這些暴力節目。節目播放完畢，觀看暴力打鬥的這組孩子開始撕扯屋裡的玩具，並且互相打鬥；另一組孩子則沒有出現這些現象。心理學家由此得出結論：觀看暴力電視對孩子的影響很大，甚至會引起孩子模仿。

在性別差異上，心理學家則注意到，女孩觀看暴力節目與是否出現暴力行為間的關係，並不如男孩那般明顯。為什麼會如此呢？

道理很簡單。因為孩子還小，認知功能發育不完全，對事物缺少批判能力，當電視裡出現暴力鏡頭，孩子會覺得好玩，無法意識到它有什麼不對或危害，甚至漸漸認為凶殘有力、打架鬧事是「勇敢」。特別是**男孩受到體內荷爾蒙的影響，會表現出更強的領導欲、占有欲，因而更易受到暴力電視節目影響**。

一位媽媽描述了兒子的暴力行為：

兒子五、六歲時喜歡玩打打殺殺的遊戲，還經常威脅其他小朋友「我要殺死你」「我要打死你」，把其他小朋友嚇哭。有一次，他竟然在抽屜裡找到一把刀，把我剛買給他的一個玩具肢解了！分析之後，我和他爸爸才瞭解，原來兒子平時十分喜歡看武打電影，開始模仿，才會經常出現一些攻擊行為。

我們都知道，在電視或其他傳播媒體上，有各種情節在描述用暴力行為解決大大小小的衝突。對無法區分虛構故事與現實生活的男孩來說，可能會以為「好人」制服「壞人」的以暴制暴，是一種可被接受的社會正義，模仿暴力行為也就是必然的事情了。

研究顯示，電視的暴力內容不僅會使男孩產生暴力傾向，還會影響孩子的人際相處能力。

當他們與別人發生衝突的時候，往往不知道除了大打出手以外，還有什麼別的方法。因此，為了孩子的身心健康，在看電視方面父母必須為男孩好好把關。

慎選電視節目

孩子天生喜歡模仿，且沒有分辨善惡的能力，因此，家長應該為孩子慎選合適的電視節目，例如一些較具知識性及教育意義、光線顏色變化較慢的動畫、動物紀錄片，像是《動物好好玩》《伊索動物劇場》《水果冰淇淋》等。

廣告、含有恐怖、暴力、色情等成分的電影、電視節目不適合孩子收看。

陪兒子看電視，並約定時間限制

家長不僅應陪伴孩子看電視，還要與孩子交流、討論。讓孩子歸納故事內容、根據不同角色扮演某些經典的故事情節等，有助於提高孩子的觀察力、記憶力、語言表達能力、表演能力以及創造力。

對於已有電視癮的小朋友來說，家長更應該多與孩子相處，分散孩子對電視的注意力，例如盡量多帶孩子進行戶外活動和社交活動，減少孩子與電視相處的時間；同時與孩子約定嚴格的看電視時間，大人小孩共同遵守。

電視的暴力內容不僅會使男孩產生暴力傾向，
還會影響孩子的**人際相處能力**。

Q&A

戒不掉的癮！你的兒子網路中毒了嗎？

如果問男孩「你喜歡上網嗎？」想必百分之百的回答都是肯定的。

對此，很多父母有著諸多隱憂：「我的兒子才七歲，那天竟然說他已經在網路上交了兩個女朋友。」

「我的兒子從小就很乖，成績也可以，我和他媽媽一向很放心。但今年上小學三年級開始，他經常和同學放學後去網咖，還偷他媽媽的零錢、撒謊。我們試著溝通，也打過、罵過，但都沒用。」

「我家兒子剛滿十三歲，每天都要打好幾個小時的線上遊戲，而他的同班男生竟然有十幾個跟他一樣。」

為什麼男孩特別容易網路成癮？

男孩會對網路如此著迷，其實與男性特有的某些心理特徵息息相關：

1.男孩渴望得到認同和滿足，有強烈的領導欲望、支配欲望，而網路的虛擬性正好可以加速實現心願。

2.尋找快樂、喜歡新鮮的事物是孩子的本能，而更具探索精神的男孩更是如此，當網路的吸引力大於現實世界，他們的注意力自然就會投向網路。

3.男孩渴望自由，特別是隨著年齡增長，他們會視父母的關愛和管教為一種束縛，並且迷戀在自由的網路中成為主人的感覺。

由此不難看出，男孩的天性導致對網路的免疫力比較低。進入青春期後，男孩的叛逆往往令家長無所適從，也正因為如此，青春期是男孩網路成癮的好發期。

然而，青春期並不是防範孩子網路成癮的最佳時期。任何問題的出現，都會經歷慢慢發展演變的過程，孩子網路成癮也並非突發事件。必須在孩子還小的時候就給予健康的家庭教育，才能有效防止長大後深陷網路。

「在網路上，沒有人會問我考幾分。」

「在遊戲中我可以指揮千軍萬馬，攻城拔寨。」

「我在網路上有很多朋友，他們關心我、欣賞我。」

大多數網路成癮的男孩都是因為在學校、家庭找不到快樂、自信，缺乏關愛，無人傾吐心事，才會選擇在虛擬世界裡尋求慰藉，最終陷入無法自拔的境地。

哪種家庭型態的孩子容易網路成癮？又該怎麼扭轉教養模式？

研究顯示，在控制型、溺愛型、忽視型、嚴厲型家庭教育模式下成長的孩子，最容易網路成癮。因此，扭轉你的家庭教育模式，就是防範男孩網路成癮的當務之急。

男孩的天性導致對網路的免疫力比較低，
青春期是男孩**網路成癮的好發期**。
必須在孩子還小的時候就給予健康的家庭教育。

控制型家庭→民主型家庭

鵬鵬的童年看起來很幸福。每天要穿什麼顏色的衣服、玩什麼樣的玩具，媽媽都會幫他打點好。媽媽還經常告訴鵬鵬，不要跟那些調皮搗蛋、不愛乾淨的小朋友一起玩。隨著年齡增長，外表看起來乖巧順從的鵬鵬卻開始瘋狂地迷戀線上遊戲，即使不上網的時候，也會不自覺在桌子上做出敲打鍵盤的動作……

調查顯示，在網路成癮的青少年中，約有五〇%來自控制型家庭。

很多父母喜歡控制自己的孩子，特別是男孩的父母。由於望子成龍，早早就把孩子的前途安排好了。於是，孩子學習、交朋友、外出等都受到嚴格控制，導致他們漸漸形成服從、懦弱、膽小、人際交往能力較差的性格。

一般而言，男孩長期受控制的壓抑，會在青春期時突然爆發，而不聽家長管教約束的第一種叛逆表現就是上網。在網路上，他們很容易體驗到成功的感覺、自由的感覺，這正是他們在現實生活中很難體驗到的。

要如何將控制型家庭扭轉為民主型家庭？

最重要的一點就是父母要學會尊重孩子的意願，不要事事將自己的意願強加於孩子身上。

其次，必須加強父親在男孩成長過程中的作用。

父親對於男孩的成長來說是很重要的，父親往往代表著規則和秩序，男孩自制能力的形成與父親的影響有很大的關係。

在控制型家庭裡，往往都是女性教育占強勢，女性控制過多、父親教育的缺失或者薄弱，導致孩子在成長過程中無法建立規則，就會缺少責任心，對社會的適應能力也很差。因此，對於男孩的健康成長來說，父親的作用絕對不可忽視。（更多做法請參見本書p.70）

溺愛型家庭→理智型家庭

溺愛型家庭的孩子，往往要什麼就能得到什麼，因而形成一種以自我為中心、多疑、敏感的性格。

小華從小就受到家人寵愛，儘管家裡經濟條件並不寬裕，但是只要小華想要的幾乎都會滿足他。小華直到十歲時開始住校，才學會繫鞋帶。由於寄宿生活沒有父母看管，小華迷上網路遊戲。隨著遊戲不斷升級，他的興趣也與日俱增，直到後來每天上網四小時，每週上網七天，成績急劇下降。

在溺愛型家庭中成長的孩子，心理年齡通常偏低，不知道自己的優點和缺點，無法正確對待批評，只要別人稍微批評他，他就認為這是諷刺、挖苦。所以這類孩子一旦投入網路世界，就沒有自控能力。即便他們知道這樣不好，也不想這樣下去，但是一接觸電腦就會情不自禁。

將溺愛型家庭轉變為理智型家庭的關鍵，就是將愛藏起來一半。家長必須明白，過多的愛對於男孩來說是一種傷害。任何一個男孩都要吃些苦、受到些教訓、嘗試一下失敗，才會成長得更快！（更多做法請參見本書p.76、178、181、234）

忽視型家庭→關愛型家庭

忽視型的家庭有兩類，一類是單親家庭，還有一類是父母外出工作不在身邊。在這種家庭教育模式下成長的男孩，往往缺乏愛、尊重和交流，沒有安全感。

小健小學成績很好，家人對他的期望很高，因此他覺得壓力很大。因為父母平時工作很忙，無暇照顧他，小健都是靠線上遊戲來舒緩壓力、寂寞。十一歲時小健上了國中後進入資優班，因為周圍都是很優秀的孩子，小健難以維持習慣的領先地位，心情很煩躁，父母對他的表現也很失望。雙重壓力讓小健靠玩線上遊戲來逃避現實，沉迷其中，不能自拔，對學習根本提不起一點興趣。

父愛或母愛的缺失，往往會使孩子形成放蕩不羈的個性。因此扭轉忽視型家庭的關鍵，在於要給予孩子更多關愛。即便父母因為某種原因不能時常陪在孩子身邊，也要用電話或書信的方式關心孩子，讓他感覺你的愛時時在身邊，自己並沒有被親人遺忘或拋棄。（更多做法請參見本書p.81、104）

嚴厲型家庭→尊重型家庭

嚴厲型家庭的最大特點就是很容易出現暴力，有的家長覺得孩子不打不成器，在這種家庭教育模式下成長的男孩，愛欺負弱小、調皮、愛撒謊、沒有自信、沒有自己的想法。尤其在進入青春期後，對於親人約束他的苦心，他都會認為是虛偽的，會表現得特別反抗父母和老師，很偏執。這樣的孩子一旦網路成癮，就會很難糾正。

因此對於男孩來說，建立尊重型家庭尤為重要。面對孩子的錯誤，應該多動用智慧、少動用打罵等手段，從孩子天性的角度去考慮問題，採用溝通的方式去防範和解決一些孩子容易出現的問題。（更多做法請參見本書p.89、106）

♂ 為孩子創造一個乾淨的網路空間

當男孩睜大好奇的雙眼面對網路世界時，恐怕很多家長都會因此擔心不已。因為網路裡既有豐富得如同海洋一般的知識，也存在著如同洪水猛獸一般的危險陷阱。特別是在看了一些相關報導後，很多家長更是一提到網路就恨得咬牙切齒，唯一想到的辦法就是「阻止」——當孩子一坐在電腦前就一直在房間內走來走去，不斷地囉嗦「太久了，該關機了！」後來更在電腦設定密碼，禁止兒子上網；有的家長一到週末或假期，就把孩子關在家裡。然而，也許密碼和大門可以阻止孩子接觸網路的腳步，但是男孩那顆渴望自由、探索未知的心卻無法阻止，而且有時過分的阻擋反而會加速孩子沉溺於網路。

嚴厲型家庭的男孩會特別反抗父母和老師，很**偏執**。
這樣的孩子一旦網路成癮，就會很難糾正。

和兒子溝通，才是預防網路成癮的積極做法

其實家長大可不必過於緊張，孩子每天上網不超過兩小時，就不能算是網路成癮。而且，網路是現代社會不可或缺的工具，對於孩子的學習和生活也十分有幫助。反而應該想的是避免網路的缺點、發揮網路的優點：

首先，聰明的家長會積極地參與孩子所喜好的網路世界，引導孩子正確使用網路，告訴孩子如何利用網路來學習知識、充實生活、如何避開網路上的不良資訊，讓孩子明白，電腦只是一種工具，「上網沒有錯，沉溺不應該」！

其次，要與孩子之間保持溝通的習慣。因為唯有孩子願意聽你說話，你的建議才會真正發揮作用。

一位爸爸曾經這樣描述自己幫助兒子戒除網路成癮症的經歷：

兒子今年八歲，去年開始接觸線上遊戲，經常曠課翹課，成績明顯下降。上學、放學親自接送，限制零用錢，設置電腦密碼等方式都無濟於事，後來我請教心理專家才明白，沉迷線上遊戲的孩子內心比較封閉，所以想要改變孩子，首先得打開孩子的心。

我決定改變教育方式。我開始和他一起玩線上遊戲，一起踢足球……兒子感受到我們的關係不僅是父子，也是朋友，逐漸向我敞開心扉，從一開始向我請教一些不懂的線上遊戲知識，到後來當他在課業、交友遇到煩惱時也會傾聽我的意見。

成為朋友後，我開始在言談之間提及沉迷線上遊戲的害處，在他對線上遊戲的危害有一定

認識後，我試著告訴他一些有趣的電腦知識。兒子喜歡畫畫，我就教他在電腦上畫漫畫，還教他使用繪圖軟體和動畫製作軟體，他學得很認真，很快就能自己動手做一些簡單的動畫了。漸漸地，兒子開始走出網路世界。

由這個故事我們不難看出，教養男孩最好的方式不是恐嚇、不是打罵，也不是說教，而是「溝通」！不論是為了預防孩子沉溺網路也好，還是引導孩子戒除網路成癮也好，只有家長與孩子保持溝通順暢，孩子才會順著你的正確指引，回到正確的成長道路上。

嚴格控制上網時間

研究顯示，孩子每次上網的極限是四小時，超過這個極限就會形成反射動作，不上網就會覺得難受。

但是，要限制孩子每次上網不能超過四小時卻不容易。對此，家長可採取與孩子簽訂「上網公約」等方式，並在電腦上安裝相關軟體，嚴格限制孩子的上網時間。此外，家長還應積極幫孩子開拓其他興趣，避免孩子將注意力只集中在網路上。

只要上網的時間縮短了，孩子就不會對網路形成依賴，從而減少沉溺網路的可能。

每天至少和兒子聊天半小時

網路成癮的男孩有個共同點：性格孤僻內向、不善交際、情感淡薄，對父母的反抗特別強烈。改善這種情況最有效的方法就是加強親子間的溝通。務必保持每天與孩子聊天的習慣，多聊一些孩子感興趣的事情。

家庭和父母永遠都是孩子最好的學校和老師，父母愛孩子，孩子也會愛父母和家人，有了這些強而有力的牽絆，孩子就不會再到網路世界尋求慰藉。

安裝保護軟體，過濾色情、暴力內容

網路上很多色情、暴力內容對於孩子危害巨大，也是最難防範的。家長可以購買相關軟體，在自家的電腦上設置防護措施。此外，還應教給孩子一些基本的網路安全常識，例如上網交友時不能輕易說出自己的真實姓名、電話、住址、學校等個人資訊，最好不與網友見面，對於談話內容低俗者不予理睬等等。（此段落因男女孩教養方式差異不大，和《教出好女兒》p.355內容相同，但為維持教養建議的完整性，還是保留文章。）

Q&A

兒子開始談戀愛了，怎麼辦？

常聽到很多男孩家長抱怨：「這孩子太早熟了，才剛上小學四年級，就寫情書給女生。」「我家兒子小學才剛畢業就說他已經是個男子漢了，有自由戀愛的權利。」「兒子小學三年級就有女生傳紙條說長大了要和他私奔，到了國中更一發不可收拾，上課時只顧著和女生傳紙條……」

其實，不論是男孩或女孩，對異性產生好感都是正常的。受到電視、廣告、電影等媒體的影響，很多孩子在小學階段就會產生性別意識，進而對異性產生好感，這時候的情感大多是純真的友誼，往往會隨著年齡增長漸漸趨於理性。因此，所謂的「早戀」，一般是指即將進入青春期或已經進入青春期階段的非理性戀愛。

以開放心態面對兒子喜歡女孩的情感問題！

隨著青春期到來，男孩長鬍子、變聲了，對於獨立自由的渴望也日益強烈。由於荷爾蒙的分泌增加，對異性產生好感是難免的。這種情感是男孩生命的一部分，更是在成長過程中自然流動的情緒，他們此時需要的是能理解、幫助自己解決問題的父母。如果此時父母表現出豁達與尊重的態度，孩子的心理負擔必定會減輕很多，並將心裡話毫無隱瞞地傾訴出來。

一般來說，男孩子對情感的困惑往往是這樣的：「我喜歡班上一個女生，她的生日快到了，但我不敢告白，怕影響成績，也怕被她拒絕，我該怎麼辦？」

情感是男孩成長過程中自然流動的情緒，
他們此時需要的是能理解、幫助自己解決問題的父母。

「我跟某個女生很好，但不知從何時開始，我感覺她對我的喜歡超出了友誼，怎麼辦？」

這些處於矛盾與煎熬中的男孩，最需要父母的尊重和協助。只要父母以開放的心態，理解兒子這些正常的情感苦惱，就能與孩子順暢溝通，進而用自己的成熟思想影響孩子。

「喜歡」的情感是美好而純潔的，它是男孩長大的一種標誌，也是男孩認識自我、發現自我的一面鏡子。所以，面對孩子展露出的這份自然情感，我們若是以不自然的態度和方式處理，只會讓我們和孩子同時陷入困境之中。

隨時觀察兒子的變化

對於「早戀」，早發現、早提醒、早幫助，是十分有效的解決方式。以下選項只要超過三項打勾，就要特別注意了：（此段落因男女孩教養方式差異不大，和《教出好女兒》p.338-339內容相同，但為維持教養建議的完整性，還是保留文章。）

□最近突然變得很愛打扮，並常對著鏡子左顧右盼。
□學習成績突然明顯下降，並持續了一段時間。
□活潑好動的他開始變得沉默起來。
□回家後喜歡一個人躲在房間裡，不太喜歡和父母交流。
□對某個異性的名字特別敏感。
□經常會在無意間談起公園、溜冰場、泡沫紅茶店等場所。

爸爸要發揮潛移默化的影響

想要跟青春期的男孩保持良好溝通，讓他接受正確引導，就必須研究溝通的藝術。一般來說，由於父親曾有和男孩相似的成長經歷，用自己的故事影響孩子，是最好不過的方法。

一位開明的父親一直和兒子保持良好的溝通。兒子十二歲時，父親很認真地告訴他：「爸爸也曾經十二歲，十二歲孩子犯的錯，爸爸都犯過，如果你遇到不明白的事，或者做了錯事和傻事，都可以告訴我。」在往後的日子，父親每年都會提起這句話一次，於是男孩無論遇到打架問題或是「早戀」問題，都得到了父親的及時幫助。

可適時採取「單刀直入溝通法」

青春期男孩最需要的是關愛。雖然他們表面看來長大了，有很強的叛逆性，經常故意跟父母作對，但他們的內心卻很脆弱而孤獨，特別渴望得到父母的幫助。因此，在與有「早戀」傾向的男孩溝通時，父母不妨站在對方的角度，採取單刀直入的方式。

一位母親在與兒子溝通時，直接問道：「你知道女孩喜歡什麼樣的男孩嗎？」兒子雖然表情不太自然，但顯然對這問題很感興趣。於是，母子倆針對這個問題進行一番深入討論。

男孩是渴望傾聽的，如果大人能平心靜氣地傾聽孩子的心裡話，讓他們把內心的矛盾和苦悶說出來，就是一種平等的溝通與交流。

父親曾有和男孩相似的成長經歷，
用自己的故事影響孩子，是最好不過的方法。

Q&A

該怎麼和兒子討論「性」？

隨著生殖器官的發育成熟，男孩對性會更敏感，對性知識也更加好奇，但是由於害羞以及父母避而不談等原因，很多男孩的性知識不是來自家長、學校，而是藉由與同伴的交流或是書刊影視中得到的。然而，透過這些管道得來的性知識往往會誤導孩子。

研究顯示，孩子的性心理障礙根植於童年時期和少年時期。因此，家長應積極參與性教育，使孩子從小就得到正確的性教育。

從心理學角度來說，不同年齡層的男孩，其性教育的內容也完全不同：（此章節因男女孩性教育階段差異不大，和《教出好女兒》p.321-323部分內容相同，但有針對男孩女孩的性別差異特別說明。）

1. **五歲之前：**性教育主要是解決性別認同問題。家長應利用洗澡、睡前的時間，自然而然地讓孩子認識自己的身體。
2. **五到七歲：**在求知欲驅使下，會對兩性差異感到疑惑，向父母提出各種問題。此時父母應該根據自然現象，簡單明瞭地回答他們的問題，不需要過分詳細地講述性、生殖等情節。如果講不清楚，孩子的好奇心得不到滿足，反而會更覺得神祕。
3. **七到十四歲：**家長應對男孩進行較有系統的性知識教育。和青春期之前的孩子談性，可藉助自然現象、童話、寓言故事，採用比喻的手法把性教育內容穿插其中。此外，還可藉由《動物星球頻道》等節目，用動物的生殖活動進行比喻，和孩子談蝴蝶的交配，金魚或雞、貓的繁殖等，以幫助孩子理解性知識，可避免直接、詳細地介紹人類的性行為，為這個年齡的孩子帶來不良影響。

在教育性知識的同時，父母還須進行性道德教育，幫助少年控制自己萌發中的性衝動，防止性偏差行為。

4.十四到十八歲：父母應主動關心詢問孩子的性困惑。

與你的男孩談性，很重要的一點就是，在孩子還小的時候就要告訴他：任何人的身體都是上天賜予的珍寶；陰莖和身體其他器官並沒有任何區別；無論何種體型、膚色，都是美好的。這種意識的灌輸，將為男孩日後青春期及青年期的性認知奠定正確的基礎。

利用書籍進行性教育

有個男孩睡覺時夢遺，他擔心自己生病了，又不好意思告訴父母，就自己買了不健康的書籍想從中找到答案。一日，母親整理他的房間時，發現孩子在看這些書籍，這才意識到該告訴孩子正確的性知識了，但是父母都不好意思開口。最後，這位母親買了有關青春期性知識的書籍放在孩子的桌上。

有些父母覺得很難開口對孩子進行性教育，也有些父母覺得自己在這方面的知識太少、無法對孩子實施教育，此時不妨買一些性教育相關書籍放在顯眼的地方、讓孩子主動閱讀，既避免了尷尬，也可以收到很好的教育效果。

爸爸要及時幫兒子解除「性困擾」

通常男孩到了四、五歲，不但會對自己的身體感到好奇，也會想認識別人的身體。當他看到別人的身體和自己的不同時，就會想知道原因。這時，父母應該對他講解身體各部位及其功能，並給予明確的解釋。

此外，當孩子對影視作品的某些鏡頭產生疑問時，父母也不應當避諱不答。**在談及性問題時，父母最容易犯的錯誤就是對很多「性詞彙」避諱不談或吞吞吐吐**。殊不知這樣反而會讓孩子覺得神祕、一定有什麼不對勁，進而產生探索的欲望。

對孩子進行性教育並不困難，許多教育網站、科普讀物都可以提供正確的性知識。除了一般的性知識教育，父母也別忽視男孩身體發育及具體問題的指導，例如睪丸大小、生殖器發育是否正常等問題，孩子由於沒有經驗無法做出準確的判斷，會造成心理上的困擾。

父親偶然發現兒子在自慰，他沒有大驚小怪、指責孩子，而是冷靜而耐心地對兒子說：「爸爸曾經也有同樣的困惑。」接著講解了一些相關知識，並給予孩子一些建議，比如每天睡覺前運動一會兒、睡覺的時候把手放在被子外面、睡醒後立即起床、不要賴床等。從此，男孩的心理壓力減輕了許多。

在這個問題上，男孩子一般會更希望得到來自父親的幫助。對此，父親需要時時觀察和關心孩子的發育狀態，用自己的經驗為孩子解答屬於正常發育現象的問題，同時指導孩子觀察自己的發育情況。

除了一般的性知識教育，

父母也別忽視男孩**身體發育及具體問題**的指導，

例如睪丸大小、生殖器發育是否正常等。

國家圖書館出版品預行編目資料

教出好兒子：培養勇敢、積極、高EQ男孩的教養經典(適合0-18歲) / 雲曉著. -- 三版. -- 新北市：野人文化股份有限公司出版：遠足文化事業股份有限公司發行, 2021.06
面；　公分. -- (野人家；80)
實踐版
暢銷紀念版
ISBN 978-986-384-526-3(平裝)

1.親職教育 2.子女教育 3.親子關係

528.2　　110007583

原書名：《培养了不起男孩的100个细节》
作者：雲曉
本著作物經廈門墨客知識產權代理有限公司代理，由朝華出版社有限責任公司授權野人文化股份有限公司出版中文繁體字版。非經書面同意，不得以任何形式任意重製、轉載。

野人文化官方網頁　野人文化讀者回函

教出好兒子

線上讀者回函專用 QR CODE，你的寶貴意見，將是我們進步的最大動力。

作　　者　雲曉

野人文化股份有限公司

社　　長　張瑩瑩
總 編 輯　蔡麗真
責任編輯　鄭淑慧、陳韻竹
協力編輯　楊惠琪
校　　對　李依蒨
行銷企劃　林麗紅
封面設計　周家瑤
美術設計　洪素貞

出　　版　野人文化股份有限公司
發　　行　遠足文化事業股份有限公司（讀書共和國出版集團）
　　　　　地址：231新北市新店區民權路108-2號9樓
　　　　　電話：（02）2218-1417　傳真：（02）8667-1065
　　　　　電子信箱：service@bookrep.com.tw
　　　　　網址：www.bookrep.com.tw
　　　　　郵撥帳號：19504465遠足文化事業股份有限公司
　　　　　客服專線：0800-221-029
法律顧問　華洋法律事務所　蘇文生律師
印　　製　成陽印刷股份有限公司
初　　版　2011年11月
二　　版　2016年12月
三　　版　2021年6月
三版3刷　2023年9月

野人
野人文化
讀者回函卡

書　名

姓　名　　　　　　　　　　　　　□女 □男　　年齡

地　址

電　話　　　　　　　　　　手機

Email

□同意 □不同意　　收到野人文化新書電子報

學　歷 □國中(含以下) □高中職　□大專　□研究所以上
職　業 □生產/製造　□金融/商業　□傳播/廣告　□軍警/公務員
□教育/文化　□旅遊/運輸　□醫療/保健　□仲介/服務
□學生　□自由/家管　□其他

◆你從何處知道此書？
□書店：名稱 ＿＿＿＿＿＿　□網路：名稱 ＿＿＿＿＿＿
□量販店：名稱 ＿＿＿＿＿＿　□其他 ＿＿＿＿＿＿

◆你以何種方式購買本書？
□誠品書店　□誠品網路書店　□金石堂書店　□金石堂網路書店
□博客來網路書店　□其他 ＿＿＿＿＿＿

◆你的閱讀習慣：
□親子教養　□文學　□翻譯小說　□日文小說　□華文小說　□藝術設計
□人文社科　□自然科學　□商業理財　□宗教哲學　□心理勵志
□休閒生活（旅遊、瘦身、美容、園藝等）　□手工藝／DIY　□飲食／食譜
□健康養生　□兩性　□圖文書／漫畫　□其他 ＿＿＿＿

◆你對本書的評價：（請填代號，1. 非常滿意　2. 滿意　3. 尚可　4. 待改進）
書名 ＿＿ 封面設計 ＿＿ 版面編排 ＿＿ 印刷 ＿＿ 內容 ＿＿
整體評價 ＿＿

◆你對本書的建議：

野人文化部落格 http://yeren.pixnet.net/blog
野人文化粉絲專頁 http://www.facebook.com/yerenpublish

廣　告　回　函
板橋郵政管理局登記證
板橋廣字第143號

郵資已付　免貼郵票

野人

23141
新北市新店區民權路108-2號9樓
野人文化股份有限公司 收

請沿線撕下對折寄回

野人

書號：0NFL6080

男孩vs.女孩 大不同

- 越是不能做的事情，男孩越想去嘗試，這是受到體內睪固酮的影響。從嬰兒期開始，男孩就比較難接受挫折，也不喜歡接受他人幫助，明知自己力所不能及，感情上卻不能立刻接受，仍然堅持不斷地嘗試，這是因為男孩的情緒處理比女孩緩慢許多。**家長應該給予足夠的時間讓他們調整心態。**
- 一個小男孩與一個小女孩犯了同樣的錯誤，在家長的引導下，女孩會很快承認自己的錯誤，並為自己的行為道歉。小男孩則不同，他們接受自己犯錯的這個事實需要時間，**只有他們完全接受做錯事這個事實後，才會主動承認錯誤。**
- 女孩與男孩關心的事情截然不同，剛認識一群新朋友，女孩最想知道的是自己能和誰成為親密的知心朋友，而男孩迫切需要知道的卻是：**誰是這群孩子的老大**；剛到一個新班級，女孩最關心的是這些同學會不會欺負我，而男孩更關心的是誰是班長……
- 男孩子有時很可憐，因為他們被剝奪了哭泣的權利——因為是男孩，他們必須堅強；因為是男孩，他們的情緒往往被忽視……即使年紀還小，他們

就必須承擔比女孩大得多的壓力。曾有兒童心理學家說：「在孩提時代，男孩比女孩更容易抑鬱。」

- 由於體內睪固酮的作用，男孩比女孩更容易憤怒，更需要發洩。而男孩不像女孩能用語言表達出「我生氣了」、「我很難過」等情緒，反而更常用身體來表達憤怒。
- 男孩比女孩哭得少，是因為男孩不願意，或是不會表達自己的情緒。例如媽媽生病了，女孩會用溫柔的語言來撫慰媽媽，男孩卻寧願幫媽媽倒一杯水或去拿藥。
- 與女孩相比，男孩的行為目的性很強。他向家長哭訴，並不像女孩一樣只是想獲得安慰，而是更傾向於尋找問題的最終解決方案。
- 男孩的發育比女孩緩慢，學會爬行、站立和走路都比女孩晚；男孩的精細動作協調能力差，因此摺被子的速度很慢；男孩的語言能力比女孩差，比較慢學會說話。

男孩vs.女孩 大不同

・與女孩相比，男孩的好奇心更為強烈。同樣是玩變形金剛，女孩可能會為玩具編排動人的故事，男孩卻可能把它拆得七零八落。因為男孩希望知道這個玩具如何運作，希望自己找到更多有創意的玩法。這些看似破壞的舉動，其實顯示著男孩獨特的創造能力。曾經有調查顯示，在拼圖和組裝其他三D立體概念，男孩的速度比女孩快兩倍，犯的錯誤比女孩少一半。

・男孩比較不善言辭，對語言的敏感度也沒有女孩高，因此父母在與男孩溝通時，非語言往往更能打動男孩。

・遇到困難時，大多數女孩都會哭著投入父母懷抱，等待父母解決問題；男孩則比較會去思考如何戰勝困難。

・對男孩來說，他們當「頭」的欲望、成就的欲望、自尊心等，都比女孩更強烈。

・如果能夠從父母身上得到充分的支持和愛，男孩會比女孩更早獨立。

男孩vs.女孩 大不同

・男孩無論在生理上或心理上的發育都比女孩慢一些，在形成責任感、義務感等心理方面表現較差，所以自我控制能力也較差，當他強烈想瞭解「小鬧鐘是如何工作的」，雖然知道父母會反對他的做法，但是在強烈的好奇心和並不強烈的責任感之間，他會輕易選擇滿足好奇心——把小鬧鐘拆開看個究竟。

・為什麼男孩的學習成績不如女孩？

美國學者的最新研究顯示，其中一個非常重要的原因就是，女孩比較擅長有時限的任務和定時考試，而男孩對這些很不在行。男孩的大腦天生更容易接受圖表、圖像和運動物體的刺激。但是，現在的教育方式卻以女孩擅長的語言刺激為主。女孩比較喜歡安靜的學習方式，男孩則喜歡透過自行探索學東西。